柳田国男文集

YANAGITA
KUNIO

海上之路

〔日〕柳田国男 著 史 歌 译

北京师范大学出版集团
BEIJING NORMAL UNIVERSITY PUBLISHING GROUP
北京师范大学出版社

体例

1. 本丛书中，原文民俗词汇以日文假名书写时全部以日语罗马字表示。

2. 为尽量接近日语原来的发音，用日语罗马字表示时采用"黑本式"注音方式，与键盘输入时使用的"训令式"相比，以下假名较为特殊：し shi、ち chi、つ tsu、ふ fu、じ ji、しゃ sha、しゅ shu、しょ sho、ちゃ cha、ちゅ chu、ちょ cho、じゃ ja、じゅ ju、じょ jo。

3. 拨音ん n、促音为子音双写（如にっき nikki），长音不加 u（如とうきょう tokyo）。

4. 作助词时はwa、へ e、をwo。

5. 原文中的旧假名写法，改为新假名写法后注音：如なほらひ naorai。

6. 单词中分节较为明确时，适当采取空格的形式分段，避免日语罗马字表音过长：如"yaki meshi（烧饭）"。

7. 本丛书中，原文民俗词汇使用汉字时全部以简体字表示。

8. 本丛书中，原文中有特殊意义的词语、民俗词汇、引用内容，均以引号标注。

9. 本丛书中，所有的注释均为译者注，在注释时不再另外标明。另为柳田国男原注的，在注解中用"【原注】"标明。

10. 本丛书中出现的日本历史时代及分期（如江户、中世等）与公历纪年的对应关系，请参照书后的附录一。

11. 本丛书中出现的日本古国名及其略称（如萨摩、信州等）与现代都道府县的对应关系，请参照书后的附录二。

王　京

中文版序

　　柳田国男在日本可谓家喻户晓，不仅作为历史人物被记录，出现于历史书上，而且也是鲜活的存在，向我们提示着思考现代社会的视点、框架与方法。他关注日本社会与文化的历史，开拓了民俗学这门崭新的学问，在长达半个世纪的学术活动中，留下了数目浩繁的论著。这些研究将从未被思考、也从未被知晓的普通人生活文化的历史，呈现在我们眼前，人们对日本社会及文化的认识也为之一新。如今，在思考日本的社会与文化时，从柳田的著作中学习已是必不可少的一个步骤。不仅在日本国内如此，对于世界各地的日本研究而言，这也已成为基本的方法。

　　世界各地凡是懂得日语、可以阅读日语书籍的日本研究者，毫无疑问，都是柳田国男著作的读者。而无法阅读日语的人们，则缺少接触和了解柳田国男的机会。柳田的文章文体甚为独特，被翻译成他国语言的难度很大，所以，尝试翻译者众多，但实际出版者寥寥。包括英语在内，译为各国语言公开发行的柳田著作，数量并不多，且翻译对象又往往限定于极少几本著作；中文世界的情况也同样如此。至今，除了日语以外，尚没有以其他语言刊行，并能够帮助理解柳田学问整体面貌的著作集问世。本次出版的《柳田国男文集》（以下简称《文集》）在此方面是一次有益的尝试，可谓意义深远。

1875 年，柳田国男出生于西日本中心城市大坂（今大阪）以西约 70 千米的农村地区。旧时的交通要道由此通过，略有一些"町场"（城镇）的气氛。柳田的父亲并非农民，而是居住于农村的知识分子，靠着在私塾教授汉学为生。家中贫苦，生活也不稳定。柳田国男排行第六，有好几个哥哥，大都勤奋读书，之后赴东京继续求学。大哥成为医生后没有回乡，而是在东京西北 40 多千米的农村地区开业行医。柳田小学毕业之后就来到大哥身边，受其照顾。柳田从小生长的故乡，与后来移居的土地，虽然都是农村，但无论景观还是人们的生活，都迥然不同。这一体验，对他日后的学问形成产生了巨大的影响。

随后柳田来到东京，进入社会精英的摇篮——东京帝国大学，在相当于今天法学部的地方学习，专业是农政学。1900 年，柳田和当时东京帝国大学的大多数毕业生一样，成为了明治政府的一名官员，最初供职于农商务省农务局。1908 年，柳田因公前往九州地区，进行了为期 2 个月的巡视。在此期间他探访了深山之中的地区，接触到还在进行刀耕火种和狩猎的村落，感到惊讶，也深为感动。当时日本农业政策的主要对象是在平原地区种植稻米的农民，柳田得知在此之外，还有立足于不同的生产劳动，有着不同文化背景的人们时，产生了浓厚的兴趣。这是他迈向民俗学的第一步。之后，柳田白天作为官员任职于政府部门，晚上及休假时间则用以研究深山之中的"山人"的生活文化，发表了一系列文章。1919 年，柳田辞去了官职。

1929 年 10 月开始的世界经济危机首先在美国爆发，不久就挟着巨大的破坏力席卷了日本。城市里工厂工人大量失业，纷纷回到家乡农村。而承受着沉重经济打击的农村，还要接收这些归乡者，状况更为悲惨。面对农村的惨状，柳田以回答"农民因何而贫"作为最重要的课题，开始了新的研究，确立了之后被称为"经世济民之学"的民俗学。其研究对象不再是居于深山的人们，而是生活在日本列岛的占人口大多数的农民。他将作为民俗承担者的、以稻米种植为生活基础的农民，称为"常民"。为了调查常民的生活文化，弄清常民的历史，柳田对包括家庭与生产劳动、衣食住行、婚丧嫁娶、节日与信仰等在内的常民生活的各个方面展开了研究，并探索和树立了与之相应的研究方法。

1945 年，日本战败，开始建设新社会。柳田认识到第二次世界大战后日本人自我认识的重要性，大力推动这方面的研究。柳田提出了"海上之路"这一假说，主张日本人的祖先是从冲绳出发，乘着"黑潮"（日本暖流）沿岛北上，最后扩散到日本列岛各处的。柳田逝于 1962 年 8 月 8 日。半个世纪在民俗学领域的长期开拓，以及从历史维度理解日本社会及文化的不懈努力，凝结成其身后的庞大著述。伴随着上述使命感的变化，其民俗学著作的涉及面也甚广。本《文集》是从柳田国男卷轶浩繁的著述中精选了有助理解日本社会及文化的不可或缺的篇目而成。相信读者若能将本《文集》置于左右，必要时阅读或参照，一定能对柳田有深入的理解。

在阅读柳田时需要注意以下几个问题。

柳田民俗学，是收集与比较日本各地现行或尚有传承的民俗现象，通过其相互差异来阐明历史变迁过程的比较研究。比较研究虽然是所有学问均会采用的方法，但柳田的比较研究，在将变迁过程作为其结果这一点上较为特殊。柳田将这种具有限定性的比较研究法称为"重出立证法"。比较的标准是地区差异，其假说是离中央较近处的民俗较新，距离中央越远处的民俗较古老，即新文化产生于中央，并向四面八方扩散，因为到离中央较远处需要花费较长时间，抵达较迟，所以古老的状态被保留在了远方，这便是"周圈论"。在柳田的著作中，常常会列举大量日本列岛各地的类似事例，甚至令人颇感倦烦。但这些各地事例之间的相同及不同之处，正是他导出答案的线索，也是其研究不可或缺的步骤。

在提示各地的民俗之时，柳田十分重视指示这一现象或事物的词语。日语虽然是与中文完全不同的语言，但一直以来，有着使用学自中国的汉字来表记现象或事物的传统。一般而言，人们也习惯从汉字入手来理解词语的含义。但柳田重视的并非汉字。他认为，通过外来的汉字及其意思是无法理解日本普通民众生活背后的文化的，因此非常重视这些词语的日语发音。他将各地表现民俗现象及事物的日语称为"民俗词汇"，以记录和比较日本各地的民俗词汇为基本方法。以语言为切入点进行比较研究是柳田民俗学的一大特色。但正因为他运用了这种方法，从而使得将柳田的著作被介绍到世界的工作变得十分困难。本次中文版《文集》的出版，翻译工作中最大的难关正在于此。担任翻译任务的译者们想方设法地使日本的民俗词汇在中文语境中能够得以体现。读者阅读时或许觉得文章记述颇有繁冗之处，其原因也在于此。

中文版《柳田国男文集》得以刊行的首要意义在于可以通过这些著作增进读者对日本社会及文化的理解；能够凭借遍布日本列岛的

日常生活文化的种种内容，帮助读者理解日本人的生活文化。作为知识分子的思想家或文学家笔下的日本，往往容易偏于表面，而柳田民俗学则试图从内部把握日本人的生活，是一种内在理解。这种理解并不停留于表面，而是潜入日本人的内心，关注他们的意识、观念，以及作为其外在表现的行为、态度，并将这些与作为其结果的秩序与制度综合起来，从而诠释日本社会、日本文化的内涵。读者通过阅读柳田的著作，一定能够了解日本社会及文化的特色，同时也注意到与中国社会、文化的不同。

第二个意义在于读者可以通过对柳田民俗学方法的理解和批判性讨论，获得重新思考中国同类学问的方法论的契机。民俗学形成于 19 世纪的欧洲，之后传播到世界各地，在各自国家和地区都经历了一条充满个性的发展道路。中国也形成了具有中国特色的民俗学，与同样受到欧洲影响的柳田民俗学可谓大相径庭。在加强各自特色，谋求学问的深化与发展之际，参照或批判性地思考其他国家和地区的民俗学，充分吸收其成果，借以充实自身的学问内容，是不可欠缺的工作。中文版《文集》的出版，为之奠定了基础。可以说，中文版《文集》的出版，使得对柳田民俗学，乃至对日本民俗学理论及方法论的批判性讨论，成为可能。本《文集》必将对中国民俗学的进一步发展做出重要贡献。

最后，请允许我作为日本的一名民俗学者，衷心地感谢勇敢挑战这一困难重重的翻译工作，并出色完成任务的译者们；同时，向积极策划、出版本《文集》的北京师范大学出版社致以崇高的敬意。真切希望本《文集》能够拥有广大受众，得到大家的喜爱！

福田亚细男

2018 年 2 月

目录

序

大约三十年前，我曾就日本人如何抵达现在的日本列岛这一问题发表过若干拙见。从那时起，有关大船、航海的问题就从未离开过我的脑海。其中，有一条交通道连接着日本本土与冲绳，而这是我无论如何都无法舍弃的一个关注点。如今，人们若要由日本本土前往冲绳①，一般会选择西海岸航线，然而我想探讨的是，从前，是否东海岸②才是由日本本土前往冲绳的主要航线。

如今不再使用的东海岸航线，在遥远的过去，曾是纵贯日本南北交通的一条"热线"。对于古代的航海来说，东海岸航线似乎更加便利。东海岸拥有众多浅滩，进行短距离航海时可以随时驾船靠岸，寻个安身歇脚之处稍作休整，若是安排得当，还能在靠岸的地

---

① 有关琉球、冲绳历史，应遵照历史事实，即日本强行侵略霸占琉球，置冲绳县。

② 柳田国男提到的日本"东海岸""西南诸岛""南方诸岛""东方列岛"均系日本的"琉球群岛"。

方停留几天。在过去，航海一年一次足矣，人们并不考虑在一年内故地重游。

此后，由于日本将首里①与那霸看作冲绳的中心，东海岸的文化和语言随之发生了变化。然而，我认为最初东海岸的文化和语言与首里、那霸就存在差异是可以被证明的。人们由北方一路南下，一直到达写有"信觉"二字的礁石处。被称为信觉的地方除八重山之外再无其他，因此可说，自古以来，日本与此地就有了许多往来。

或许因为我的这一想法过于标新立异，人们难以相信。但是，人们确实以海岸的沙滩为落脚点，在狂风吹起之时，可以停留几日，之后再重新踏上旅程。从冲绳本岛到宫古岛、从宫古岛经过多良间岛再到八重山群岛，这条路线毫无不妥。

我提出了东海岸的话题，并非是握有什么铁证。但岛民应该都记得冲永良部岛、与论岛的沿海也分有东西两条路线。到了后来，人们越来越多地选择西线，同样是去国头，后世的人们选择经由西海岸驾船前往。

---

① 前琉球国首都，现称"首里城"。

可以想见，那霸港开港以前，也就是主要来访者是日本人①的那个时代，东海岸地带与日本本土有许多共通的地方。当时的语言恐怕也比现在更加接近日语。而首里、那霸则是另一番情景。当时，一时兴起了接收外国人前来居住的热潮，曾有多达十个国家的人同时居住在这里，与东海岸的情形完全不同。

从冲绳本岛的知念村、玉城村南下到达那霸港口十分费时。这种艰辛使得人们认为前往宫古岛的北岸更加容易。那霸港开港是在经过久米岛的北方航线开通之后，当时的中国正值隋朝。这条北方航线是条难行之路，行船必须达到一定的速度，途中也需要设置修船所。而乘船者也必须是具有相当的自信与能力，且熟知风力与浪潮变化规律的能手。

若乘坐飞机俯瞰冲绳本岛，必然能看到东西两面的海洋，而登上某些岛上丘陵的最高处也同样能够看到。或许有人会认为，驾船从东侧向西侧穿越岂不更加省时省力？然而，对于不同血统的人来说，事情的难易程度也会有所不同。

我最初有此感想，是听到 NHK 的矢成先生采访国头的安田、

---

① 这里的"日本人"是指"日本本土"人，区别于冲绳人。

安波①两地的对话录音的时候。冲绳地方语言与日本语的接近程度，让人不能不认为，最初是日本本土人先移民到上述两地居住的。然而我迅速意识到这是个错误，因为东海岸的语言原本就与日本本土没有太大区别。不论东西海岸在地理位置上如何接近，却由于文化发展的过程各有不同，从而造成语言和居民的构成产生差异。

我暂且称东海岸的文化为"胜连文化"②，它与可以被称为"浦添文化"③的以首里、那霸为中心的文化之间存在着系统上的差异。

如今，属于胜连文化的内容没有丝毫残存。被泷泽马琴写入《椿说弓张月》④中的胜连按司⑤——阿麻和利⑥曾在冲绳历史上被定义为十恶不赦的罪人，然而正如伊波普猷⑦等人早期所指出的那样，在战国时代，大臣是忠是奸皆以成败论，这已经是世人看待问

---

① 位于国头东海岸的两个部落。安波位于南边，安田位于安波的北边。
② 胜连城是位于冲绳县宇流麻市的遗迹，曾是阿麻和利的都城。
③ 浦添市是位于冲绳本岛南部地域与中部地域交接处的城市。
④ 《椿说弓张月》是由江户后期的读本作者曲亭马琴作、由葛饰北斋插画的读本，1807—1811 年陆续刊出，共 5 篇。
⑤ 古代琉球王国的村落共同体的首领。
⑥ 15 世纪，琉球国胜连半岛的按司，北谷间切屋良村出身。
⑦ 伊波普猷(1876—1947)，冲绳民俗学家，冲绳学的奠基人，被后世称为"冲绳学之父"，著有《古琉球》一书。

题的一种习惯了。也如《omoro 草纸》①中所歌颂的那样，若镰仓是大和国的中心，那么当时胜连也是琉球王国的文化中心。

那么当时，我国是使用何种船只穿梭于列岛的南北之间的呢？考虑到当时并没有专业从事造船业的人，可以推断，人们应是先寻找拥有造船材料的地方，而后在该地制造船只并使用的。例如安芸国以及周防国等地，直到今天也生产大量的造船材料，在中世时期曾提供建筑木材，供奈良等地建造大型寺庙。

当谈到日本人如何登陆日本岛的问题，则必然无法避开东海岸航线。日本人究竟从何处上岛，有很多可能成立的说法，如果我们能够认可从高天原降到日向的高千穗这一说法②，那问题就简单了。若上述说法不成立，或许我们可以想象成他们是在日向备船并航海北上的。即便是神武天皇③的东征，也并未经过浪潮汹涌、海风肆虐的关门海峡，而是直接从东海岸长驱直入，驶进濑户内海的。因此，若

---

① 从琉球王国第 4 代尚清王时代（1531）至尚丰王时代（1623）由首里王府编纂的歌谣集，以下或简称《omoro》《草纸》，也是冲绳最古的歌谣集，共 22 卷，1554首。该歌谣集在本著作中多次被引用。

② 根据《日本书纪》记载，琼琼杵尊（日本神话中登场的一位神祇，被认为是神武天皇的曾祖父）从高天原降临到了"竺紫日向高千穗"。日本学界一般认为，这是琼琼杵尊来到苇原中国的路线中的第一步。

③ 在日本神话中，神武天皇是日本的第一位天皇，是天照大神的后裔。

将东西两航线做一比较，则东海岸航线的盛行要早上一个时代。然而，毕竟这是一个十分复杂的问题，靠我们一代人的力量是难以解决的。

以下的几篇文章，大部分是带着对上述问题的思考而写就的。虽说由于才疏学浅，没有自信妄下结论故而有些踌躇犹豫，然而当我判断某些内容有利于上述问题的解决后，都将其作为其中一个条件姑且利用。

有关日本人的人种起源论，我们必须把各个地方残留的过去的痕迹都加入问题的思考当中。这次收集的文章中亦有些不着边际的想法，譬如有些文章的思绪甚至延伸到了青森县北部。纵观当今的日本人论，人们似乎对太平洋上的交通往来考虑不够。也就是说，伊势或者再靠东边一点的骏河、远江等地也应是交通中的一个节点，而那些地方的历史却被人等闲视之。此外，房州半岛、伊豆半岛，人们也同样在漫长的时间里频繁经过。

即便我穷尽一生也未能得出结论，对于日本人究竟成长于何处这一问题，必须进行更加具体的确认。或许九州南部这个答案符合事实，然而日本人到达那里的路径却无从知晓。即便知道了这条路径，却又不知后来是如何发展的。土佐这个地方，首先其大面积的土地都已经陷落，过去与现在似乎有很大不同。利用濑户内海的时代开始较晚，而开始利用濑户内海之后，才有船只出入关门海峡那时常波涛汹涌的水道。从《六国史》①等文献中可以得知，上述现象是在能够通过关门海峡的航海技术发展之后才开始出现的。最初进行得并不顺利，而伴随着增加船只的体积，增强船只的牢固程度等技术的发展，船只才逐渐得以通过关门海峡。

然而，关于船只也有许多难以理解的问题。例如，和船②的船橹因何呈细长的形状？由于我生长于利根川河畔，对于那种细长的船橹司空见惯，我认为那是日本特有的。橹成为和船的主要动力，是由于拥有海滩的海岸这一自然条件。在连接冲绳与本土的西海岸，有很多地方都使用船帆，也有一些地方使用船棹，然而拥有橹而使得交通更加发达的地方却很少。

在日本有很长一段时间，政府都没有直接参与航海事业。恐怕遣唐使制度终结的时代就是航海事业的低谷。自那以后，仅靠日本本土的文献来记述海上交通史，便是错误的源头吧。

柳田国男

昭和三十六年六月

---

① 《六国史》是日本奈良时代、平安时代所编纂的六部史书。包括《日本书纪》《续日本纪》《日本后纪》《续日本后纪》《日本文德天皇实录》《日本三代实录》。后文中出现其中一部史书时将不再加注。

② 指的是发源于日本的、在幕末以后引入西洋式船舶之前的、主要用于海上航行及渔业的构造船等的总称。

海上之路

一

在本次九学会联盟①的年会上，我大概做了以下的发言。自从参加了这一崭新的组织，我们都逐渐积累了越来越多的美好的体验，其中作为日本的民俗学会，我认为有三点尤其值得欣慰。第一，九个团体都分别在各自的轨道上运行，从一开始就不是分别承担一个圆周上的一部分，因此有时相距甚远，有时又近在眼前，时常互相交叉、互相碰撞。至今，我们一直在无意识地避免上述现

① 日本的人文科学系学会的联合组织，在日本各地进行跨学科的地域研究并发行报告书和学会杂志《人类科学》。1947 年由支持日本民俗学的涩泽敬三发起并有 6 个组织参加，1950 年成为了由日本民族学会、日本民俗学会、日本人类学会、日本社会学会、日本语言学会、日本地理学会、日本宗教学会、日本考古学会 8 个学会组成的联合会，1951 年日本心理学会加入，成为九学会联盟。

象，彼此之间刻意为对方留出问题的余地。然而这一次，我们不仅不忌讳从不同角度互相批判，也通过这样做，逐渐认识到彼此的学识能力，并能够时常借鉴对方的长处，反省自身的弱点。对于成长于国家一隅的民俗学这样的学问来说，定是可喜可贺之事。

第二件令我倍感欣慰的事，是这些拥有各不相同的态度和方法以及经历和阅历的九个学会，在面对我国空前大事之时，能够不约而同、自然一致地将日本民族的生存作为共同研究的对象。当然，不日我等羽翼丰满之时，便能够将研究领域从海洋不断向外扩展，但至少现在，我们应当为迄今为止的所谓的学者分内之事的极限——熟知我国学问之现状并将其传达给同胞——这一令人悲哀的俗见打上休止符。幸运的是，若上述预言得以实现，则今日之相聚将永远值得我们回味。

第三，如此众多的学会能够通力合作，同心协力研究日本；虽说时间已久，却依然有许多未涉足之领域和未解答之问题，我认为以上两点也是值得感慨的某种有力的刺激。对于风烛残年的我来说，这是一件难以放弃、难以割舍的事情。然而对于今日出席会谈的大多数学者来说，如此具有紧迫感的现实恐怕空前绝后。我相信，在座的各位中没有一人会明明预见各自的前方有着广阔的未知世界却止步不前，然而悲哀的是在我们那个年代，大多数人都认为古人会指明真理，因而为了到达那里花费了过多的精力。

二

值得庆幸的是，这半个世纪以来，问题、疑问等概念在文化学的各个领域逐渐流行起来，其中有许多概念今后可被该研究领域的人使用。但对这些概念的研究并没有回归到我们所迫切希望的那种切实的无知无学之境界，甚至有人将这些概念称为根本理念，并将前述问题最先排除在理论批判的对象之外，而只是把目光聚焦于在此之外的工作上，这种风气却以某种所谓的崭新的面目出现，甚至企图将触角伸向我们。

正是因为有许多所谓不证自明的原理、许多约定俗成的前提，我们才会感到苦闷，学问才会停滞不前。如今，再也没有人被只言片语的华丽辞藻和标新立异的方式所羁绊，试图再次退回到以前那个充满束缚的世界了。

至今为止，存在众多长时间未曾发觉，因而没有给出任何答案的问题。然而其中，作为四面环海、与邻居隔绝而生的岛国人，对于海上生活的无知实属异常。而无法等闲视之的时代终将到来，首先是自然科学让人感到生机一片，其研究成果中，着实有值得期待的内容。然而，在本该与自然科学的进步或齐头并进或相辅相成的文化史方面，却连像样的疑问都还没有成形。例如，日本人最初是从何方来到此地，数百个大大小小远近不同的岛屿中，究竟哪个才是日本人最初登陆的地方，而登陆后，又向哪个方向逐渐扩散开来，这些问题都没有答案，甚至连"这个问题原本无解"这样的结论都还未出现。问题虽然还没有答案，一些毫无根据的推论却已经在日本大行其道。若进行那种畏首畏尾或吹毛求疵的倚老卖老似的批判，则一定会涌出许多答案。然而考虑到我国学术的前途，本人着实不愿参与这种消极主义的做法。与之相反，我认为应该不断使人提出新的假说，并通过互相对比来找出彼此的弱点，摒弃过于单一的趋之若鹜的做法。今天，就上述问题，我将举出一个范例。

三

二十年前我一时心血来潮，热衷于收集风的名字。虽说农民并非对风丝毫不关心，但是有关风的很多称呼却是来自临海生活的感受。在海上，风的性质决定了风的名字，而内陆一般只关心风的方向，因此在各个地方，风名的意思都各自有所限定，每个地方的内容都会有所差别。例如，"yamase"①是来自山中的风。因此，在江差和松前，"yamase"是东北风，而在濑户内海的北岸，有些地方的"yamase"则是四国方向吹来的南风。《万叶集》的最后两卷中，在"ayunokaze"上标注了"东风"二字，这一点人尽皆知，因此许多国语词典都将该词语解释为"东风"，这仿佛是将东风以外的说法蔑视为方言。然而，这两个汉字的使用，恰好说明当时越中文人的居住地正好位于偏西的地方，时至今日，在富山县的海岸，根据方位不同，也有"能登 ai"和"宫崎 ai"两种"ai"之风的说法。宫崎也就是东边越后境内的海角，只有来自这里的风能够翻起大伴家持②们的衣袂，而来自能登的"ai"却被山遮挡，处于山那边的人无法感知。因此我们可以判断，在那个时代，汉字的使用尚要受到所处地理位置的限制。

"ayu"与后来的"ayunokaze"一样，都是面对海岸迎面吹来的风，也就是说，它能够让众多渡海的船只平安入港，又能够将种类繁多的新奇海物推向海滩。如今，这个词已经一半属于死语，若仔细查找，或许能在字典或地方话中发现零星存留。然而，如同表示果实

① 一般指的是鄂霍次克海气流带来的湿冷的东北风或东风。尤其指梅雨季节后的冷空气。
② 奈良时代的政治家、诗人。

成熟后从树枝坠落的意思使用"aeru"一词，"ayu""ayuru""aemono"等词语也自古就有一样，它难道不是从古至今一直表示使人心情愉悦，或是自然而然地满足人的愿望等较为积极的状态，而从很久以前就已经诞生的词语吗？

将宴会或食物的提供称为"ae"①，这应该也是同一个词。在漫长的岁月里，辅音发生变化或者脱落并不值得大惊小怪，就像根据汀线②角度以及风进入内陆的路线的不同，就会有不同的词源一样普通，并不需要做过多考虑。

在日本海一侧，东起津轻的海角，西至岛根县的一端，同样的风名至今基本延续下来，由于这些名字意境非常优美，时常被编入歌谣，从海洋到陆地，一直被口传吟唱，深入人们的记忆。例如，在越前的武生等地，至今每当蒸汽火车呼啸而过，人们必然会想起那首中世时期的游女之歌。

家乡温柔的风(ai)啊

公子哟公子啊

---

① 原文中使用的日文是"ahe"，是古日语的表达方式，现代日语中"he"发为"e"音，因此这里说是同一个词。下一句中也提到了辅音的脱落。
② 指湖面或海面与陆地的交界线。

请你告诉我的亲人们

我就在越之道口

武生之国府

在过去这个城市还是东西交通枢纽的时代，顺着来自远方的风漂泊至此的游女时常吟唱此歌，撩动旅人们的哀愁。因此，与之异曲同工的"请告知我的亲人，我时常泪流满面"之类的语句一直流传到明治初期。

四

"kokoroainokaze（舒心之风）"就是所谓的挂词①，或许这是将风比作孑然一身的旅人唯一的伙伴，然而从那时开始，发音就与现在相同了。游女将其作为海上生活的最重要的问题，用歌声吟唱表达，船夫在寂寞的日子里将其回忆。因此，从遥远的万叶时代开始，这一语句的传承就从未间断。在近代的港口，也有一些相似的语句仍在传唱。

---

① 日本和歌中的一种修辞技法。

夏日温柔的风(ainoko)啊

你终将化作寒冷的北风(yamase)

寒冷的北风啊

你终将宣告离别的来临

朝思暮想的船只靠岸，"ai"之风便不值得担心了。然而我更希望你知道，若狂风不止，则终成离别之风，这或许是虾夷之地流行的歌谣。在北陆地区，被称为"dashi"的风与前述的"yamase"相似，本来的意思是从山谷深处吹出的风，之后，却被看作能够推动等待风来的船只出海的风，进而被称为"dashi"。

(亲爱的人儿啊，为何你还不出现?)

因为故乡的风(ai)还未吹起?

因为行囊还未备齐?

那么，是因为收拾行囊者的羁绊①?

这又是位于新潟的港湾——酒田、新港或者是能登的小木、宇

---

① 这里或指男子的妻子不愿让其前往。

出津的歌谣。有利于船只靠岸的风被称为"ai"，或许其最初的意思有所改变。但是对于居住于海边的人来说，同样是动人心魄之风，只是因为此风力度较强带来的结果而使人有些许忧心罢了。

然而，随着日本海船运的发达，船只能够从海峡向东边的大洋进发，风名的用法也发生了一些变化。从全国收集到的风名来看，只有宫古、八户附近的小部分太平洋沿岸地带，将从内陆吹向海洋的风称为"ai"。这显然是海上生活者搬运而来的词语，并非是住在海边的人自古以来就使用的语言。同样一个叫作"ai"或者"ayu"的风名，因为漫长岁月中经济状况的变化，其含义的侧重点发生了我们仅靠视野难以察觉的偏移。在有形之物方面，海洋对岛国文化贡献的一个古老的力量，是那些被我们称为"寄物（yorimono）"①的未曾间断的自然现象。如今，这些现象虽未被彻底忘却，却也无法避免地逐渐被人们轻视。作为现代的社会研究，这也是理所当然的事，然而在史前学的范畴中，这实在是难以接受的不利点。在过去文献记录不曾到达的世界，如此痛心疾首地不断忍受这一经历的民族非常少见，而将其传承至今日之世的如日本人这般拥有悠久历史的民族更是屈指可数，因而这一知识，恐怕永远都无法跟随外国学

---

① "寄物（yorimono）"指的是被海水冲到岸边的木材、海草、鱼类、贝类等。

者的足迹了。

<h1 style="text-align:center">五</h1>

"津"①和"问屋"②的制度完善之前，时不时前来靠岸的船只某种意义上也是一种"寄物"。如今，走在尻屋附近破败不堪的海滩，仍然能够看到大大小小各种形状的"难破船（nanpasen）"③的残骸与海带以及渔网、钢丝等缠绕在一起，满满地堆积在水岸，并不断被海水推向附近的村庄。在黑夜中焚火使驶向海洋的船只迷失了方向，这或许只是古老的传说而已。然而海洋恩赐之物不问种类，原本皆为渔民所得，直到与之相关的法令渐渐出台，才开始受到限制。禁止擅自将"寄鲸（yorikujira）"④据为己有，这是最近才有的制度。而在很久以前，大城市里就开始了鲸鱼肉的消费，而这首先促进了捕鲸技术的发达。渔业以怎样的过程成为一种谋生手段，这一知识在日本这样的国家，即使在社会学科领域也能简单地传授。最

----

① 停泊船只的渡口。
② 江户时代的货物批发商。
③ 指由于遭受事故或灾害而破损的、被遗弃的船只。
④ 指从海上漂来的鲸鱼尸体。

初是鱼类成群结队地游来，想要的人谁都可以随意捕获。国家的各个角落，如今还残存少数这样的地方。通过少数人之手尽可能捕获更多的鱼，再巧妙地进行分配，这便是渔业的肇始。它与农业不同，其历史尚短，结果是将鱼类赶至更远的海域，使得从此以后的海滨生活发生了巨大的变化。

有关南部海上的儒艮鱼的故事鲜有耳闻，而在日本东部的海滩礁石附近，"ashika（海狮）""azarashi（海豹）"和"michi（海熊）"在海边沐浴海水的事却经常听说。由于文字教育的发展多集中在一都二府及其周边地区，这些知识都将永远地流失在文献记录之外。竭力将其保存并运用于古代研究之劳苦，无法挽回如今还在无声传承些许痕迹的散落的旧渔网、鱼线所倾诉的肃杀的现实。因此，人们时常试图在现代的空气中，勾勒那个遥远过去的寂寞世界。"寄木（yoriki）"①与"流木（ryuboku）"②的传说则遭遇了更多的困难，即使因为一些文献记录得以保存却也无济于事。我国的山野曾受到巨木的庇护，而这些巨木又借助自然的力量随着海水的流动驶向远方，然而如今我们对此已经毫无概念了。从前我们从海水中得到的恩赐

---

① 指被海水推到岸边的木头。
② 与"寄木"意思相似，指漂浮在海面或河面的木材。

比现在要丰富得多。许多远海上的小岛都各自环绕古老的神山，人们怀着敬畏之心，从不动一刀一斧，无论是搭建房屋还是焚烧灶火，都只是依赖大大小小的"寄木"，这样的时代持续了很长时间。然而即使是这样的生活，每年也有每年的季节征兆、占有方式以及信仰祈祷，这与田野的生产活动如出一辙，只是运气的好坏之差无比之大。在江户幕府时代的奄美大岛北部，政府出台法令，当一种叫作"唐木"的、产自南方的贵重木材漂流而来时，严禁将其私用，必须上交官府。恐怕到现在也无人愿意考察这样的事例在哪个海岸发生最多，或许当地的实情已经发生改变，上述现象如今不多见了。近日，我见到了某位出生于与论岛的友人，尝试着向他询问有关岛上"寄物"的印象。此友回答，如今还残存在记忆里的只有两件事了。一是曾有一艘废弃船只上运载的、装有木蜡的货物箱被海水冲上岸；二是大量被岛人称为"浪之花"的浮石涌上东边的沙滩。然而只有在暴风雨过后的清晨，迫切想要前往海边的这种心情在任何一个岛屿上都依然留存，这或许应该被称为无意识的传承吧。

六

风把各种各样的珍贵之物从海洋带到日本人身边，而日本人称之为"ayu"的理由经过刚才的说明应该已经明晰。但是，这一称呼仅在日本海沿岸广泛流传，在面向东面和南面的海边却并不为人所知，这恐怕与海运史的问题有关。由于"寄物"是伴随着各个地区地形的不同而产生的现象，因此，同一风名的概念和用法也不尽相同。之所以这些称呼能够沿用至今，应该是得益于倚风而生的人们之间的相互交通往来的力量。能够了解到在本地之外，某一词语也被广泛使用且与本地的相关词语含义相近，这便是所谓"标准语"所蕴含的力量，而与是否古老、是否事先准备并无关系。从这个意义上讲，"ainokaze"并非方言，或许在方言里还有其他说法，但至今还未发现。

又或者一些称呼被隐藏在地名中流传至今。我所注意到的一个例子，是尾张的"ayuchigata"，之后成为了郡名，后来又成了县名（爱知县）。在很早以前，也被写作"年鱼市（ayuchi）"三个字，与越中地区一样，发音为"ayu"。该地紧邻热田神宫①以东平坦的沙地，恰好正面朝向伊势海的海湾，洋流和主风的方向自古到今是否发生了变化，目前还无法确认。但是这里却是一片很容易让人想到通往大洋的交通要道的土地，甚至到了让人联想起蓬莱仙境，想要招徐福、邀贵妃的地步。或许是因为除了寻常的贝石玉藻、流木鱼群

---

① 位于现爱知县名古屋市热田区。

外，有时还能带来仿佛是来自遥远的"常世之国"①的珍奇"寄物"，丰富了当地人们的内心世界，所以，这种潟湖②的名字才能流传今世。"ayuchi"的"chi"与东风的"kochi"中的"chi"相同，表明这里曾经也把带来珍奇"寄物"的风称为"ayuchi"。

与我国古代历史相关的几座古老的宫社全都矗立于离海较近的地方，这一重要的现象长期以来遭到人们的忽视。然而日本是岛国，日本人是渡海而来的民族。只要这一事实不改变，上述现象迟早要受到足够的重视。而我认为首先应该做的，就是期待那些隐藏起来的海上之路不断被发现的一天。若是不堪忍受等待这一遥遥无期的理想实现，则至少尝试提出一些与之相关的观点，哪怕微不足道，也能够使希望之火越烧越旺吧。

这是发生在很久以前的事。明治三十年(1897)的夏天，我还是大学二年级的学生。那个暑假，我前往三河伊良湖海角的最前端游玩了一个月之久。在那里，我亲身经历了所谓的"ayunokaze"。这里没过多久就被政府圈为陆军的大炮实验基地，整个村庄迁移至东侧

———————

① 日本古代信仰中的位于大海另一端的另一个世界。作为一种理想乡，与永久不变、长生不老、返老还童等现象相关，是日本神话中的一种彼世观念，在《古事记》《日本书纪》《万叶集》《风土记》等中均有表述。

② 潟湖指的是被沙嘴、沙坝或者珊瑚分割而与外海相分离的局部海水水域。

外海的海岸。然而原本它面向伊势湾的入口，与神宫有着深深的因缘，是一个令人怀古念旧的名胜之地。村庄的正中央有供奉明神（myojin）①的神社和清澈的泉水，接受村民的虔诚信仰。它们孕育出的"无字歌人"——渔夫矶丸的旧宅以及石祠②，正好与我读书的那扇窗口相对。每天早上的例行之事，便是从村庄南边走出，横穿几座沙丘，围着海角最前端的叫作小山的鱼类保护林绕行一周。那里有种类繁多的"寄物"，其中一些让人不得不驻足观看。有时碰巧看到船具或船只残骸上篆刻的文字的痕迹，其中一些传达着来自遥远海上的悲情故事。又或者看到不知名的各式贝壳漂浮着，让人联想起那首咏唱着"请把那颗珠子带给我吧"③的古老歌谣的意境。

七

我至今记忆犹新的是，沿着小山的山麓向东环绕，东边小松原的外侧有一片已经几乎不再出入船只的大概四五町④长的沙滩，朝

---

① 此处应为对神灵的尊称。
② 供奉神灵的小殿社。
③ 出自歌谣《催马乐》（平安时代流行的一种宫廷雅乐，带有民歌的特点）。这首歌谣大致描写了纪伊白良海滩（现和歌山县）上的场景。
④ 在这里指长度单位，1 町约等于 109 米。

着东边稍稍偏南的方向。在那里，我曾三次在风力稍强的清晨看到椰子被海水冲刷上来。其中有一次是裂开后露出白色果肉的椰子，另外两次则是外壳包裹完好的椰子。它们究竟来自哪座小岛，至今也不得而知。总之它们跋涉了千里海路却依然不沾半点风尘地来到这里，令我吃惊不已。

回到东京以后，我曾将上面的见闻说于岛崎藤村①，这对我来说是一个很好的纪念。如今还被很多人传唱的《椰子之歌》②也出自同一个时代，这首歌就是岛崎听了我的故事后说道"这个故事我收下了"，并以此为基础写出的。

拾起椰子，置吾胸前，

离情别绪，新愁又添。

以上语句所描述的既非我的举动亦非我的感触，而那一句"若望向海上的落日"，也似乎暗示诗人想要带着椰子前往那个位于西

---

① 岛崎藤村(1872—1943)，日本诗人、小说家。参加了北村透谷等人创办的杂志《文学界》，以第一本浪漫诗集《若菜集》开创了日本近代诗的新境界。
② 原本是柳田国男将看到椰子之事告知岛崎藤村后，岛崎有感而发创作的诗歌，后来被谱曲，如今已经成为家喻户晓的歌曲。

方的、孤独耸立的礁石上去。不管怎样，由于偶然的际遇，我微不足道的见闻却也成了不朽之物。伊势之国乃"'常世国'的浪涛层层叠叠涌来"之地，这已经被记载于最古老的文献中①，然而至今还没有人能够有足够的说服力把椰子也算作其中几个可以作为证据的事实。虽说在当地，古今都不乏了解此事的居民，但若要将其树立为一国文化，则需要进行综合把握，或者，需要一名才华横溢的诗人。

能够发现漂浮而来的椰子的海岸并非少数，然而被岛崎藤村这样的游子关注甚至凝练成诗话的例子却并不多。过去，椰子曾经被做成酒杯，在人们眼中是非常珍贵的物件。同样，很多博学之人都认为这一风俗来自大陆。《倭名抄》②中有关"海髑子"③等的内容显然是书本知识，其中提到如果酒中有毒，则会自己打碎酒杯来警戒他人。而椰子究竟是何种树木的果实还未曾可知，只是被想象成来自海洋的产物。只有"夜之（yashi）"④这一词语已经作为日本名称固定下来了。过去，京城中的知识分子也和现在一样，宁愿以文字为

---

① 此句出典于《日本书纪》垂仁天皇二十五年之条，原文为"是神风伊势国、则常世之浪重浪归国也"。

② 也称为《和名类聚抄》，平安时代的一种词典。

③ 出现在《倭名抄》中的词条，读作"yashi"，是一种居住在海底的贝类，它具有神的灵力，外形酷似骷髅，有鼻子和眼睛，据说一旦见到人类则会沉入海底。

④ 日文音同椰子。

媒介亲近外国文化，长久以来忽视眼前的事实，只是一味从遥远过去的记录中寻找那些并不一定准确和足以作为证据的知识，且这绝不仅仅体现在椰子这一个例子上。此处我想要感叹终于发现了他们的这一癖好，却又感到些许异样。

八

椰子被海浪推到日本周围的海洋岸边，这不该是仅有千年历史的新鲜事情。然而那些试图通过书卷来获取外国知识的人们却长久以来都不曾知晓这一事实。如此一来，那些有过现实经验的人迄今为止却鲜有能够互相谈论并尝试思考这一事实的机会。又或者如我这般仅凭少数的几次见闻就引起轩然大波，最终却未能对整体的利益做出任何贡献。今日之世，我们已能够在鱼尾和鸟足上标上号码并放生进行观察，因此通过些许的比较和推理，就定能获取某些知识的时代一定会来。我也曾在漫步于九州南部的田间之时意识到，在那里以椰子作为盛酒器皿的家庭并不在少数，之后也曾就此事向朋友询问。虽很少听说中国古文献中记载的那种"盃（sakazu-ki）"，但它们基本上以盛烧酒的器皿或者随身携带的小酒瓶为主，有时还能作为挂在腰间的烟盒。虽然不一定值得悉心珍藏，但就是因为其质地坚硬，有很多都是祖传下来的物件。正因如此，这些椰子究竟是如何到手，又是漂上了哪片海滩，如今都已经不得而知。我们也仅能够根据现在椰制器皿的使用分布状况，来推测这一事例较多出现在哪些地带了。

在如今所谓的西南诸岛，我虽未做过具体的计算，但至少听说过许多有关上述椰子的事例，且这种情况已成为家常便饭。我听说在冲绳本岛，原本当地就产椰子，却还特地把"椰子小（yashigu-wa）"①作为商品从八重山运来并在许多店里售卖。此外，据我所知，先岛诸岛也并不适合种植能够结果的椰子树，也就是说，那里漂泊而来的椰子数量要比临近的北边更多一些。虽然可以说距离远近与漂流而来的难易并无关系，但是由于椰子不可能越过最初的陆地而漂向更远的地方，所以才会在离原地越近的地方发现越多。另一方面，本州岛的椰子数量尤其要少，因此，视其为珍宝、待其如贵客的情结也更加浓厚。

总之，这一植物并不适应东方列岛的水土，因而从未生根发芽、长成母株。这一事实为我们探寻被隐藏的海上之路提供了绝好

---

① 指椰子的种子，"guwa"在民俗词汇中是"孩子"的意思，说明在当地人心目中，椰子的地位有所不同。

的线索。据说在古文献中被误记为"槟榔"二字的一种叫作"koba"的暖地植物在古代分布于濑户内海各地，如今也在纪州的一端、朝鲜半岛东南岸的群岛上进行繁育，过去，我曾认为这种植物是通过鸟类散播种子，但如今隐约感到自己的认识有误。从广义上来说，这一分布是自然形成的。但是如"gajimaru（细叶榕）""akou（赤榕）"等树木的种子那样，曾经漂浮至海岸上的无数的种子中，仅有极少数的个体偶然适应了环境，而后生根发芽并长成参天大树。又如在填海新田的除潮堤上忽然变得枝繁叶茂的一种叫作"tokiwa"的大型草本植物，从其名称上来看，就能够推测其种子是从遥远的海的另一端漂泊而来的。也就是说，只有椰子这一种植物经历了一路艰险后，最终仍没能够成功迁移。

九

首先我们可以说，虽说都是漂流而来的，漂流物也各自有着不同命运。以椰子为例，先是有它们从古老的中国南海以外的荒滩，漂流到中华文化所影响的地带①这一较为模糊的传言，使得"yashi"

①　此处应该是指江户。

这一词语先到达日本，在那里等待着椰子本身的到来，这不得不说是一种奇遇。如果这种植物分布在北太平洋的许多珊瑚礁上并非人为力量，因此也并非新近出现的现象的话，那么就相当于上述所谓椰子来自荒滩的事实一直到近世都不为人知。相关者熟视无睹或是予名即忘的各地事实，需要借助毫不相干之人整理的文献来谋求统一，这是文化之弊端。我们必须尝试与之相异的第二、第三种方法。

日语中表示"yashinomi"的词语，从古老时代的不知何时起，就是"yashio"或者"yashu"。它们应该很早就都被当作器皿使用，但正因为古老的记录连绵不绝，所以直到近世，还一直被视为珍奇之物。下面举一个身边的例子。"江户丛书"①中收录的《嘉陵纪行》②是一本名叫村尾嘉陵的小官利用工作之余到郊外各处短途旅行而写下的日记，时间大概是从文化时代到文政时代的十多年间。有一天，他从新井的药师走到江古田的村庄附近，在路边的茶屋兼豆腐店落座稍事休息时，店里的老板娘频繁将目光停留在他所携带的用

---

① 收集了有关江户地方志书籍的丛书，于 1917 年经江户丛书刊行会出版，共 12 卷。

② 《嘉陵纪行》是德川幕府时代的三卿之一——清水家的佣人村尾正靖（号嘉陵）的著作。村尾非常爱好旅行，在闲暇之余经常探访江户附近的名胜古迹，故写成此书。

椰子做成的杯上，询问该器物的名称后，更加显示出十分稀罕的神情。终于老板娘走上前来向他讨酒一合①，并对他说，您饮下这杯后，能否允许我使用您的杯喝下一杯？嘉陵用极其朴实的语言记录了这件事。听了这个故事，除了对仅仅一百年前，在那一带尚有如此开朗的女性这一事实感到怀念外，同时，某种异国情感绵延不绝，最终与我等之学问之业交汇于此，也令我感到无比愉悦。只是关于这一树木的果实的发现之处，彼既无问，此亦无答。但是几乎可以肯定的是，正因它在江户附近非常罕见，才会让人如此珍视。而古书中有关外国的记载，终究是潜移默化地在自我和他人之上发挥着作用。

村尾老人的故乡应该就位于周防的岩国。虽然在濑户内海并不多见，但是在外海的沿海地带，有椰子漂流而来并非是罕有之事。例如在日本海一侧，某日的"ayunokaze"将椰子吹向海岸，而它又落入"好事者"之手并被相互传看的例子在近代以后逐渐增多。例如，曲亭马琴的随笔《烹杂之记》②较为详细地记载了佐渡岛的事件。其中一件，便是在种种漂流至海滩的来自异乡的物品中，发现了椰

---

① "合"是体积和容积单位，1 合约等于 0.18 升。

② "nimazenoki"，曲亭马琴在江户后期写就的随笔。

子、荚果①等物。"modama"这个名称是否正确不得而知，然而与伊良湖边的椰子同时漂流而来的，也有形状如同楤藤果实的约两尺长的荚果，其中有坚硬扁平的深褐色豆子。当地也称之为"modama"，因此应为同一物。或许因为这一楤藤的果实与椰子生长于相同的季节、相同的土地，所以偶然在漫长的海上之旅中邂逅并结伴而来吧。

根据小野氏的《本草启蒙》②记载，除了佐渡之外，但马、若狭、奥州以及四国等地区也有椰子漂流而来的先例。从今往后，若诸位能够不单凭古书记载而亲自稍加留意，上述事实还会不断增加，然而，没有比确认地点更重要的了。承认这些"寄物"的到来并非随机，其登陆的地点定有规律，这不仅只是椰子的例子，也不仅只是地理学家的任务。

一〇

大多数漂流物经过漫长岁月而无一人回望关注，只在礁石的阴

---

① 原文提及的植物是"藻珠（modama）"，意为楤藤，这里应指楤藤的荚果。
② 《本草启蒙》全名《本草纲目启蒙》，是江户中后期的本草学家小野兰山的著作，发行于1803—1805年，它是孙职孝根据小野关于《本草纲目》的讲义整理而来的。

暗面孤独朽去。即使到了某个时代偶然有人将其捡起，把玩之、加工之，并作为礼物互相传递，其相关的"说话"①也并未广泛传播，又或者在误解误传与夸大其辞中苟活于世。今后的学问必须对这些故事加以整理。诸如加贺的手取川同样是注入日本海的著名河流，世间却流传着此处的"ayunokaze"无法将椰子吹向岸边这种毫无道理的传言。此河河路畅通而且水流湍急，即使泛滥也极少溢出河岸，加害村庄。某年，河水流量异常之大，长时间淹没农田，使得人们留意河流，结果人们发现，河的中游地区有一块黑色、圆形的犹如巨大岩石的物体横在中央，阻挡了河道，导致水流不畅，河水溢出河岸。正在人们对于解决方案争论不休之时，又一个形似水牛的更加庞大的怪物从河流上游顺流而下，与方才的巨大"岩石"紧紧相靠，破其皮、吸其汁。于是，从"岩石"中流出大量纯白的、黏稠状的物体，随着被第二只怪物不断吸食，"岩石"的体积逐渐变小，而一直被它阻塞的河流的水位也逐渐下降。这里的"岩石"就是产自白山深处的一种叫"yashio"的树的果实，这一事件被记录在《三州奇谈》②

①　"说话"是近代新造的词语，没有固定的概念，一般在国文学、民俗学、民族学、神话学等领域使用。广义上指从古代传承下来的故事，狭义上特指民话（昔话）、传说等，与"民话"意思相同。

②　由石川县图书馆协会出版的地方志，出版于1933年。

里，此书被印刷出版，进而该事件得以广泛流传。记录中描述的椰子壳里的果肉呈白色，破皮后能够吸食这一点，是唯一保存下来的可以佐证这个故事并非是其讲述者信口开河的证据。认为这些是山中神灵所为的故事①虽带有宗教信仰的色彩，但至少故事的讲述者与同时代的所有人，都拥有对该果实的产地进行联想的自由。

虽然程度各自不一，但至今仍有不少人在滥用这一自由。例如语言上有个别地方相互一致，某个习俗有些相通等，但既然长久以来互为近邻，又时常互通往来，若毫无相似之处才更是不可思议之事。也许终有一天，我们可以期待依靠上述证据找到日本最初的居民——不管是他们的本家也好同族也好。然而仍有一个理由会阻碍上述事实的发生，也就是说会出现我们如今所认为的一种情况，即他们过去的旁系兄弟姐妹由于势力衰退、分散各地，最终被周围强大的部落降服收编，从而丧失了语言和系统的意识。对于那些靠海而生的大小部落来说，这绝非一件稀奇事。更不用说倘若在这一具备天然条件的群岛上，与外部侵扰近乎隔绝且持续生存了数千年的话，则谁都难以逃离如今一亿人互相残杀这一可悲可叹的命运。若要避免陷入这一状态，我们现在必须思考并了解知识。在某个大陆

---

① 指的是上述形似水牛的怪物撞开"岩石"的事。

的一隅，这一伙"道貌岸然"的日本人"割据"一方，说着与《万叶集》口吻相似的日语，仿佛在期待漫长岁月之后的再次相聚。这一梦境，在我们看来，就像是白山山中的那个巨大的椰子一样。

———

虽然将人与椰子相提并论原本是不合常理之事，然而若试着思考岛上生活的初始状态，除了与椰子一样是漂泊而来的，似乎也并无其他可能了。鼠类、候鸟以及鱼群等既不曾阅读地图，也没有接受地理知识的教育，然而从结果来看，它们从未停止过迁徙。我想人类也是一样，用自己的翅膀飞翔，用自己的鳍和足划水，朝着向往的方向前进。若觉得这个地方无法到达，则暂且折返或者迂回。这正是计划、是希望，而绝非单纯盲目的行动。若能有如此程度的心理准备，则就算椰子不能落入洋流乘浪而来，其花粉乘着蝴蝶或蝉翼飞越天空也能算是一个有力的例子吧。

虽然在花粉和椰子之间是否有此事还无法明确，但是在每个体型较大的生物群中，似乎都有一个领袖一样的存在。它们的感觉敏锐、判断迅速，并兼具下定决心、承担责任的勇气，若和它们一起行动，则百分之百的危险会降至百分之二十到百分之三十。尽管如此，只要目的地有不可预料的事情横亘在它们面前，也不可能保证万无一失。古代大陆坚硬的土地上数次发生的民族迁移也好，最近频繁开展的军事行动也好，都只听得胜利者的欢声，却不闻牺牲者的呜咽，是所谓的一将功成万骨枯罢了。不用说海上更是危险重重，决不允许有一个落伍者或是逃兵。虽说如今不必再重新体验这种艰险，但就像如今的日本列岛一样，最初以极少的人数独占这片绿色的岛屿，他们经历了几多辛苦几多艰险，最终连山中的一滴水、海底的一片藻都悉数献于子孙后代。我不得不发自内心地感叹，这是人类历史上无法比拟的一大成功。若后代再回首重新审视时不能将之理解为神灵暗藏的意图和指示的话，反而是极不自然之事。就算这众多的故事与事实并不完全相符，但也会因为非同一般的感激之情而理解之、进而深信不疑吧。以色列的神出现于天地之始，选择此片土地与此处人民，并使之结合，然而国破人散的说法，必须从另外的角度重新解释。我国国土虽也曾荒野一片，幸运的是如今仍有继承血脉之人在此生生不息。换言之，当下正是认真思考国家成立始末之关键时刻。

一二

海对岸的大陆有与后期佛教所倡导的西方净土相对应的、对东方抱有无限憧憬的民间信仰。所谓的扶桑传说便归于此类，我们可以推测，这或许是太阳远离海洋时那美丽而尊贵的光景所指引的道路。徐福曾率三百童男童女，为求得灵丹妙药而渡海来到东方之岛的传说世人皆知，而有人就认为我国熊野的新宫便是他们当时的留宿之地，还有认为八丈岛最初的居民就是徐福一行等这一类的种种传说。然而这些都是人们读过对方留下的记录后所想象出来的事情，完全不能作为依据。总之在我国，其行进的目的地永远不得而知，且这一远征也未能开启彼此之间的互通往来。

欧阳修有关日本刀的诗歌，在日本也自古流传。

徐福行时书未焚，《逸书》百篇今尚存。[①]

这一诗句我们都记忆尚存，然而以我国历史加以比较的话，会发现由于写就此诗的年代比王仁进献《千字文》[②]更早，可以判断诗中内容明显是诗人的空想。太平盛世的天子对人世间的欢乐感到腻

---

① 出自欧阳修的《日本刀歌》。
② 《千字文》是由南北朝时期梁朝散骑侍郎、给事中周兴嗣编纂的、一千个汉字组成的韵文。根据《古事记》记载，《千字文》由居住在百济的汉人王仁献给日本，儒教与汉字也被认为是借此传至日本。

烦，终于开始沉溺于长生不老之术，最终听信江湖道士之言而祈求仙丹却毫无结果，这便是中国古代小说的其中一种套路。只不过是其中偶然有极其动人并充满奇幻色彩的内容而被永久记录并流传于世罢了，这已经是毋庸置疑的事实。然而我认为，如果从其多种多样的趣向组合之中，按照我们今天称之为"自然主义"的态度，对那一时代的人们喜闻乐见、宁愿听之信之而铭记于心的东西重新加以关注，或许从中反而能够一窥支配人类现实中的迁移的、应称之为古代社会力量的东西。

譬如，旭日升起的方向，存在肉眼所不能见的蓬莱仙境，抑或被称为"常世"的"仙乡"。这种思想以大和、岛根为起点，从远方的西南列岛开始，至少延伸至中国台湾的一部分，至今分布非常广泛。"我欲泛槎游东海"，抑或"愿踏东海了此生"，很多人几乎是半无意识地将这样的话挂在嘴边，而拥有这一经验的人并不一定来自仅在东侧临海的大陆。可以说，在徐福传说的传播和发展过程中，至少有一些我们不能眼见的力量，在暗中对日本诸岛的开发做出了贡献。

此外还有一件事至今被人忽视，那便是徐福率领数百名未婚男女驾船出海，其本身就有极深的意味。若仅是采摘仙药后立即返航的单纯航海活动，则毫无率领众多人共同出海的必要，反而会成为累赘，也会被人怀疑是否居心叵测。如此大张旗鼓率领一众人出海远征，正如同后世的开拓团一般，目的是前往那片土地并扎根定居，是一项正式的移民事业。就算没有到这一步，也至少将其作为一种前期的宣传动员并周知各位亲族。世人对徐福的行动均做此般解释吧。此外，据说有一种三千年一结果的仙桃。也就是说，人们认为仙药绝不是像梦之山中的钻石一样，用耙子打下后装入箩筐就能满载而归的东西，而是必须经过精心培育并收获、调制和加工之后不断呈献于人们面前的宝物。古代人坚信铁杵成针，因而能够经得起漫长的等待吧。

一三

在人们对地理知识还知之甚少的时代，人类的移动不论距离远近、规模大小，都会伴随着随波逐流的成分，这一点无论是陆路还是海路都并无区别，然而海路却潜在着种种难以预料的危险。若不是伫立岸边抑或是稍稍深入远海就目之所及的邻近岛屿，人们不可能漫无目标地制订航海计划。我首先感到费解的，便是试图探寻日本人起源的那些专家学者，至今对于这一点丝毫不做考虑。人们简单地认为人类是在各个岛屿上自然发生发展或是被上苍创造出来的，因而不存在问题。后来渐渐地，人们开始相信神的启示拥有比人类经验强大得多的力量，并以此为依据去理解没有留下任何文字记载的社会状况，那时的人们认为我们的先祖乘空越海，抑或是由高山峻岭降临至此，在那个时代有那个时代的充分理由，因此无可厚非。然而，我们一边依赖现代的所谓常识，一边对上述解释进行否定，同时却对人类为何在此生活这一点不做任何合理的解释，这不能不说是我们彼此对这个问题的怠慢，对此我深感内疚。

作为某种意义上的赎罪，今日我提出一种假说，如今只待比以下说法更加确实的理论出现。即使同为"漂流""漂着（zhuó）"，有的修成正果，有的无疾而终。当然，在上古时代属于后者的情况必定很多，令人痛心。无法通知故乡的亲人自己已经平安地在此安居乐业的人们，很快就会断了绵延子孙的香火。这是因为人们大多不携妻小而出海冒险。如此一来，他们最终会暂时返回家乡，着手各种准备，规划未来的居住计划并再次远航。而这第二次航海就需要具备一定的地理知识并制订明确的目标，不能再是毫无目的的漂流，虽然注定伴随着诸多危险与艰辛，但如果不是遥不可及的距离，且与现在的生活光景相比能有明显改善，虽说并不多见，但古代的人们确有因此决定迁移的。我认为，有关秦朝徐福带领童男童女出海的传说虽然只是天方夜谭，但成为其依据的并不仅仅是对蓬莱扶桑的神仙信仰，还包括那些经历千辛万苦前往外海的贫苦人民之间世世代代流传下来的传说所积淀的思想，这些思想使得人们对它的印象更深刻、记忆更牢固。

一四

在此，首先必须思考的问题，是船的功能所经历的几个阶段。关于这一点，松本信广①等人已经着手最为缜密的比较研究，诸位只需安心等待结果便可。但笔者在此为那些迫不及待了解真相的人们略作大体的猜测。船虽原本诞生于内地小面积的静水之上，后来却十分轻易地、自然地被沿用至大陆沿海地方。然而若要向广阔的汪洋大海进发，尤其是毫无目标地穿越水平线的话，则与近代航空技术的发展一样，需要积累长期的经验、经过万全的准备以及不断的试错才能实现。毫无疑问，有关船帆的思路很早以前就已出现，然而其结构与操作方法得到完善却也是近世的事。在我的记忆中，即使是在四面环海的日本，船帆的用途也极其单纯。依据前代文献

---

① 松本信广（1897—1981），大正至昭和时代的民俗学、神话学者。

的记载，船帆只是在船只沿着海边礁石行进之时，偶然在两个海角之间直线航行时才被称为"maguri"而使用。然而这种使用方法也要依当日风向风力而定。使得海洋知识得以逐渐丰富的主要契机，或许是沿用至今的渔船的出现。如《万叶集》浦岛子的和歌中描述的那样，驾船跨越海境并非难事，有很多小船也并未配备船帆，因此逐渐有一些胆大之人驶向更远的海域。然而，若要任何时候都选定某片海洋中的陆地作为目标的话，如果没有靠谱的掌舵人，他们是绝不会驶入那片被称为"yamanashi"的水域的。然而，随着人们努力和勇气的增加，他们逐渐了解到更多临近陆地的存在，偶尔会有人忍耐这短暂的苍茫空虚，开始向往那些目不可及的岛屿。他们中的一些人意外地受到幸运之神的眷顾，归来后畅谈所见所闻，这类事情随着时间的推移慢慢积累下来。从广义上说这也是一种发现，是地理学的萌芽。

若非圈中之人，或许至今仍难承认，学问的中心并非只存在于京中文人雅士之间。举极端之例，海部①比日本人更晚登陆，他们曾经长期生活在没有文字的角落，然而他们拥有比任何人都丰富的

---

① 海部是指在日本上代，在渔业与航海技术方面服务于天皇的部民，也写作"海人部"。

海洋知识，也正因为没有文字，那些知识未经流传。我还曾经听说，自从丝满人①开始出没于九州海岸的礁石群，至此从未有过记载的种类繁多的鱼类就开始出现在市场上，一度震惊国内外的鱼类学者。丝满人当然并非海部，而是普通冲绳人的一支，但部曲②既已不同，传承方式也各异，于是不再有人试图接近并从他们那里学习了解海上之路。我们从些许残存的遗迹中就可以窥见，不仅仅是丝满人的海底生物学，那些曾经作为冲绳文化核心的"tokitori"③"ekatori"④等知识，也是以不为人知的天长日久的观察及用心的整理为基础的，农耕渔业方面自不必说，在祭祀神灵、冠婚葬祭上也一以贯之地树立了强大的指导原理，绝非单纯的方术之类。遗憾的是，由于缺少假名文字的记载，处于外部的人们已经无法享用这一知识。环绕海洋的洋流的密密麻麻的分支，根据季节不同风向风势如何变化等，终究会由学者们根据其缜密的调查结果对每个地区的情况加以说明。然而当下，无论如何没有这等坐享其成的好事，例如在如今这个时代，关于日本人的登陆，甚至连顺着中国南海、借

---

① 丝满市，位于冲绳本岛的南部。
② 此处指的是古代中国、朝鲜、日本的私有民或者私兵等身份的人。
③ 指的是把握时机。
④ 这个词无论如何查不到意思，故欠奉。

助日本暖流这一类的大胆猜想都能登大雅之堂而不再惹人耻笑，所以眼下，我们只有将既有的断片的经验联结起来而别无他法。

<h1 style="text-align:center">一五</h1>

当然，我并不是要单纯将椰子的一个漂流地看作原始日本人的登陆地点。然而至少在日本绵延数千米的海岸线上，常有异邦漂来之物的区域十分有限，因此长久以来不为人所知这一点可作为参考之一。同时，那些手拿一张学校地图就妄加猜测，说什么此处距离较近所以应是由此登陆之类的空口无凭的说法，则应该受到耻笑。

"八重的汐路(yaenoshioji)"①一语曾屡次被和歌、物语所使用，然而只有那些无名的海上勇者曾经思考过这一词语中所包含的无穷力量。若仅是较大洋流在正常情况下的流向，自古以来作为书本知识我们也可掌握。然而，洋流的流向有时会发生巨大变化，或是改向或是分叉，其流经之处无不受其影响，而这种特殊情况还并未成为人们心中的早已熟知的常识。正如近年来取得巨大进展的海底调查使我们发现了许多新的海洋法则，在天空与陆地的各种各样的互

---

① 意为海上之路。

动中，作为海国人不得不知之事仍如夜空繁星般无限存在。尤其如风知四季、浪起有时这类小规模区划中出现的种种变化，对船只的航行有何种程度的推助、妨害抑或强制等关于日本的海洋知识，在漫长的岁月里，只是那些将生死托付于此的人们，曾经冒着生命危险体验过而已。当然，因为这是关乎命运的重要知识，于教于学都需倾尽全力，其执着之心或许能够超越世间普通的学问授受，可悲的是生活在陆地上的人们对此都未有任何关注。存在于我国各个角落的海上知识中，许多都已经成为便于记忆的谚语形式，至今还散落在这片土地上，却很少有人试图将它们收集整理。而在这个世界上，使用动力的时代逐渐到来，大批桑名屋德藏①式的人物都已老去，后继无人。位于各个港湾的日和山②也大部分都沦为了游乐园。古今两条地理学的脉络都已被填埋，使得我们更加难以追寻海上之路的足迹了。

如果可以认为漂流是最初的交通方式，那么日本人的故乡必定位于不远的地方。人类不仅不会像椰子那样可以无限制地在海上漂

---

① 日本歌舞伎狂言《桑名屋德藏入船物语》中的人物。桑名屋德藏在海上与大入道（留着极短平头的体型巨大的男性）进行辩论并将其击退。

② 存在于日本各地港湾的名山。人们通过观察天气情况，决定船只是否出海时所利用的山。人们普遍认为周围没有树木、建筑物以及其他高山的地方较为合适。一般会选择位于港湾附近的较为低矮的山或丘陵。

流，就算能够侥幸活命并判断此岛适于居住，也要返回故乡备齐必要的物资，并与妻小从长计议。这种计划能够成功的情况十分有限，因此我们现在要想寻找当时符合条件的海岸并不困难。出生在动力航行的时代的人们最容易忽视的一件事，就是过去航海者具有的惊人的忍耐力，对于他们来说，一年一次的往返是家常便饭，而这一周期甚至比农夫从播种到秋收的等待时间还要更久。若只把这一品质看作一种习性，那着实遗憾。近世的鸟岛漂流故事中，也曾有三组在海上遇险的人们通力合作逃出荒岛的故事，其中，有个人一直在等待机会的到来，这一等竟然就是二十年。除了寻找少量食物用以果腹之外，他丝毫不费力劳作，只是一心观察风势与浪潮的配合，等待时机的到来。拥有如此坚定的毅力，他恐怕可以被称作东方的鲁滨孙了吧。若距离稍近且能够修理船只的话，他也一定能够更早在故乡的海边靠岸了。

一六

由此我们逐渐接近我所提出的问题的中心。为何那样一个充满危险与不安的岛屿，却使得人们不惜再度辛劳，携妻带小、呼朋唤友地前往呢。我认为可以简单地归结为一个理由，那便是为了那些珍奇的"宝贝"①。在秦始皇时代，在铸造铜钱以作货币使用之前，中国人将"宝贝"视为至宝，其中，被称为"shipurea moneta"的闪着金黄色光芒的"子安贝"成为了一切欲望的中心。直到今天，"子安贝"的产地都为数甚少，一直到远东地区，在我们的同胞所居住的群岛周边的珊瑚礁以外和附近的地方，都没有发现"子安贝"的产地。尤其是在大陆沿海地区，北至朝鲜半岛，南到马来西亚和印度的尽头，都未听说有捕获"子安贝"的先例，长久以来，人们都只能前往远方的海岛寻求此贝。除了暖流的影响之外，还因为这种贝只能在岩石较多的浅滩存活。至今仍有人自以为是地称其产自南海，然而不用说古代岭南的陆路并未开通，也绝非只要入海捕捞就一定能够有所收获。"子安贝"的光芒堪比金银财宝，使人认为其必定价值连城。再加上捕获的机会十分渺茫，则更使得它拥有以今日之眼光所不可想象的尊贵地位。

我相信，随着中国古代史学的发展，有关这方面的研究今后会逐渐扎实起来。殷商王朝插手中原的背后势力就在东方。在所谓的东夷的海洋生计中，如今基本可以确定存在的，就是"宝贝"的供

---

① 此处的"宝贝"（takaragai）是一种贝类，尤其指贝壳，其颜色亮丽，古代曾作为货币使用。

给。它究竟是在呼应西方的指示，还是独立发展的一种流行，虽然还难以断定，然而毫无疑问的是，它在某个时代伴随着巨大的偶然性，打开了一个狭窄的入口。然而，它就是位于东南方一处群岛的、离大陆最近、气候也最为适宜的"八重之汐路"的一部分这一事实，因属于中国典籍管辖范围之外而极少有人关注，而在我国也因为大家都想象着那种美丽的贝壳无论在中国南海的哪一处沙滩上都遍地都是，也未曾被考虑。虽说普遍认为"子安贝"分布于日本洋流所能到达的地方，即太平洋沿岸至茨城县福岛县，日本海沿岸则止于富山县，然而种类极少且品相欠佳，涌上海滩的大多是中空、腐烂的贝壳，能够在海中活捉此贝类并不容易。三十二年前我前往冲绳旅行时，有幸鉴赏了已故尚顺①男爵令人叹为观止的收藏品，才得知这里的近海出产所有种类的"宝贝"，于是第一次感受到这个问题的重要性。最近，又从出身于国头郡北部村庄的崎滨信行君那里得知了当地贝类的食用和捕捞方法，以及曾经一无所知的它们的生活习性等。此外，十多年前，又从游历了西南诸岛的大森义宪②的游记中发现，宫古岛是尤其需要关注的中心地带。

---

① 尚顺（1873—1945），琉球国王族，琉球国末代国王尚泰王的第四子。后为日本男爵、贵族院议员，《琉球新报》和冲绳银行的创立者。

② 大森义宪（1907—1982），山梨县的民俗学者，曾受教于折口信夫。

一七

在所谓琉球群岛中，数宫古岛的历史进化过程最为激烈，且受到自然灾害带来的严重影响，居民不胜苦恼并屡屡迁徙，因此，我早已察觉其语言、文化、物质的错综复杂，曾在《岛屿人生》①一文中对此有所涉及。然而我最初知道该岛周边的广阔地域分布着大量珊瑚礁且那里是贝类最为丰富的产地，至今也在向临近各岛供给，则是得益于大森君的游记。有关此岛的记载主要集中在中世以后，然而在遥远古代的各种传说中，仍有些许奇特的内容存留下来，尤其是诸如"ayago"这样的许多故事，经女性的传诵保存至今，使得调查②成为可能。虽说单个的内容看起来毫无头绪，若将之进行排列、整理，同时结合晚近记录下来的战前战后时期岛民们的海上活动，并参照未来会愈加精确的洋流与季风的规律加以思考的话，我有些大胆的猜测——最初人们从大陆漂流而至的并非这座岛屿，姑且值得做一探讨，更进一步说，以此为线索，或许能够锁定一处可能性更大的地点。

---

① 出版于1961年。

② 原文中用的是"采访(saiho)"，意思是探访某个地方或神社寺庙，收集与该地历史和民俗相关的资料。

例如近世以后，有关大唐人漂流至此岛的消息我时有耳闻。一般船只不大，人数不多，他们也只是在岛上人家中借住几日便起航返回了。而岛上居民自己出海捕鱼或者渡海通勤之时，漂流而去很久之后才会返回。这样的事在八重山经常可以听到，已基本成为司空见惯的事。然而，宫古岛发生的事件规模更大、影响更深。藤田剑峰①曾说过……从古代来说，有文字记载的前往日本本土的最早的交通工具，便是宫古岛的船舶。在与亚洲东南部各国的贸易往来中，显然存在着应该被称为"《历代宝案》②时代"的一段时期。购买苏木胡椒之类并献于朝廷，其所使用的货币，除了"宝贝"之外并无其他，而负责运输的也是宫古岛的船只。总而言之，目前我们所知道的是，这些南方的岛屿与日本本土之间的往来年代远比留下的文字记录年代更为久远，而参与其中的既有宫古的船只，也有珍奇的"宝贝"。③

一八

如今，年年都有许多小船聚集在宫古岛周边的贝类采集地。采

---

① 藤田剑峰(1869—1929)，原名藤田丰八，是明治—大正时期的东洋史学者。
② 记录了琉球王国外交文书的汉文史料。
③ 此节回避了日本侵占琉球国的历史。

集地北接前往冲绳本岛的航线，包括"八重干濑"（yaebishi）①这一广阔的礁石地带，而其他方向还有其附属岛屿伊良部岛佐良滨的礁石附近较为有名。经过近世以来数次重大的自然灾害，其传承下来的大部分信仰都已消失殆尽，然而在这附近，仍然存在着被称为"nushi山"、乘濑御岳（noseutaki）②的圣地，供奉着守护大海的女神。神灵存在于此世时，其名为"玉mega"，是年迈夫妇的独生女。有一天，她出来打水时就此失踪，之后仅在父母面前出现过一次，告知他们自己已成为这片森林的神灵，并发誓要拯救在海上遇难的村民。如此一来，一位被称为"唐神"的神灵也被一起供奉起来。祭祀该位神仙的仪式被称为"kamushuuri"，在有些文献中它对应汉字的"神主下"③，其实它本来是这个季节的名称。又或者被称为"kamuzu"，汉字有被写成"神魂"的，让人联想起出云国的一家同名的旧神社。总之，"kamuzu"降临即会落雨，离开便吹西风而持续晴天，这时，前往中国的船只便会返航，而遭遇海难的人们也会在遥远的地方面向这一"御岳"祈祷，求其保佑自己平安回到岛屿。

祭祀者们皆为妇女，且出身于从事相关职业的家庭。她们将一

---

① 指现冲绳县宫古列岛池间岛北侧的广阔的珊瑚礁地带。
② 大约发祥于1400年的信仰，供奉女神"玉女"，是航海的守护神。
③ 意为神灵降临人间。

种叫作"kamushubagi"的藤蔓植物缠在头上，进入灵山中的"kamushu屋"，祝女①们则与神灵对话。在祭祀进行的四天内，男性们被禁止观看。或许此后妈祖信仰的传入对这一祭祀风俗产生了一定影响，然而可以确定的是，以这一年一度的祭祀日为界，风会从某个固定的方向吹来，而这一切是专属于这座岛屿的体验，人们将之运用于海上之旅也并非新近开始的习惯了。这一知识虽说还算不上一国通用的大学问，但局限于这一情景的海上之路，正如深山里的猪鹿之路②一样，却也因以船为家的岛民而早就成为当地人精准无误的知识了。

一九

倚赖那万千可能性中渺茫的一点幸运，漂泊到这无人的孤岛寻找食物，却意外发现那千年一遇的世间珍宝如小石子般散落在沙滩上。将这一事件与一个庞大民族的起源联系起来，未免痴人说梦。然而坦白地说，时至今日，我还未听说比上述"梦话"更有说服力的

---

① 指的是冲绳一些负责村落神灵祭祀活动的世袭的女性神职人员。

② 原文的"猪鹿的道路"实际上指的是"猪路（shishimichi）"或"鹿路（同上）"，意思是由于野猪和野鹿经常经过而自然形成的山中之路。

解释。若能傍海而居，或许可以偶尔在晴天让思绪驰骋至白云彼方，并欣赏那"画眉云"的姿态，然而究竟是怎样的渴望能令人不畏艰险、乘风破浪地前往呢？就算因为某些不可预料的理由曾一度登上彼岸，但使得他们决心携带妻小、举家搬迁至此安居乐业的吸引力又该从何处寻找？比起上述疑问，人们更容易认为他们是受到占卜托梦的启示，抑或是飞禽走兽的指引而选定未来安身之处的。据我观察，从前与今天一样，许多人认为人们生活在出生的故乡，又或者经常有受到压榨而被迫背井离乡的情况，因此迁徙一直以来都是人类的常态。有如此看法的人们或许对各种动机的认可过于轻率了。然而即使在彼此之间较为了解的与陆地相接的土地上生活的人们，原本也是各自据守疆域，从不轻易离开。更不用说在毫不知情的情况下与危机四伏的海洋做无谓的斗争了。若要否定高千穗槵触峰的古老传说①，将人类迁移的法则合理化，则必须参考这种中世式的思考方式。如此一来我们则会意外地发现，日本这一国家的历史并不长。岛国成立的年代久远，也就意味着我等经历的艰苦曾长期持续，因此并不能引以为豪地加以佐证。然而，若正如我所推测的那样，即东夷昌盛之影响逐渐波及中原文化、人们对"宝贝"的重

---

① 出自《古事记》中的神话故事。

视与渴望到达顶点的时代，恰好与一小群日本人的始祖涉足远东列岛中的某一座岛屿的时间相吻合的话，那么此后大约两千年，即直到与出现详细记载的年代相连接之间的巨大空白正是九学会需要填补的领域，外部之人也只能坐等研究结果的问世吧。因此，虽说诸位肩负无上重任，同时也会颇感欣慰吧。

二〇

我已年迈体衰，着实无法担负重任。但仅想对水稻种植的问题略作思考，必要时也可以局外人身份聊表拙见。现在一般认为，水稻种子是在绳纹时代与弥生时代之交传入我国的，以此为契机，我国不断发展为如今的水稻种植国。然而针对这一说法，首先我本人很难信服。虽说所有谷物皆是如此，但在水稻种植中尤其凝聚着经过长时间积累而形成的应被称为"口传"（秘传）或"火候"的技艺。如果只是将一粒稻种交到手中，恐怕是连尝试着吃一口都做不到。不仅仅靠栽培者带来种子，如果之后不能集结并调整祖祖辈辈积累下来的经验，将之作为教训继承下来，不要说一次次改良，就算是对抗来自外部的各种障碍也难以做到。这也就是为什么我不得不认为，日本人至少最初将种子带回时，同时也已习得某种程度的技术，抑或是已经认识到水稻这一谷物的重要性。

将大米看作许多粮食中的一种并与近世以后才开始食用大米的国家的习惯相比较就能发现，自古以来的水稻种植国家具有几个共同特征。虽说大米被人们不假思索地称为"主食"，然而即使是现在，全国的食米率恐怕也不会超过三分之二，而在短短半个世纪以前，更是仅仅略微高于50%。且不说还包含了大量生活在城市的人以及其他非农民阶级等仅以大米为主食的人群。总体上来说，虽然也有证据表明（食米率低）是因为家境贫穷或苛捐杂税，然而另有一个理由，即大米原本是"晴之谷物"①，因此仅在每年数次的节日祭祀日或者是"双亲之日（oyanohi）"和"身祝之日（miiwainohi）"才会食用。食用大米会使身心焕然一新，这一认识自古以来一直跟随着各地的人们，而绝不局限于水田匮乏之地。

很难说我们也曾有过仅靠食用肉类生存的时代。虽然我认为以前或许也存在许多稻米以外的能够作充饥之用的其他作物，且其中一些存在的年代或许比作为谷物起源的水稻更加久远。然而我们必须留意的有关水稻的一个特征是，如前文所述，人们对水稻极为

---

① "晴"在日语里有非日常、正式之意，"亵"有日常、非正式之意。柳田把这作为一对概念引入民俗学，扩展其内涵，用以理解民俗生活中时间、空间的不同性质。这一对概念为日本学界接受，成为诠释日本文化时的一对基本概念。

重视，从一切民间的信仰祭祀，到岁时历法的制定，都以水稻的栽培收割为目标。若大米作为一种信仰的用途仅在日本一国存在，那么种种较为开放自由的解释尚可成立。然而在这其中的两三个重要方面上，也能为我们指出日本与近邻的水稻种植国家之间所拥有的共通之处。去年成立的新尝①研究会的成绩值得期待，同时通过仔细比较并探讨各个水稻品种，逐渐明晰其传播的路径，进而终有一天，我们有希望找到那个携带水稻进出东海各岛的民族的故乡吧。

二一

或许人们携带水稻种子从大陆来到这片列岛并非是一次偶然事件。然而结果只有一个，因此我做一个最为简单的设想。冲绳诸岛的有识之士们曾信服金泽博士的"inishi"北方说②，无论如何都认为传播路径是由北向南。若反问是何人计划，又是为何？他们却理屈

---

① 主要指"新尝祭(niinamesai)"，是一种宫中祭祀，后文将有专门的章节论述，此处不做详细解释。
② 金泽博士指的是日本国语学者金泽庄三郎(1872—1967)，他曾经提出，冲绳人是从北方移居到冲绳的，而表示原本所在的北方之地则用"inishi"一词。

词穷，恨不得用"神灵的指示"这个答案来搪塞对方。当然，若不将洋流如何分支，强风吹向何方等事实彻底弄清楚，那么我所提出的海上之路的问题则难有结论。然而若以水稻是最早的重要携带物为前提，则它的传播途径应是由南向北、从低矮而平缓的小岛向巨大的岛屿行进更为合理。总之，没有人认为日本的近400个岛屿全都一次性地接受人类前来居住，暂且先在某个岛屿落脚，等具备条件后再选择更加广阔、更加重要的岛屿，这应该也是地图出现之后的事了。

　　人们对"宝贝"的热情逐渐冷却是比徐福的罗曼蒂克之旅还要早的事了。人们不再有为了得到它而与怒涛搏斗，甚至赌上身家性命的动力。人们将岛屿称为"我岛"并在此安居乐业，于是生产用地开始不足，人们开始物色周边容易到达的其他岛屿，这与海平线外的远航冒险完全不同。我认为对于那些岛民们来说最紧迫的事情，便是没有足够的适于种植水稻的土地。因为捕鱼并不需要在某个地方定居。由于珊瑚礁的隆起而形成的平岛，适合养育水稻的浅水地并不多。在南方诸岛，人们一般将小面积的水面称为"komori"。古日本的语言中有"komorinu"一词，至今还在少数地方作为方言留存下来。南方岛屿的"komori"位于海湾的里面，虽然经常与海水相通，但是稍作土功就能够隔离外部海水，我们经常看到人们待降雨量达到淡水完全将海水替代的程度后，便制作小规模的"浦田"①和"凑田"②。然而这种情况下因为缺少灌溉设施，在旱灾发生的年代反而成为最先受到影响的部分，因此人们开始倾向选择低洼潮湿的沼泽地，如此一来，当别处饱受旱魃肆虐之苦的时候，此处反而正适合种植水稻。然而在南方的温暖地带，降雨几乎是唯一的灌溉方法，若偶尔遇到雨量不足的年代，则人们要绞尽脑汁以防止水分的蒸发与吸收，颇需一番劳苦。日本的水稻种植作业尤其重视加固田垄和底部土地，或许正是由于以前稻田位于南方的低洼地带，人们视降雨为唯一可以依靠的力量这一习惯的残留。说到这里我们或许会想到，求雨仪式在日本极其受到人们的重视。

二二

回顾日本水稻种植的灌溉方式，其发展的过程可以明确分为四个阶段，且直到今日这四个阶段的四种形态依然同时存在。简单地说，一是所谓的完全托付于自然之力的方法。也就是主要应用于小

---

① 位于海湾的田地。
② 意思基本同上。"凑"在日语中指海湾中的陆地部分。

规模低矮岛屿的、完全不依靠降雨以外的力量的、在地方志上被称为"天水场"的方法。二是所谓的"清水挂（shimizugakari）"，也就是被称为"筑波岭的水滴田舍"的方法。这种方法利用从山间流下的少量水流，从其源头小山田出发，伴随着少许角度的倾斜向山脚下扩散而去，都是保存着古代当地传统风情的令人怀念的美景胜地。然而由于面积的过度扩展而渐觉水量不足，尤其是当森林越来越稀疏，仿佛求雨的鼓声也更加震耳欲聋。这种田地仅在古日本到处可见，而随着岁月的流逝，它们不断变为第三种的"池挂（ikegakari）"了。《日本书纪》中有关崇神垂仁天皇上朝的内容中，有命令韩人①筑造某某池塘的记载。不知是否有人将此看作水稻种植进入繁盛期的标志，但其实池塘的作用是在已有用水不足的情况下调整分配水资源并尽可能开辟新田，有关这一点与第四种"堰挂"（igakari）相同，已经成为一种"引入外部资源"的方式了。"堰挂"在规模大小上也分为几个等级。在近年来伴随着新田开发而产生的大规模资本事业之外，还有依靠些许邻居的合作而成功的事例。然而归根结底，若没有能够建坝引水的足够水流，对于在这个小岛上生活的岛

---

① 这里指古代以朝鲜半岛南部为中心在纪年前后定居于此的民族。该名称可被看作现代韩国人（朝鲜民族）名称的由来，但是在民族系统上与现代朝鲜民族的关系尚不明了。

民来说，上述方式是无论如何也无法企及的。

上述四种水利事业究竟哪种最为合适要根据情况而定，但从技术上来讲还是不断处于进步之中的。因此，为寻求水稻种植的新机会而试图前往其他岛屿的人们，想要寻找一处富含水资源的山清水秀之地也理所当然。然而，很难想象人们会在已知上述第二、第三种方法的基础上，还专门前往除了第一种方法外别无选择的小岛并试图在此耕地种田。在水稻种植开始的最初阶段，他们曾一度不得不在只能依靠降雨的、受到极度限制的土地上进行极小规模的种植活动，然而那只能是因为遇到了不曾预料的灾难，或者是偶然有了极其重大的发现。人们一旦回归海边居民的正常轨道，维持并试图发展半农半渔的生活，他们就会暂时忽略那些小规模的矮岛，逐渐想要从那些水资源丰富、草木繁盛、幅员辽阔的陆地上，寻找未来的落脚之地。若有等待春种秋收的耐心并仔细观察大风与洋流的走向，那么今后在海上遭遇失败的概率，或许会大大减少吧。

二三

以前的南方诸岛，有很多可以烧掉中间部分并掏空来制作小船的巨大木头，将数只这样的船连接在一起，就会容易航行、难以倾覆，这一技术从很久以前就得到了发展。漫长的等待不是问题，只要掌握天气并战胜风浪①，总有一天能踏上北方广阔岛屿的土地。以前，我曾提到西南诸岛有几个被称为"古见（komi）"或是"久米（kumi）"的地方，这些称呼都是证明很早以前水稻种植就已开始的证据。大八岛的古国中，也有许多被称为"久米"或者"久见"的地方，其中有两三个位于内陆的山间，其他大多数则位于离海较近的低洼地带，是直到今天稻米产量仍然十分高的古老的土地。可以看出，人们泛舟在海湾附近寻找这种地形的习俗长久以来一直持续着。这一现象，至少值得我们重新思考。迄今为止的文化传播论者中，也有极少数人会强加某种理所当然的"连带责任"，仿佛那些传播到大岛一端的外来事物能在一瞬间就影响整片土地。即使在火车电话等交通通信手段十分发达的今天，也很难简单地期待有如此效果，更不用说在山间没有盘山公路、河流没有码头渡口的古代了。作为生活在四面环海的国家的人们，如今对海上之路的忽视已到了顶点。我所提出的有些过于标新立异的民族起源论能够被体无完肤地击破之时，也就是我等学问开辟崭新之路之时。不用说，我正迫不及待地渴望着那一天的到来。

---

① 这里的"风浪"原文为片假名"doai"，汉字"渡合"，指的是船和风浪相抗衡的这种状况，此处译者处理为"风浪"。

海神宫考

引　言

在暗自为南岛研究的时机的到来感到无比喜悦之时，我想要提出一个新的问题。经过由耳到口、再由口到耳的这条传播途径，将长久以来保存至今的昔话①与传说分门别类进行整理，据此考察自古以来岛屿与岛屿之间的关系，这一学问是否就属于民族学的分野呢？又或者应冠以"一国民俗学"之名，并将其置于上述研究领域之外呢？各位民族学协会的同仁，你们又认为哪个选择是正确的呢？为了使大家做出明确的判断，我想试着举出一两个实地的例子。

---

①　"昔话"是民间传说的一种。它诞生于民众的生活，并通过民众的口口相传进行传播，是一种口传文学，同时也是民俗学的资料之一。下文均使用"昔话"二字。

不管答案归结于上述两者中的哪一方，对于我等居住于岛上之人来说都是值得满足的。而将两者都置之不理却只能使问题更加复杂。未来的民族学若要着手研究古代文献几近全无、遗留物品腐蚀破碎、人类从无休止的迁徙的海上生活，最初应追求的资料必然是口头传承的内容。然而，这对于外来之人来说是无比辛劳的工作，仅研究一个岛屿就需花费数年，以如今的速度和能力恐怕为时已晚。与之相反的是，所谓的 folklore 在语言与感觉上没有障碍，因此确实较易有所成就，然而其代价是活动的范围受到限制，人们至今把闭门造车的做法看作一种方式。岛屿文化的变化是根本性的，对于那些经历了古代生活的痕迹轻易被抹杀的人们来说，如今已不再是讨论定义和历史沿革的时候了。我们双方都应该从各自合适的立场出发，使我们终将不得而知的事实减少到最低吧。

在日本，这两种学问的界限尤其容易模糊是有特别原因的。关于这一点我也十分关注，但是这或许又是两者共同成长发展，最终被不引起任何误解地以同一名字称呼的时代到来的前兆。至少太平洋诸岛上有很多事实，能让我们对未来的融合充满期待。进一步说，我甚至觉得这次的南岛研究复兴正是一个崭新的机缘。因此哪怕是一点毫无根据的想象，我们也一定要大胆地提出。

一　昔话的岛屿形态

另一个世界，抑或是被称为"仙乡淹留谭"①等的民间"说话"中，岛屿有岛屿独有的特殊形态。这一点已有人注意，也能够想象到。这类传说在以冲绳为中心的南方群岛与古日本的群岛之间有多大程度的一致性，又在哪些方面存在明显差异呢？而它们之间的异同，能够用现有的学问解释清楚吗？这是不是一个需要今后进一步思考的问题呢？以上述几个疑问为主题，我将对自己已经意识到的问题做一粗略的叙述。

十几年前，在我认为民间"说话"的收录工作已经基本就绪之时，恰逢我国遭遇史上最深重的灾难②。在冲绳本岛，仅有昔话曾经辉煌一时的事实得到了证明，在其记录尚未得到系统整理之时，优秀的传承者就突然隐匿于世间。然而幸运的是，凭借已故的岩仓市郎③先生的努力，其故乡喜界岛与冲永良部岛的昔话集得以留存于世，奄美大岛各个村庄的昔话也部分保存了下来，有效地扮演了

---

① 指的是讲述人在"仙乡"长期逗留这一类型的故事。
② 此处应指第二次世界大战。
③ 岩仓市郎(1904—1943)，日本民俗学家，"说话"研究者。

连接南方诸岛的踏脚石①的重要角色。另一方面，在同一群人的协同努力下，日本各地昔话的收集也有所进展，使得某种程度的比较研究成为可能。当然，无法对此后的资料收集抱有过高期望，然而仅凭借现存的调查记录也大可不必与前代学徒的空洞假说一争高下，从这一点来说，他们对学问的贡献是值得感激的。以此为根据，能在何种程度上探究南方诸岛的古代文化呢？至少我们有义务进行一次尝试。

二 相似与差异

迄今为止的比较研究被两个岛群的一致性与相似性所吸引也是理所当然的。实际去听各个昔话就会发现，大部分只要听到一半就能准确叙述余下的情节，因此很难想象这样的两个故事中偶然出现的雷同是各自分别产生的。若无实例或许很难说明，但一般情况下，岛民满足于"借来的""听说的"，于是"记住了"这样的推测。然而，当比较的范围逐渐扩展，第一，越来越难有那种照搬的机

① 指的是安置在浅水或者高低两处中间的便于行走或上下的石头。比喻借以达到某种目的的手段。

会；第二，人们会注意到"说话"的"年龄"——也就是说其中一种形态持续的时间——会令人意外地长久；第三，会发现仅有的少数相异之处对于理解使其成立的社会状况有非常重要的作用。我主要想讨论的是第三点，然而由于三者互相关联，因此在讨论之前，有必要简略地勾勒"说话"的大致轮廓。

在日本，"浦岛太郎"①已经成为了这种"仙乡说话"的通用名称。然而这是在某一个地方保存下来的歌物语，情节简单、结局无聊，除了时间跨度大这一点外，并不具有昔话的特征。国内各地有几个类似的"说话"也使用同一名称，但故事的构成却是千差万别的。我曾想过使用"龙宫行"②这一名称来概括所有这一类型的故事。这也是始于"俵藤太③的龙宫行"这一类的接近传说故事的语言，但是至少现在的很多"说话"中，都将人类往来的海底仙乡称为龙宫。这一名称逐渐在民间普及，因此，究竟是怎样的契机使得人们都凭借这一称呼来记忆某种类型的昔话，我们可以从文献中得到答案。我认为，它的起源或许就在佛法的经文中，经过讲经法师

①　"浦岛太郎(urashimataro)"是存在于日本各地的龙宫传说中的主人公。

②　即进入龙宫。下文中，根据情况可能使用"龙宫行"或"进入龙宫"的说法。

③　俵藤太，原名藤原秀乡，生卒年不详。是平安时代中期下野的豪族。他战功赫赫，事迹曾出现在《今昔物语集》《平家物语》中，此外，在镰仓、室町时代，作为消灭蜈蚣的英雄传说的主人公，他被写入了《太平记》和《俵藤太物语》中。

的口传而逐渐通俗化。今天我们仍可以发现，日本昔话的龙宫中并没有龙。取而代之的，总是一位叫作"乙姬"的美丽女子。由此我们可以想见，我们从外国照搬而来的仅有发音听起来有些稀奇的那一"仙乡"（即龙宫）的名称而已，我们原有的"说话"的内容并没有因此受到影响而出现大的变化，因此，单从这一个侧面我们就可以推测出各个岛屿的昔话在产生时所包含的旧有内容和新的元素。

三 龙宫与"常世国"

那么，在龙宫这一新词被采纳以前，日本人是使用哪个词语来描绘海中世界的呢？要想回答这个问题并不困难。雄略天皇纪二十二年的记载中，出现有关浦岛子的故事虽然令人有些意外，但这毕竟是有关上述问题的最古老的文献，这里，使用了"蓬莱山"三个汉字，其古代的训读为"tokoyonokuni"。在《释日本纪》①述义引用的三本书中，《丹后国风土记》②中有"蓬山"字样，又有"海中博大之

---

① 《释日本纪》是《日本书纪》的注释书，卜部兼方编著，成书于镰仓时代，共28卷。

② 旧京都丹后国的风土记，作者不详，成书年代不详。

岛";《本朝神仙传》①中有"蓬莱"字样；而《天书》②第八中则只有"海龙宫"一语。毫无疑问，"蓬莱"是比"龙宫"还要纯粹的外来语，但是古代训读"tokoyonokuni"中也有深深的文化含义，并不能认为它一开始就是民间的共通说法。然而，查阅《万叶集》卷九中有名的长歌就会发现，反歌中有"应居于常世者云云"一句，而与《万叶集》成书年代相近的风土记的物语中，也有"晨念伊人，推门远眺，波声隆隆，常世之涛"这令人感动的一句。由此可见，至少在当时有教养的仕女之间，在"说话"中"龙宫"（蓬莱）是以"tokoyo（常世）"这个名称传承下来的。而另一方面，万叶长歌的叙述中，又有"watatsuminokaminomiya"③和"watatsuminokaminootome"④等字样，使任何听到的人都能够立刻想起这些称呼是纪记两书⑤的神代卷中，作为"山幸海幸"⑥的物语而长久流传下来的海之国的名称。或许每个人听到这一名称都会做此联想，但是在和歌和文章以外的交通往来中，难道没有一些容易记忆、朗朗上口的语言，曾经一度出现却

---

① 《本朝神仙传》，平安后期由大江匡房写就的日本最早的神仙"说话"集。
② 《天书》，奈良末期由藤原滨成编纂的编年体史书，共 10 卷。
③ 汉字对应对应"绵津见神之宫"，"watatsumi（绵津见）"是指日本的海神。
④ "otome"指的是女子，这里应指海里的公主，即海神的女儿。
⑤ 指《古事记》和《日本书纪》。
⑥ 指《古事记》和《日本书纪》中记载的神话故事。

最终被忘却吗？为何"龙宫"一词能够如此广泛地传播？针对如此重要的问题，我们不能基于表面现象来给出答案，而从未受到文字记载眷顾的常民①的精神史或许可以从这个方面入手逐步进行了解。虽然自己经验尚浅，但面向南岛研究的未来，至少我找到了可以寄予期待的理由。我将在文章中尽量简单地就此做一论述。

四 "niruya"与"根屋"

我们所说的"龙宫"在宝海峡以南的岛屿上一般被称为"niruya"，或者是与之发音相近的其他词语。例如在喜界岛被称为"neinya"，文字也写作"根屋"，也有少数人知道它指的就是"龙宫"。在冲永良部岛，被称为"nira noshima（nira 之岛）"，昔话中也出现了"nira nokami"（nira 之神）或者是"nira noonushi"（nira 之大主）的说法。奄美大岛也有人将之译为"龙宫"，但是一般在同样的昔话中被称为"根屋"或者"neriya"。而德之岛、与论岛等地的实例还未被收集，且冲绳本岛也暂未出现在昔话中使用该词的例子，然而在

---

① 在柳田国男民俗学中，"常民"指传承民俗并使之保存下来的基层文化的担负者。

冲绳，却保存着有五百年历史的神歌记录。"omoro""omori"是歌谣，是熟人之间的情感共鸣，由此引向有关"niruya"的问题虽说有些牵强，但至少可以推测，在某个时代，这个名称曾经是信仰领域的重要主题，不仅如此，与此相关的几个事实也因此留在人们的记忆中，并作为传说故事流传下来。其中，传说与"说话"的界限并不清晰，大多被认为是真实事件，也因此反而可以很好地运用于将来的比较研究中。

举例一二。袋中上人①的《琉球神道记》②中，记录着一位消失三十二年后从海上归来的年轻妻子的故事。因为妻子样貌过于年轻，其丈夫最初也难以相信，但妻子却说自己只是去原野游玩两三日，又怎会衰老？并且对丈夫讲述了许多两人之间的秘密，丈夫这才相信。这似乎是十分有名的古老故事，据说与那霸港毗邻的若狭町的若狭殿就是故事主人公的家。书中还记录了袋中自己也曾拜访过主人公的第六代子孙，而那已经是三百五十年前的事了。由此我们可以看出，这个传说中已经没有关于"niruya"的内容了。

---

① 袋中上人（1552—1639），江户时代前期净土宗的学僧。他最早在冲绳传播净土宗，其故乡的舞蹈"jangara 念佛舞"被当时的琉球人以三线乐器与琉球独特的音乐演奏并附上佛教语言，是现如今冲绳舞蹈"eisa"的原形。
② 《琉球神道记》，袋中上人著，记述了被岛津氏统治以前的琉球宗教状况，以下或简称《神道记》。

五 "仪来河内"

　　然而同一本书中又提到了关于消失七年之后又返回家中的棚晴船头(tanaharushindo)之妻的故事，并记录到当事人至今依然健在，而自己也曾亲眼见过，年龄在六十岁出头。书中说道，她归来时身披绫罗绸缎，其上又覆盖着一层海藻。当为她脱去身上的绫罗绸缎而换上普通的麻衣时，此前的衣衫在顷刻间消失不见。相同的故事在《遗老说传》①中也曾出现过，但这是另外一个传说，显然并不是以袋中的《神道记》为依据的。传说"棚原的祝女稻福婆在消失了三年之后从海上漂流归来。归来时头发尽数脱落，身上满满地吸附着贝螺，一息尚存。她说道，前些年在海底玩耍偶入龙宫，主人赐予她盐螺类的海物以充饥，话音未落就口吐黄色物体。由此，人们开始称她为'仪来婆'，据说，当其子孙后代问起龙宫之事时，她向来三缄其口，避而不谈"。

　　"仪来婆"的"仪来"来自发音"giraikanai"，也就是《omoro 草纸》

---

　　① 《遗老说传》，收集了琉球各地自古以来流传的民话、自然异变、百姓善行等口传传说，可以追溯到 1745 年编纂的《球阳》，被认为成书于 18 世纪初期。是收录了 142 集的《球阳》的外传。

中"niraikanai"的讹传。莫说是《遗老说传》的作者，就连比其早上一百几十年的袋中上人也早已知晓，那其实就是日本人所称的"龙宫"，然而这一知识却未能在民间普及开来。可以说，知识的普及并未跟上南方诸岛语言以讹传讹的脚步。虽说幸运的是《omoro》固守了其古老的形态，即使如此，其中偶尔也会出现"miruyakanaya"这样的说法。在离岛中，例如在久米岛的神歌中就变成了"jiruyakanaya"或是"jiroyakanaya"，在伊平屋岛中则被称作"narukumiteruku-mi"，而虽然还无确凿证据，却可以想象在奄美大岛的春季祭祀时迎送的"naruko 神"和"teruko 神"也是源于同一系统的语言。被冠以"仪来河内"这一毫无意义的汉字虽说已经是后来的事了，但它在袋中的《神道记》中就已初露端倪，又以《椿说弓张月》为媒介，很早以前就为人们知晓。若不是神歌遵奉古代的请神方式，严格遵守对句和骈文的表现，如今或许"niruya"和"仪来"都将被附以不着边际的解释。如此可见，近世以来有关"niruya"的观念发生了极其激烈的变化，抑或迅速衰颓。若不能从公私两面再现同一信仰下的那个时代的全貌，就无法进行广泛意义上的比较研究。因此，我们仍有必要对那些遥远小岛的文字记载以外的资料给予更多的关注。

六　"龙宫谭"的分类

对语言的研究确实可以成为一个切入点，然而如今已然感到有些底气不足，因为单凭语言研究，任何势不两立的假说貌似都能同时成立。例如，"niraikanai"一词与"niruyakanaya"一词均多次在《omoro》中出现，然而单是判断哪个词是原有形态就能让人煞费苦心。大致来说，以冲绳本岛为中心，貌似北边多为"niruya"，南边则为"niraya"的说法更为普及，然而其实后者是形容词的用法，必须与其他词组合起来使用。虽说最终被确定作为某个地点名称的是"niruya"，也就是说，看起来"niruya"似乎是新出现的说法，然而这一南方的资料都是当地并未使用的，因此不论如何查找都难有收获。若想将比较研究延展至遥远的太平洋上的岛屿，则必须依据身边的诸多事实，确认在当时人们的眼中，"niruya"究竟为何地。这就是我们为什么要提议将昔话以及它在与之密切相关的每片土地上的传播看作今后南岛研究的出发点。

问题的核心在于"niruya"的起源，也就是人们因何开始认为在大海的另一方存在着一个叫作"niruya"的神秘国度，然而将之改称为"龙宫"也丝毫未感到不妥的北部邻岛是否也能给我们带来若干线索呢？事先解决这个问题是件双赢的事。最初我忍不住去思考的，是各个岛屿上民间"说话"的一致性中，有着使时间和样式产生差异的几个原因。如果不将这些原因进行大致分类就试图据此分析种族亲近问题的话，将是十分危险的。例如，《猴子的肝》《水母无骨》①等我们读过的昔话，也被看作发生在"niruya"的故事，至少曾经在大岛和喜界岛如此，而其以南的各个岛屿中也有存在过的痕迹。《猴子的肝》讲的是"根屋"之主的独生女得了重病，得知活取猴子的肝脏能够治病，就将猴子骗来试图取其肝脏，最后却以失败告终的故事。与其他的龙宫故事相比，非但在形式上极为不同，其形成的年代也较晚。《今昔物语集》②和《沙石集》③的类似故事中，有一半以上都与之相同，鲁莽之人也许会认为，这是对古老故事的保存，但是故事中既没有出现"仙乡"也没有使者的失败与受惩罚，或许是从佛典中摘出的部分内容再与龙宫的故事相结合而创作出的一个新的笑话，这个程度的改编或许连门外汉都能够胜任。尤其是，当对"一寻鳄"的故事有很深印象的人们看到猴子骑在龟背上得意扬

---

① 这是两部寓言型童话，在日本，是被赋予了说明动物形态意义的传说。

② 《今昔物语集》，平安时代末期成立的"说话"集，共31卷。

③ 《沙石集》，成书于镰仓时代中期，是掺杂着假名的佛教"说话"集，共10卷，约有150个。由无住道晓编纂。

扬地前往海洋之都的画面，估计都会笑掉大牙吧。然而众所周知，冲绳诸岛上并没有猴子这种兽类栖息。因此这些故事除了单纯地作为昔话中的演员出场而被人们接受以外，人们既没有进行此种改写的能力，也没有可以依据的资料。这样的故事是何时、通过何种方式进入的暂时难以定论，或许恰好来往于"niruya"的各种各样的昔话只有在到达发展、普及的顶点时，此种"笑话式改写"才能起到意想不到的效果。最为常见的是由海龟来扮演欺骗猴子并试图将其带入海底的使者的角色，这或许也成为了新旧两则"说话"的交汇点，然而在南方诸岛这一角色则由"kamafuta"也就是水母扮演，甚至还有由猴子的天敌——狗来担任使者的说法。这或许也证明了人们重新移用了岛外已经成立的某个"说话"。我认为不应将以上这些内容全都作为探讨"niruya"本质的资料。

七 "动物报恩"型

我们所说的进入龙宫的故事中，以逗笑为目的而重新编排的例子只有《猴子的肝》一则，而仔细观察其他龙宫故事的语言表达方法则可以发现，其中依然存在动机的差别以及由此而引起的成立年代的错位，各个种类的故事从一开始就不是并存的，将故事的开头和结局结合起来比较就能够发现这一点。例如，金鱼将自己的救命恩人带到奢华之地款待，并赠以无价的金银财宝等"动物报恩"型故事分布于世界各地并自古以来为人所知，而将这一类型的故事与远东的"niruya"故事关联起来却并不是很久以前的事。浦岛太郎买下了被儿童玩弄的乌龟并将它放生，作为回报，乌龟带浦岛太郎来到海底的宫殿，至少在初期的文献中并未见到这样的故事。如此一来，在传播到冲绳各岛以及宫古岛等地的同一类型的传说中，则变成了这样一个故事。浦岛太郎在海边发现了很长的毛发，正为这一发现而感慨之时，一位美丽的女子出现在他面前并邀请他前往大海彼岸的"仙乡"。然而只有其中一个故事讲的是浦岛太郎拾到假发并归还，因此得到了回报。在《日本书纪》海神宫的故事里，其中有一个异本中突兀地出现了救助落入圈套的川雁的情节，不用说，这个故事给人以刻意添加进去的感觉。从这样的方式可以看出，曾有这样一个时代，男女两人只需两情相悦便能够进入蓬莱仙境。

为何千千万万人中，仅有那一人最终能够前往幸福的国度游玩？人们探寻这一问题的答案也是理所当然的。关于这一说明大致有两个方向。其一存在于南方诸岛，即被选中的人本身具有与之相当的价值，只有无欲无求且刚正不阿或者是能够尽守孝道的善人才能够被迎向海底。其二是由于这个人曾有过某种功劳，因而化作鲷鱼或者海龟模样偶然游到岸边玩耍的龙宫仙女，拯救了这个在凡俗世界受苦的人，并给予他丰厚的奖赏。这样的故事种类繁多，在每个岛上都被极大程度地丰富着，然而我依然认为其中的大部分是晚近才出现的。但是，在别处几乎无法见到类似例子的故事中，有一种被称为"卖花龙神"的类型。这种类型在日本和南方诸岛①上非常广泛地分布并被赋予许多美丽的修饰。这一类型为何如此惹人关注，又为何发展到如此复杂的状态，是我二十年以来的研究课题。或许最终能够根据这一个特征明确龙宫也就是"niruya"的起源，并能够发掘遥远海洋上那几座孤岛之间无痕的水上之路。如今，我们怀抱着这样的梦想。

八 "卖花砍柴"型

下面将稍稍具体地勾勒此种昔话的轮廓。虽说被称为"卖花"，但在喜界岛"花"也有可能被认为是门松、年木，或者是寻常的柴火枯枝、受潮的火把、无根的藤蔓等植物。很久很久以前，有一个贫穷而耿直的男子，以贩卖这样的植物为生，生意惨淡而剩下了许多

---

① 此种表述充分说明作者将日本与"南方诸岛"是区分对待的。

植物，当他口中说着将这些植物尽数献于龙宫的神仙们，并将它们投入海中后正要归来之时，忽然，来自龙宫的使者出现在他面前并对他说，神仙们想要向他道谢，所以请他立刻到龙宫去，随使者而去的男子在龙宫受到了极其奢华的款待。也就是说，他得到世间珍贵之物而后变为了腰缠万贯的富人。虽说这个故事也有与浦岛太郎故事中时间流逝的速度相关的说法，然而在这个例子中，两个世界的时间速度差异并不大，因而并未给主人公带来困扰。比起这一点更引人注目的，是由于投入海中的都是卖剩下的植物，因此其中还有这一类"滑稽谈"：由于当时已经过了除夕装饰门庭的时间，所以从山上背来的松枝和里白并没有一家一户愿意出钱购买，虽然没有出现主人公为了将松枝献于海底神仙而特意搬来的例子，但此时必定会出现的情节就是迎接男子的使者说，"'niruya'如今恰恰缺少正月的松枝、花以及柴火，实乃求之不得。您的馈赠令众神大悦，命我必定邀您前往，烦请您暂时闭目"，于是，也并不借助"menashikatama"①和龟背就不费吹灰之力地将其带到海底异乡。也有为了增加昔话的趣味性而逐渐添加一些新的内容，例如在很多故事里使者对男子说，现在可以睁开眼睛了，男子睁眼四处一看，眼前矗立

---

① 上代使用的一种船。

着富丽堂皇的房屋，进入大门后的第一个庭院中，整齐地堆放着刚才投入海中的柴火、门松等植物。故事的细节部分大多发展成这样的风格，虽说不能确定哪种类型更加古老，至少从日本本土的北端开始，南至奄美群岛的三两村落里，这种世俗眼中分文不值的植物在海底世界却是无价之宝这一认识既非舶来之物也非后人增补，而是自古以来就深深扎根于这些岛民的观念之中。遗憾的是，至今我还未能知晓这一现象的原因，然而我认为，至少应该为了今后更为广泛意义上的比较研究而牢记这一事实。我相信，一定有一些不为人知的历史隐藏在其背后。

九　海彦山彦[①]

向海水中投入花朵或者是正月的门松，此种内容显然是以画面形式出现比以文字描述的效果更好，由此我们可以推断，这一内容是经过改良的结果。南方诸岛也有以下这样的说法。将黍壳束在一起做成松明火把，口中默念"献于根屋之神灵"并将之投入海中，恰好在神灵缺乏焚烧之物而感到困扰时，雪中送炭，神灵大悦。而这

---

①　都是日本神话《古事记》和《日本书纪》中登场的神祇。

个故事最初想要强调的重点在于，不管多么贫穷的人，只要是他进入深山野林取来的柴火枯枝，就能且只能在海的彼方之国成为珍贵之物。虽说夸张是昔话的趣味之一，然而无论怎样，这回报相对于功劳来说也有些大过头了。可以想象，有某种后人已经遗忘的教诲隐藏在这字里行间。

如果民族学是建立在许许多多生活群体的比较研究基础上的学问，那么除了单纯地尊重保存下来的东西，还应该尽量去探寻这些东西发展成现在形式的过程及顺序。如此一来，民族学所能囊括的文化阶段在广阔的太平洋上也寥寥可数。而偶然被置于这一境地的南岛研究者们则必须更加努力，这正是我在这篇论文中想要尝试去论述的。全世界的民间"说话"的最司空见惯的主题①中，在日本本土被称为"二人椋助"②或者"年长爷爷年轻爷爷"③等的内容，在此地也自古以来以富兄贫弟的形式流传于今。九州的岛屿和半岛上，也有将其与向海神献木的故事结合在一起的例子。哥哥毫无慈悲之心，完全不肯给予帮助，弟弟只好进山砍柴谋生，一天，弟弟将卖剩的薪柴投入海中，忽然被邀请进入龙宫且获赠大量财宝。哥哥十

---

① "主题"相当于中国的"两兄弟"型故事。

② 1891 年，由尾崎红叶等人翻译的安徒生童话。

③ 源自秋田县的一个昔话。

分嫉妒，从弟弟手中借去财宝并妄图加以利用，却均以失败告终。这一结局与"开花爷爷"①等故事也有共通之处。如今发现，似乎我们可以认为，《日本书纪》神代卷中的海幸山幸的故事也是属于这一系统中的变得非常有名的小插曲。若非如此，则理应无法描写出兄弟间差距如此之大的幸福度。拜读山本有三君的作品后，会认为在其他某处也存在同一类型的故事，但我自己还未亲眼见过。只有一个从喜界岛的昔话集中收集到的故事，其主人公并非兄弟两人，而是两位渔夫，其中一人向另一人借来鱼线却不小心掉到河里被水冲走了。于是，他自己制作了一个替代品并试图归还给朋友，对方却十分生气，拒绝接受，并严厉地指责了他，坚持要回原来的那根。于是他不得已泛舟来到丢失鱼线的地方并潜入水中，不曾想却来到了"根之岛"。上岸之后，他毫无目的地沿路行走，忽然发现在一处家舍庭院薄薄的围栏上，挂着丢失的那根鱼线，鱼线已经被清洗过并晾干了。他急忙上门拜访并说明来意，结果，根屋之神出现在他面前并说道："你的东西我会还给你的，但是你必须在我家休息一下再上路。"于是，根屋之神在家中用各种美食招待了他。虽然

---

① 日本的民话，讲的是善良的老夫妇与贪婪的邻居夫妇，由于一只拥有神奇力量的狗而使得前者获得了幸福，后者得到了应有的下场的故事。

此处并未出现美丽女子的形象，但是家舍的外面却有红色和白色的鸟儿在高空飞来飞去。在这里有一幅插画，画中内容仿佛在叙说"这就是我们，被人类抓走的鱼"。故事的结局，是他记住了"且于卯日及子日白昼垂钓"这一占卜天气的谚语之后回到家中，而并不知情却心怀恶意的那个朋友，却因翻船而身亡了。故事的发展变化虽然有些出乎意料，却也不能把它看作完全属于另一个系统。

一〇 神童与神女

通过以上几个例子我们可以看出，人类进入海底异乡虽然有各种有心或无心的动机，但总归需要拥有某种特权，且必定以主人公获得超乎想象的幸福而结局，这一点是此种"说话"最初的必备元素。那么，或许因为人类的想象力有限，作为结局的"幸福"，自古也渐渐形成了一定的套路，在很长一段时间内都没有什么新意。我认为，这或许也是探寻东方特征的一个线索吧。我们首先应该注意到的是，日本的"龙宫行"的故事中，几乎无一例外会存在一个小插曲。前来迎接的使者无论是人类还是龟抑或是水母，都必定会在前往龙宫的途中这一环节暗示主人公，这一趟行程对他是有益的。使者会说进入龙宫以后，您一定会听到"有什么想要的东西吗""想要什么尽管说吧，一定满足你"这样的话。此时，请您必定不要被其他物品所吸引，而是要说，"请把××赐予我吧"。主人公因此也记住了该物品的名字。也就是说这里存在着一个"内应"，《猴子的肝》中"告密"的那一幕也仅在这一点上与龙宫故事有共通之处。其他民族是否有相似的例子还不得而知，然而将上述细节作为故事的核心部分并吸引读者的好奇心这一特征，唯独在我国的故事中才存在。又或者主人公的无欲无邪经常被看作其幸运背后的秘密，然而主人公被告知的"馈赠品"的名称却都非常奇特。这一物品通常是龙宫独一无二的珍贵宝物，但只要主人公想要，就没有不给的道理。于是，主人公被迫背负着龙宫主人的恩情，小心翼翼却又不情不愿地离开。在收到的礼物中，金银财宝是少不了的，而比这更多的是小狗、黑猫和石龟之类，这在流传于九州一带的故事中十分常见，如果继续向东从越后到奥羽地区的尽头，则最为常见的礼物是长相丑陋还挂着鼻涕的小孩子，他们在所有地方都拥有奇怪的名字，并被看作给家中带来福气的小神仙。同样的奇特传说也流传在西部的肥后以及壹岐的岛屿上，可以推断它们遍及全国各地。其中，故事中的乌龟、小狗也能够说人话，所以可以推断，这些故事最初都源于同一个类型，是后来才逐渐出现不同分支的。

喜界岛甚至还有着这样的说法。将花投入大海并使得神仙大悦的男人听从了前来迎接的使者乌龟的劝说，向"根屋"的神灵请求把他唯一的女儿许配给自己。即便是如此胆大包天、匪夷所思的请求，却依然得到了同意，主人公携女子回到家乡定居，其后的生活与我们所知的"龙宫媳妇"的故事相同。"龙宫媳妇"的一般形态与如今的"嫁入婚"①相近，一般情况下，双方并不时常前往女方的故里。然而唯独"卖花人龙宫行"的故事是开始于"入赘婚"的。这是伴随着传播这一"说话"的人们婚姻习惯的变化而在口传的过程中逐渐被改变的部分。妻子在婚后回到海底的故乡居住，次年，他们的三个孩子邀请父亲前往龙宫一家团圆；或者男子与来自海底的美丽女子结婚后生下一名女孩，其后夫妇二人把女儿一人留在家中，双双前往妻子居住的国度。在宫古岛，长期以来人们都相信诸如此类的故事。虽说仅凭常识很难定论，然而孩子失去母亲必然是无法生存的。不论现在的故事中把那个儿童描述地多么肮脏不堪，来自龙宫的孩子——也就是我们所说的"海神少年"，毕竟是"乙姬信仰"的产物，二者时常相互交汇，然而经过漫长岁月的流逝，我们渐渐难以寻回那条记忆的线索了。我希望，诸位的南岛研究能够从新的

---

① 指夫妻双方的生活由男方做主的婚姻，与"入赘"和"上门女婿"相反。

侧面再次接近"niruya"与婚姻的问题。

一一 "寄木亲"的昔话

援引昔话的话题占用了大家的时间实在是罪过。最后，我还想提一个角度稍稍不同的问题。过去，流浪的旅人在夜幕降临后借宿于某个小社，夜深人静时，忽然响起马铃声，于是他来到神社门前伫立，马儿对他说，今晚在某个村落定有婴儿诞生。我们像往常那样，去决定他们的命运吧。这是在日本每个角落都为人熟知的昔话，而其结局却分化为两种①。一种是他们预先设定了婴儿的命运，相邻两家分别诞生了一名男婴和一名女婴，最后，决定男孩清贫一生、女孩则荣华富贵。此外，前来邀请旅人的神灵的名字，在这里被叫作"道祖神""山之神"又或者是"帚之神"，也有说法是地藏菩萨前来邀请观音菩萨，每个地方的说法都不同。而与之相反的是，在宝海峡以南流传的"说话"中，每个岛屿的说法都非常一致，且形式完整，于是我们一看便可知，这里的"说话"才是最初的原

①　这里的结局不是故事的结局，而是故事本身流传的结局，一种结局是说法不一，另一种结局是说法非常一致。

型。这一"说话"一直传播到北方的奥羽村落，它究竟因何得以如此广泛地传播呢？这又是一个新的问题。这显然需要日后详细论证，然而当下我想要说明的问题却十分简单明了。深夜倾听神灵们的耳语，从而知晓人世中隐藏的某种宿命，这在文化发展到某个阶段的社会里，是非常常见的一种空想，完全不必为这一偶然的契合而大惊小怪。原本是在南北两个岛屿群上以各自不同的指向而分别传承的两个昔话，却偶然被前半部分的类似性所牵引，因此容易混淆并互相感化。诸如"年方十七""牛虻与斧头"这样的关于死亡的预言等在日本偏东部地区较为常见，而另一方面它们在宫古岛的古老传说中又零零星星地得到了保存。而男女两人福分的厚薄从出生的一瞬间就已注定，早已知晓此事的父母都会匆忙定下婚约。这类故事的叙述辞藻过于华丽且情节起伏曲折，因此，在更大程度上影响着他们北部的邻居。可以被认为是《大和物语》①中"割芦苇"之原型的近江由良故乡的"笼神"的由来传说等，虽然也被袋中重新改写，相比较来说，还是自古就在冲绳各岛流传的故事更加写实，也更加原汁原味。于是，"寄木亲"这一稀奇的名字不只在宫古岛有所传播，

①《大和物语》，成书于平安时代的中古日本的物语集，是以当时贵族社会的和歌为中心的歌物语。

在北部的奄美二岛也能够收集得到。"寄木"指的是漂流到海岸边的流木，而"亲"在日本本土指的是长者。长者想要出海劳动，在拂晓时分来到岸边，黎明尚未降临，于是以"寄木"为枕稍事歇息。就在此时，某家诞生了婴儿。此时，劝说"寄木"立刻前往为婴儿决定此生命运的，在冲永良部岛被认为是"nira 神"，而在喜界岛的昔话中，则被认为是龙宫的神仙。"寄木"面对神仙的邀请回答道：不巧今夜与"sanka"①之人有约，很想随您一同前往，但只能作罢。请您独自去吧！于是，在回程路上神仙遇到"寄木"，向他说明已经决定了新生儿的命运，故事发展自然合理。本州的类似故事仅在某种情况下将神灵和佛祖们的名字进行替换，然而依然包含"以山中大木为枕"的内容。此外，萨摩的甑岛等地，有山神不断劝说野宿在山中的"boda"这样的内容："boda 大人 boda 大人，有新生儿降生请您速速前往。""boda"是被砍伐掉的木块，而或许在这座岛屿上是指流木。总之我们可以断定，在那个时代，人们感到大木拥有决定"sanka"人也就是人类命运的能力，而这些作品就产生于这个时代。

---

① 指过去在日本的山地及周边部分被发现的不特定的人群。所指的范围很广，根据时代和立场的不同，其含义也发生了很大变化，难以确定具体的意思。

一二 来自"niruya"的东西

对古代神话的深究我本想先告一段落，但是现在我们面临的问题是抛开这一昔话本身，"niruya"与人间的来往范围究竟有多广。说到这个问题，首先浮现于脑海的就是"niruya 大主（ufushu）"。它不仅仅是几首神歌里歌颂的人物，直到最近冲绳地方八月的节日上，按照惯例大主都会在一个狂言①节目中出场，这个节目内容是与作为长者的大主的谈话，里面的大主都是由演员凭借自己的认知和演技来演绎，所以并没有充分的证据证明过去大主是否真的如节目中展现的那样。关于奄美大岛的"naruko神"与"teruko神"两位神仙，仅留存了一些稍有争议的记录，据说见过两位神仙的人们也早已离世，原本每年的二月至四月间都会举行只欢迎女性参加而排除男性的仪式，后来这个仪式逐渐衰微，开始出现各路装扮奇怪的神仙。读过《南岛杂话》②这类由外来人

① 狂言是日本一种兴起于民间，穿插于能剧剧目之间的一种即兴简短的笑剧，是猿乐能与田乐能的派生物。狂言与能一样，同属于日本四大古典戏剧。狂言也可以算是能剧的一部分，所以人们常常把它和能剧放在一起合称"能乐"。

② 《南岛杂话》，由幕末的萨摩藩士名越左源太编写的奄美大岛地方志的总称。

编写的文献的人们下意识地去扮演上述神仙，而很多其他人相信真实的神仙正如所演绎的那样，某种意义上来说这个所谓的中间过渡期在南部的岛上持续了相当长的一段时间，这一点是毋庸置疑的。

这一点是日本上代的"绵津见宫"①的传说和冲绳的"niruyaka-naya"观念最为显著的差别，因而我们不能将它们一概而论。只要稍加探究就能够明白其原因。我想大概是因为在信仰变革时期，尤其在方式与形态上，双方之间有难以比拟的差距，而二者并非从一开始就是各自不同的事物的证据却能够被列举出若干。在正史《日本书纪》编成之前，在日本本土，海陆两个世界的来往是完全闭锁的，而南部的岛屿上并没有能够引起如此巨大断层的力量发挥作用，神话逐渐化为了遥远而不可捉摸的梦话，然而直到中世末，还有约一半的神话为人们所相信。如果只是所谓的"龙宫行"的民话中出现的单纯的一致性的话，那么或许有人认为那是照抄或模仿，总之，一方面有文字资料，另一方面人们将隐藏在常民意识深处的东西与现世生活紧密地结合在了一起。巧遇多年不见的朋友时的那种亲切和怀念也赋予

---

① 指上代神话中住在海底宫殿，掌管海底世界和农业用水的神。

了学问无限的感慨。

最震撼人心的是关于"niruya"这个海上"隐里"的消息不断从这个方向传出。拥有梦幻般美貌的海神，她那充满灵性的孩子，以及如意宝珠、慧言慧语等无数的恩赐之物，都不是凭空想象的，而是一种有据可查的上代的事实。例如，使我们意识到有一些"神圣"的谬误横亘在深处的，正是这一比较研究。那么，这一研究究竟是只有在我们群岛上才拥有的机会呢，还是在一定的条件下，如今远隔千里的无数岛屿之中也存在尝试的可能性呢？就这个问题我还想更进一步地探讨。

一三 火和稻的传承

纵观岛屿的历史，传说中从"niruya"渡海而来的事物中有几个尤为重要。由于逐个介绍将花费大量时间，因此我暂且只就几个自己已经基本确证的事实进行论述。首先是火。当然，没有人把这个传说当作事实。然而曾经在破晓时分远眺东方地平线的岛民们，将"teda（太阳）"想象为从远处不断涌出的熊熊烈火中诞生的事物。经过反反复复多次的见证，人们开始坚信自己的所见，这也不足为奇。关于"teda"的词源众说纷纭，我把它理解为"照耀的东西"。

这个词的出现应该比诸岛统一前的三山割据时期还要早，那时将各个城邑的按司、世主比作"teda"，这些在《omoro》中都能找到证据。我认为这可能是将统治阶级比作火的管理者或者是赐予百姓火的人，其权力的起点便是"niruya"。因此，若将国王看作"大teda"，则不得不对其含义重新进行解释。我认为第二个来自于"niruya"的东西是水稻种子。《中山世鉴》①中有"阿摩美久升入天国祈求五谷之种降临世间"的简单记载，这至少是对古代传说的修改，而《由来记》②等后来出现的记录中都记载着与上述说法完全不同的传说。我们尤其应该注意一个特征是，最初放入白色罐中漂流至久高海滨的五种种子里，是没有水稻种子的。《御规式之次第》中记载，"amamikyo"③向天祈求派遣鹭飞至彼岸，终于在第三百天神鸟衔着三根稻穗归来。而在奄美大岛，衔着稻穗归来的并非鹭而是仙鹤，这与伊势神宫附近的传说有些接近。此外，冲永良部岛的"岛建国建"原本是口口相传的故事，最初是岩仓君用文字将其记录，最终变成了岛民的祖先在"天神"的教导下学会了水稻的种

---

① 《中山世鉴》，琉球王国的第一部正史，羽地朝秀受命编纂，成书于1650年，全书共6卷，以和文体撰写。

② 《由来记》，全称《琉球国由来记》，是琉球王国时期王府最早编纂的体系完备的地方志。1713年呈送琉球国王览阅，是研究冲绳必不可少的资料。

③ 琉球神话中的创世女神。

植方法，于是前往"nira 岛"请求水稻种子的故事。此时"nira 大主"做出回应，称现在御初祭还未开始，因此还无法交出种子。这与我们国家的"新尝"信仰颇为相似。"岛 koda 国 koda（岛建国建）"觉得难得千里迢迢来到此地，就此空手而归实难接受，于是悄悄摘掉稻穗藏在袖中并试图逃跑。然而被"nira 神"追及并打倒在地，把他抓到"nishinto 原""amenokata 原"①，挖掉了他的鼻子和眼睛并最终将其杀死。天神出于担心，派遣使者前去搭救，并赐予其药水使其起死回生，再让岛建国建带着稻穗回到"nira 岛"，并将其重新接到原来的稻穗上，并令其在"初穗祭"之后，再次前往请求稻种。一说这就是这个岛上至今仍在种植的"asanatsunoyunigunndani（浅夏之稻种？柳田）"这种水稻的起源。

与这个故事有半分相似的传说流传于整个日本国土，关西地区传说中的主人公是大麦的种子，而在奥羽人们则一般认为水稻是从天竺或者唐土被悄悄带回的。当然，这并不能算作暗示谷物传入日本的路线，然而古人的思维方式大致倾向于同一个方向这一点，对我来说有着强大的吸引力。

---

① 传说中琉球冲永良部岛上的两个平原。

一四 远岛的使者

比上述火与稻种更为重要的，是各国语言中的"inochi"所指代的东西，有些证据似乎可以证明它也同样来自"niruya"，但是我还无法从正面确认这一说法。正如在前述昔话部分提到的那样，"nira神"邀请"寄木"之神决定新生儿的命运和寿命这个故事和将"海幸山幸"与"浦岛"联系在一起的冲永良部岛的故事中，都认为给予人生命和地位的就是这位"nira神"。"仙乡"的三天相当于此方世界的三百天或三年或三个月，都是由生命在"niruya"上更有生机，正如大米和丝绸等一样可以尽情挥霍等观念推断出来的一种幻想。几百年来冲绳的神歌里多次提到的"niruyaseji""kanayaseji"中的"seji"，貌似是能使人幸福的富贵长寿的事物，通过祭祀以及祈祷的力量将之献于国王"世之主"，这也是所有官方仪式的最初目的。天与海的对立关系得到承认，所谓的"obotsukakura"的"seji"也频繁出现在歌词当中，然而就我所见，将"mioyase"也就是"mairaseyo"理解为某种要求与期望的情况很少。通过上述比较的方法我们首先可以发现，两个灵界并不是从最开始就对立的，而是在时间的顺序上存在间隔。就像有时"拜访了nirai"这一句文字也被后世之人不断重复一样，"seji"通过"niruya"的使者而被带到人类的世界这一信仰曾经持续了很长的时间。也就是说，海陆之间的交通像"苇原中国"一样，在古老的上代并未断绝。

下面，我想从稍稍特别的方面来对这个推测进行证实。将海之彼方的"隐里"看作故乡，从那里被送往人类世界的各种物件中，唯一令人感到无比困扰的就是老鼠。我个人也打算执笔一些有关老鼠的文章，伊波普猷君也对此进行过论证。总之，有几处证据可以证明过去的岛民们曾经相信这一喜欢恶作剧的小东西是来自"niruya"的。久米岛仲里间切的两百多年的记录里，有着许多有关水稻祭祀的各村的"愿文"，其中不仅一处在序言中提到将鼠放进小舟让其漂流至"niruya"的礁石，还有特别说明其生活习性的内容。简略地说，其主要内容是太阳神有一位叫"otojikyo"的孩子，他被冠以很多不堪入耳的名字，例如"hatsuko""yobaiko"①"fureko""adanako""nashaburiko"等，或是说他诞下老鼠，或是说他自己变身为老鼠。虽然每个村庄的说法不一，但是无论哪种说法都说明人们了解熟知对方身份是确认法术以及祭仪效果的自古以来的手段，并将之加以应用，这一点是相同的。因此，至少我们能够看出，这样的传说并

---

① "yobai"指的是深夜以性交为目的而潜入他人寝室。

不是新近出现的事物。《仲里旧记》①是仅有的偶然将这一事例传承下来的文献，这令人兴奋不已。然而，这只不过是一条线索而已。为了充分利用这份珍贵的文献，我们需要从各个岛屿的传说中找出几个旁证，来证明人们一直以来都相信过去与海之彼岸的"niruya-kanaya"之间的通信往来是相当频繁的。今时今日的社会状况下，究竟能否实现这样的希望，对于初生牛犊一般的我们的"一国民俗学"来说，这必定是一项困难重重的挑战。

一五　海神信仰的展开

伊波先生已经注意到久米岛唯一存于记录并流传至今的"oto-jikyo"神话与日本神代史中"蛭子"的故事有相似之处。南方诸岛的父神虽是太阳，但在他所生的孩子中有一位先天不足，且因将灾祸波及人间，而被置于小舟之上并漂流于海上。我认为这与我国的神代史中的蛭子"说话"的一致性并非偶然。这一假说将在与外部岛屿的"说话"进行的比较研究中得以验证，然而，即使是在日本内部，蛭子的古老传说在中世以后的解释也有了显著的发展，因此这一传

---

①　有关冲绳久米岛仲里间切的古老记录，约成书于 1700 年。

说并不一定都受到了首都神道的影响。虽说不知由何人最先提出，蛭子后来成了惠比寿神①，如今又被尊崇为田谷之神，而此前又被当作商贾交易的保护神，再前则是接受渔民祭拜的本体，此间大概也被当作过航路之神受人信奉敬仰。这些说法似乎并未得到古典注释家的支持，总之原本毫无关系的二位神灵，却在民间被不知不觉地联系到了一起。在四分之三以上的海上交流史都被排除在文书史料以外的国家，我们大概可以推测出其信仰流传的途径就存在于这里。《安居院神道集》②中西宫的由来并不能被看作唯一的根源，然而袋中上人已经将其传播到冲绳，且与原文有相当大的差异。蛭子被抛弃在海上后漂流到了龙宫，在龙宫生活了三年，休养生息、脱胎换骨，最终驾驭着鳄鱼返回故国。此时作为馈赠，蛭子被赐予了支配渔猎、货船和出纳、买卖的能力，由此在市町的交易场中蛭子被当作"市神"祭拜。这是很久以前就已经流传开来的民间传说。没有证据表明是大和的商船把这些传说从南方带到了本州，但总之，部分岛屿上的民众相信民间与龙宫也就是"niruya"间的

---

① 惠比寿，日本的本地神，商业之神，日本七福神之一。
② 《安居院神道集》，日本中世的"说话"集及神道书，据传是安居院所著，成书于日本南北朝中期。全书共10卷，基于本地垂迹说，记录神佛相关的故事传说。

交通仍然持续着。在这种程度上，"otojikyo"和蛭子有相似之处是不足为怪的。

　　然而另一方面，随着与更加强大的现世强国之间的交往逐渐频繁，信仰的形态也随之发生了变化。表现最为明显的是统一主义，也就是被称作按司中的按司、"teda"中的大"teda"的人物与照耀天空的"teda"相互辉映的这一思想，所有正式的祭祀活动都以这一思想为中心进行组织和管理，与此相违的地方惯例，至少成为了难以说明的事物。第二个特征是承认天地阴阳，即两极思想。这毫无疑问构成了外来的王道观的根基，但是如果据此进行阐述的话，首先海之世界的归属会变得不明不白。并且一朝一夕无法将常年植根于岛民心中的信仰替换，这一点无论是哪个民族都是一样的。特别是在完全相信巫言的国家，首先必须逐渐改变人们的长期经验，在耐心谋划的过程中，近世历史的舞台已经多次转动。翻看岛上历代的记录就会发现，我们以"天神地祇"作为诸神的总称，然而在冲绳却是"天神海神"。此外，我们认为"obotsukakura"的"君真物（kin-mamon）"①即是天神，相对应的"仪来河内"即"niraikanai"的"君真物"则是海神，这也是经常被引用的条目。"君真物"的"君"原本指

_____

①　琉球神道中的女神，意味着"至高无上的精灵"。

的是巫女，"真物"是正式的代表者的意思，虽然后来被解释成神的
名字是发生了某种变化，但无论如何海之信仰是独立存在并且传承
下来的。这一点也许可以认为是大和与冲绳这南北两个群岛之间存
在的相当明显的历史差异。然而一方面存在像惠比寿这样的新神
（俱通），另一方面在中央不曾察觉的过程中，人们正在继续着古老
的海之祭祀，即使在本土也还能发现这样的例子。不考虑每个地方
的发展沿革，单将表面显现的东西作为代表事例去比较两者的异同
是十分危险的做法，必须充分地加以警惕。

一六　新神诞生

　　冲绳神道史中最引人注目的特征就是"新的降临"，或者说"新
神""荒神"等神灵的出现。这意味着随着历法的确立，皇室的祭祀
在逐渐成为国家正式活动的过程中，无法预知的神灵的降临并不稀
奇，同时也是信仰最具有活力的部分。这些神灵之后去向何方则是
一个问题。根据《由来记》《旧记》①的记载，各村各岛的御岳道场的

---

　　①　《旧记》，全称《琉球国旧记》，受首里王府王命，由郑秉哲编纂的琉球地
方志，1731年成书。修改了《琉球国由来记》的错误，使用汉语重新改版修订，弥
补了《由来记》的不足。全书共20卷。

诸多神灵的名字纷繁多样，而这些名字的含义仍是一个谜团。这些名字中有些只是沿袭了自古流传的说法，有些只是对掌管祭祀的神职人员的称呼，并没有像近世的神社台簿那样，将所有的名称都强行统一到《神代卷》①中出现的神名之下，因此虽说略显驳杂，却是颇有意思的史料。其中不得不注意的是，岛屿西南部村落的神灵或距离较远的神灵中有大"jikyu"或者是"ufujikyu"等几个神名，这和久米岛管理野鼠的"otojikyo"以及"wakajikyo"是否会是类型相同的海神呢？虽然《omoro 草纸》中并没有这三个名字，但却有国之"oto-jiya"这种说法，还有"wakaikyo"和"waraikyo"等词，而前者也是两三个地方的山岳之神。虽然《旧记》将"笑舅"等一些毫不相干的汉字对应在这些假名之下，但这完全是无稽之谈。用"大神宫"三个汉字来标注"ufujikyu"更是荒唐至极。袋中上人所著的《神道记》中有一个叫作"wouchikiu"的海神，高一丈许，身材魁梧，结绳系肩。最初出现在那婆的市镇，之后出现在泊与城间，再之后出现在国上，因为近年没有出没，于是就将这些纪念之地当作祭祀的场所。曲亭马琴的《椿说弓张月》中保留了基于这些记述的想象图。虽然有些大煞风景，却并不是一个单纯的流言，也不是部分的幻觉，而

---

① 《神代卷》，即《日本书纪》的第一卷和第二卷。

是早先就已存在某种将这一奇特的感动视为必要之事的传统。《南岛杂话补遗》①中记载，奄美大岛有一位叫作"wadaganashi"的海神，他托着直垂地面的雄壮阴囊出现在人们面前。该书还说明这和每年二月四日迎接并祭祀的"naruko"神分属不同岛屿。总之，这是某种在以大海为对象的早期信仰中寻觅到的些许隐蔽的男女关系的痕迹。为了将来能够进行广泛地比较，应该留意这些未知的事物。

但是眼下应该考虑的问题另有其他。久米岛的"otojikyo"、"wakajikyo"虽然仅仅是太阳神的儿子，但到了他们那些害兽仆从数目增加且其弊害令人不堪忍受之时，就立下誓约，将它们送返"niruya"的远海。这时尽管"otojikyo"也会被人们诅咒，但同时人们也为了求雨等目的向他祈祷。可以看出"otojikyo"与新诞生的海神"ofojikiu"在名称的含义上有对立的成分，表明了兄弟二人的地位高下。虽然"waraikyo"这位神灵的身份还未判明，但从他们都分布在小岛或是近海之乡来看，"kyo"或"kyo·kiu"这一词尾或许是从大海漂游到此的神灵的通称。伊波君断言在冲绳的古代研究中最著名

---

① 《南岛杂话补遗》，永井龙一编著。以幕府时代末期的萨摩藩士，名越左源太所作的《南岛杂话》为基础。

的"amamikyo""amamikyu"等词中的"kyo"不是"子"而是"人"的意思。另外，即使在今天的岛屿语言中，它也被称为"amanchu"也就是"aman 人"。虽然各村秋季的地方戏中每年都反复出现的"nirai 大主"等神灵原本就是那个"仙乡"的主神，但岛袋源七①的《山原土俗》②中记录有些村庄的村民一边念着"在前往的地方，有神灵居住，有佛祖居住，jire 大主啊 kare 大主"的文语，一边播撒着水稻的种子。也就是说，这也和久米岛的"otojikyo"一样，意味着从"niruya"出发来到人间国度的神灵就是人类中最优秀的人。在南方岛屿的信仰中，人和神的交界线极其特殊，如果仔细观察就会发现，本州北部也留有些许这样的痕迹。也就是说在这种意义上，"niru 人"的问题正是我们从今以后必须开拓的荒野，必须填补的空白。

---

① 岛袋源七（1897—1953），民俗学者。1921 年起一直致力于山原（国头地方）的民俗调查。编著有民俗志《山原土俗》。1948 年重新组织冲绳文化协会。1952 年为编著《冲绳古神道》，自冲绳本岛到离岛各地进行了为期 50 天的亲身走访调查，积劳成疾。

② 《山原土俗》，大正十四年岛袋源七所著的山原民俗志。由《信仰行事》《琉球小话》《俗信》三部分组成，是近代冲绳民俗志中的杰作。

一七 "nira 人"与"amami 人"

距今 30 年前的《海南小纪》①记录了八重山、石垣岛的"niirupi-tou 神"的来访，虽然"niirupitou 神"之后多次成为话题而引起关注，但是当探索他的由来时却毫无头绪。他的出现并不是新神的诞生，在每年夏天的固定某一天，两个怪人就会造访每家每户，将其称为"人"却未有一丝怪异，仅这一点和拥有巨大阴囊的"ufujikyu"十分相似。冲绳本岛的《omoro》中也至少出现一处"nira 人"，这大概指的是来自"nirai"的使者吧。也有将"maya 神"这一名字用来指代同样意思的例子出现。因为在大岛上"narukumi""terukumi"分别被称作"naruko 神"和"teruko 神"，所以与今天我们普遍认为神比人高贵不同，很久以前，有将出类拔萃、具有高尚灵魂的人物尊崇为"神"的惯例，当其成为一种职业或某种世袭时，例如在冲绳诸岛神职人员也可以被称作"神"，奥州的盲人巫女被称作"okami"，伊豆岛有侍奉"yakamishu"神的神官，这些仅仅是各地单词意义上的扩展或

---

① 《海南小纪》，柳田国男著。大正九年作者旅至九州以及冲绳诸岛期间所作。书中首次明确指出日本民俗学研究中冲绳的重要性以及日本文化论中南岛研究的意义。

收缩而已。由此可以推测，"niruyakanaya"信仰在变化之前也有过繁荣的黄金时期，之后"obotsukakura"这一以天为中心的思想在那之后传入，其力量不足以扫除"niruyakanaya"思想的影响。

从大海中来的"niiru 人"还有"nira 人"在《omoro 草纸》中似乎也被称作"miruyaniya"。"miruya"是考虑到下一行"na"行的辅音而进行的变音，是对"niya 人"中稍稍尊贵的人的称呼。各村文书中一般被写作"仁屋"，在今天已经被滥用成"你"的意思了，而原本的意思似乎是对"新亲""亲"和年轻人的敬称。而"亲"这个词语在古代的用法是有所限定的，只能指一个群体的尊长，后来"大亲"一词变得十分必要，又添加上"kumui"等成分，最后使得"亲云上"这样的称呼逐渐普及。由此我们可以看出，最初用"niya"来称呼"niruya"的使者的时期相对较早。"miruyaniya"多次降临凡世，被誉为是通晓世态人情的神灵。奇怪的是，以往的学者没有注意到这与"amamiya""shineriya"的关系极其遥远。如果这像《琉球神道记》以下流传的那样，是由天降临的男女始祖的故乡的话，那么这与"niruya"是如何联系起来的呢？"amaniya 世"的世态被称作"seji"，以及用"甘世(amayo)"这个词语来解释的初期岛民的信仰生活虽在很多神歌中被多次重复传唱，只因为人们试图去信仰一个天神降临的传说，如今悉数变得难以解释。这样的现实原本就不存在，只是古人们都众口一词地如此主张，即使这样我也无法苟同。以天为根源这一说法只是一种理论，既没有前往的途径也没有确定的方向，更没有虚幻的依据。虽然高天原的信仰也是一样，但后者起码还包含着一些地理上的观念。"obotsukakura"的词源虽然难以确认，但将其注释为"天也"则是完全没有依据的。在这里我想试着阐述一下自己的假设。正如我们在日本也曾经体会到的那样，崇拜太阳神的信仰最容易转化为尊崇天的思想，但在冲绳却因开始得稍晚，因而并没有与原来的信仰完全分离。人们朝夕仰望星空观测星体，看到"niruya"的光辉照耀大地，"kanaya"满月从东方的海平线升起，认识到在将要前往的方向有一个高贵的圣地，期待着人类美好的愿望能够被那里看到，能够在那里实现，这或许比人们认识到天之神格要更早一些吧。"obotsu"原本是"niruya"的"obu"，也就是人们因为感受那里是这一圣域中最为清净的地方而想出的名字。如果事实如此，则可以从将海称为"ama"，将天称为"ame"的这两个日语词相互关联这一实际情况中类推出上述观点在引导新的神灵观的转变时是非常便利的。总之，从"amamiya 世"这一遥远的过去开始，"amami"就是一个海之国的名字。在本州以此来命名南方的岛屿，而在冲绳又以此来命名临近的岛屿并不奇怪，在那里居住的人们以及来自那里的人们被称作"amamikyu"也是理所当然的。恰恰因为人们试图牵强附会地将其解释为"天之御子"，才反而使"amamiya"原本的意思变得模糊了。也恰好这个方面还存留着新的学问发挥作用的余地。

一八　天孙氏之说起源

或许已经有人意识到，在冲绳的史学中，将初期的王族称为"天孙氏"是始于《中山世鉴》以及同一作者的其他著作的。这比岛津氏进入冲绳又晚了四十多年。在这期间，官方的信仰也发生了若干变化，一方面有关前代日本的知识有所发展，另一方面眼下也有政治上的必要性，总之推算出天孙氏二十五代共 17802 年这个数字，是超越了单纯的古传祖述的一种大胆的判断。《世谱》以下的后代史书不仅积极继承这一成果，本国学者率先一致认为应当将其向外部传播，紧接着，清朝的册封使人也争先恐后地对其进行认可并开展传播活动，因此，这一知识"羽翼渐丰"，最终成为了一个不可动摇的公认说法。著名的徐葆光的《中山传信录》①问世时，恰逢在

———————

①　《中山传信录》是由清朝官僚徐葆光撰写的中国的地方志。成书于 1721 年，共 6 卷，是一部向皇帝汇报前一年作者作为清朝外交使节到访琉球国时的见闻的报告书。

琉球国举行雍正九年(1731)的朝堂会议，因此受到了极大重视，其文本一直保存到今天。若事实真如这个传说那样，那么为何在王族的国家寺庙中，是舜天王的牌位被供奉在中尊的位置，而不是比其早上二十五世的天孙氏呢？这个问题颇令当权者苦恼，最终，面对之前的江户幕府的疑问，其答复是源为朝之子舜天王才是最初的大王，因此并不需要更改。带着这种出于个人感情的论调，这一决定代代相传，另一方面天孙氏的称号继续被频繁使用。今天看来，这正是一种为追踪信仰变化的足迹提供线索的十分难得且珍贵的史料。

"amamikyu"和"sinerikyu"分别是一男一女的名字，在这个国家尚未有人居住的时候，有三位从天而降的孩子诞生了。关于这一事件，袋中的《神道记》中已经有所叙述，这比《中山世鉴》还要早上约五十年。《omoro》中有名的"由过去开始"一篇至少比《神道记》年代还要久远，但是却没有充分地汲取其含义，只是依据此后出现的若干散文笔记来推测其或许在讲述同一件事情。也就是说，关于它的解释说明是随后才出现的。我们必须承认，《omoro》并不能算作所谓的叙事诗。无论是听者还是歌者，若要从那些试图对共同熟知的某些事情表达深刻的感慨与赞叹的字里行间窥探那些自然而然在心灵深处所感知的意识，即使并未抱有某个特定的目标，当世间种种情态发生变化，理解也会发生偏差，有时反而会离真相越来越远。对于从事古典文献注释的人们来说，这是一个容易陷入的陷阱，而我们必须小心预防并探讨对策。

如诗歌语言一般凝练的文字中，经常会使用对句，这或许又是东方文艺的一大特色，而其中数《omoro》最为典型。一些被认为十分重要的事，一定会被稍稍改变说法重复两遍。例如，本来太阳只有一个，却一定要为了称赞它而摆出两个名字。虽然南北部都已有很多实例证明"niruya""kanaya"并非一天一地的不同世界，然而当阴阳二极说开始流行，人们又开始不假思索地将它们解释为并存的天神与海神，在其他岛屿则被看作山神海神二柱，甚至连祭祀的时间都分别不同。这显然是人们忘记了《omoro》一贯的特点并且并未参照固有信仰的证据。除此之外，还有与"obotsu"相对的"kakura"，与"amamiya"相对的"shineriya"，或许后者都只是前者的一种别称，而听过袋中高僧教诲的人们，则或许会认真地将"amamikyu""shinerikyu"看作一男一女两人，之后更是将其中一方的名字用"阿摩美姑"的汉字来表示，于是，为所谓的"天孙降临说"的成立奠定了基础。

然而就目前来看，之所以迄今为止人们广泛认可的"amamiya""amamikyu"的概念未被颠覆，是因为强大的力量在民间信仰的深层不断流淌着。正如东恩纳氏提醒我们的那样，《中山世鉴》以下的冲绳史书中写道，难得从天而降的男女二神，并未直接成为岛民的祖先，而是重新回到天上并向天帝之子祈求一同前往人间，于是，就增加了三支新的人种。之所以需要添加这一情节，是因为"amami"是海洋，而渡海而来的人们则是"amamikyu"，在那个时候，这一事实在凡俗世间作为常识人尽皆知。另一方面，古代最早的《omoro》中之所以会有"amamiyasujiyanasuna"这一有些令人费解的字句，就是因为想要将其根源回归天上这一愿望在这时已经开始萌芽了。然而，这个愿望由于确实有些不切实际，最终并未圆满地实现。

一九 "niruya"与"根之国"

昔话的首要用途，是让那些对有关高贵氏族起源的不同寻常的故事深信不疑的人们能够愉快地共同倾听，并且其自身能得到长久流传，而我们如果能够认为这并不单单是一种梦境和空想，昔话的根本是基于长期积淀的一般性常识以及自然观的话，那么，对于在许多相互离散的小岛和遥远的田间一隅也能流传着相似的故事这一事实不仅不会感到奇怪，反而会产生无法言喻的怀旧感。曾经，在广阔的土地上，我国上代正史中所记录的人们，与几乎持有与他们相同信仰的在海上乐土生活的人们，相互之间一无所知且相隔千山万水。《古事记》《日本书纪》虽说是非常珍贵的文献，但因为保存而耗费的时间过长，甚至连书名都鲜为人知。若他们听过那个故事，则与它半分相似的昔话却反而不会广泛流传，至少也不会出现如今我们所看到的"笑话化"了。也就是说，从比《神代卷》的编纂更要早上一千两百多年的时候开始，这一昔话的种子就已经在东方的岛屿上撒播开来，对此我深信不疑。

因此，有关这些岛上的海上乐土观，我们必须思考以下问题。首先，它们在中世时期有何变迁。其次，在它们中间，究竟还能找到哪些共通点。首先必须解决的问题是，冲绳诸岛的"niraikanai"抑或是"niruyakanaya"与本州岛记录的"常世乡"，这二者为何演变成了两个毫无关系的概念。有关这一点，冲绳方面和本州方面都未给予足够的重视，然而幸运的是线索还有所保存，因此互相能够给予对方有力的暗示。譬如，"nirai""niruya"二词伴随着神歌祭文的衰微，已不会轻易在日常对话中使用，进而渐渐退出舞台，取而代之的名词则在此之后逐渐诞生。正是因为最新出现的"天孙氏传说"援用了"amamiya""amamiyo""amamikyu"等词与海神宫的"watazumi 神之宫"一样是把古代赞词这一事实作为论据，其真正的由来反而被掩盖了。已故伊波普猷氏的《amamiya 考》虽说也是一本倾注了心血的著述，却接受了栗田翁有关"amami"是海人部①的说法，等于几乎承认了这一种族是由北方迁移而来的。结果，推导出了最初的"niruya"位于北方，到了中世晚期又稍稍向东方迁移这一令人意外的结论，而我们手上却没有证据支持这一论点。古代文献中并没有能够表明"niruya"曾出现在东方的记载，这确实是事实，然而，这或许佐证了这样一种信仰，即"niruya"只是简单地由北向东做了空间上的变化，以至于根本不需要更换新的名称。但是，东海岸城邑的不断繁荣，所谓"agarui 大主""teda 穴大主"等的礼赞活动开始盛行，例如通过每天清晨的观察眺望，来掌握太阳由海平面升起时地点的变化以及与季节的关系，从而推进历法不断发展的人们或许会想要为太阳重新取名并大加歌颂，这正可以看作冲绳文化的一个飞跃期，最早也不过追溯到十四世纪。所以，"niruya"的根本信仰在这个时期业已完成了一个巨大的转换这一说法是难以令人信服的。

那么，如何确认上述问题呢？我所思考的方法主要有两个。这两个方法在尝试南北岛屿间的比较研究上都具备可能性，又都较为有效。简单概括的话，其中一个方法就是追溯"nirai"或者"niruya"

---

① 与前文的"海部"相同。

一词的由来。先岛方面的居民认为"nira"一词含有"非常遥远"的语感，这一点在冲绳本岛等地或许是相同的情况。例如，形容水井底部的水面位于深处且幽幽泛着光，水桶无法轻易触及的样子时，会用"nirasa"来表现。由此我有了这样的想象，即词尾的辅音"r"其实是使原词形容词化而添加的部分，该词的主干部分是"ni"也就是"根"。"根"一词的用途并不止于植物的"根部"，也并不是其更深层次意思的延展。尤其是在冲绳，"根"字所涉及的意思比日本本土要广泛，村落的本家被称为"根所"（nidukuru），此外，还有"根神""根人""根家"等词与信仰密切结合，因而直到最近都非常兴盛。《omoro》中也屡屡出现"根国""根之岛"之类的字样，它们主要含有"本国"抑或是"故乡之岛"之类的意思。冲绳本岛的部分地区以及更小规模的数个小岛都有被称为"根之岛"的事例。由此，之所以我们找不到"根国"作为海上圣地之名被广泛使用的铁证，是因为早已出现了"niruya"或"amamiya"这样的别称。总而言之，日本上代史中的"根国"虽说字面一模一样，其含义却大相径庭，这令我们意识到这个概念在发展过程中出现了各种分支，因此作为比较研究的材料则又是最具价值的部分。"根"指的是"本源"或者"基底"，这一点无论在冲绳还是日本本土都是相通的。

二〇 "根国"思想的变迁

在我对《释日本纪》进行注释以前，我们的"根国"思想就倒向了一边，直到离我们最近的复古时代都一直将彼世等同于"yomi 之国"（汉字写成"黄泉之国"）。这样一来，我们还能说已经把日本上代的文献吃透嚼碎了吗？对这一点我实在不敢苟同。在此举一个十分著名的例子。素尊声称要前往姝之国，却遵父神之命前往根国，在那里居住多年，此后大国主神到访根国，带来了宝物并在那里结了婚。我们能够说古人相信了这便是在中国被称为"黄泉"的冥界并留下了记录吗？为什么我们就不能试着思考一下，即便是一个很久以前的重要词语，经过岁月的洗礼后其形态在世间发生了改变，人们对它的理解则也会不知不觉地变化呢？

上述事例在后来改名为"蓬莱""龙宫"的"tokoyonokuni"上也适用。有关"常世乡"的记载在《日本书纪》中尤为多见。浦岛子的物语恐怕正是神代的海神宫古传残存的形态，因此另当别论。此外，我们必须承认，田道间守①的家的由来也好，归结为秦河胜②的功绩的"虫神"的出处也好，问题并不在于事实的真伪，而在于它们使听闻这些故事的人们能够在心中描绘出与前代"常世乡"所截然不同的世界。少彦明神完成经营国土的大任以后，便奔赴"那个世界"且永久定居，此事在《神功纪》中的寿宴御歌中也有所体现。"那个世界"与素尊的根坚洲国是何等相近，且与人界也常有往来。另一方面又有一名皇子由于对海上的种种危难深恶痛绝，于是便乘风破浪前往"常世乡"。这些思考方式原本就不是亘古不变的。"常世"一词意为"长生不老"，大概是依据浦岛子的歌中所表达的感觉来选定的词语，作为一种文艺用语直到近世都颇为人知，但以前是否口语中也有如此说法则十分值得怀疑。本居宣长先生等人对这个问题十分关注。原本被称为"sokoyori 之国"，这里的"soko"并不一定指的是"地底"，而有可能是指遥远的世界尽头之国，这或许是因为人们脑中事先设定了"根之国""底之国"的概念吧。但是，目前我们还不能明确将"常世"等同于"根之国"。冲绳的国头岛、先岛诸岛等地还留存着"niraisoko"一语，而在国头岛，"niraisokomoi"是老鼠的

---

① 《古事记》和《日本书纪》中记载的人物，在《日本书纪》中被称为"田道间守"，在《古事记》中被称为"多迟摩毛理"。

② 曾是圣德太子的近臣，从推古天皇到大化时代，在朝廷当官。

意思。如今二者都被解释为"地底"，这与将"根国"解释为"黄泉"具有相似的解释倾向。也就是说，海上交通或早或晚，一定曾经不得不一度中断。

然而，在冲绳，"nirua 大主"每年的来往依然以"wazaogi"①的形式存在，"nira 人 miruyaniya"的古老记载以及"amamikyo ganodate"最初的城邑的遗迹都可以通过《omoro 草纸》探寻其踪迹。然而，人们从此方出发前往探访，又回到此方的例子，仅有栅晴船头的妻子这一例，而宫古岛旧史中，却有数个接近昔话的此类口传故事被保存下来。正如本篇开头部分所述，在道之岛的三个岛屿上，这些故事已经完全成为一种民间文艺，无数有关"niruya"到来的故事都通过口头传承。而且，它们与古日本的龙宫传说有着正规的联系。至少这不是一种偶然的近似，我们可以推断，在过去，存在许多对海的彼方的乐土拥有比现在更加久远的、丰富的知识乃至空想的人们。只是，关于他们信仰的本质是如何发生变化的，我依然难以做出准确判断，对此我深感遗憾。

其中一个问题在于是否曾经有那么一个时代，人们将"nirai"看作此方的"根国"又或者"常世乡"，它曾经作为死者的归宿之处而

---

① 表演滑稽的动作和歌舞来取悦神灵的人。

被憧憬和向往。在南方，人们将死者的世界称为"那个世界"又或者是"gujo（后生）"，关于这个"后生"的观念，每座岛屿、每户家庭却又不尽相同。通过将要开始进行的实地调查，或许能够收获颇丰吧。例如，在冲绳，人们认为人死后便会前往"仪来河内"，《遗老说传》中非常有名的善绳大屋子的故事就是一个例子。它开头与昔话是非常相似的，即主人公在海边遇到了美丽女子，并且得到了一只巨大的海龟。然而在其归家的途中，却被那只大海龟咬住了脖子，最终丧命。其尸体被埋入墓中，三天后打开一看，棺材里却是空空如也。主人公听到了空中传来"请来'仪来河内'玩耍"的声音，其目的在于让其知晓御岳的灵力。也就是说，表面看来，由于这是一件非常奇特的事情所以得到了流传，然而埋葬后三天打开棺材查看这种做法，似乎原本就是一种普遍的习俗。在冲永良部岛上，直到最近，人死后其灵魂就会升上天庭这一信仰依然存在。若有人死去，虽会立刻被下葬，几日之后（大多数情况下是三日），就会招来"yuta"并举行被称为"灵魂分离"又或者是"灵魂剥离"的请神仪式。人们相信，届时在死者的亲戚中选择一名女性，将死者的灵魂附于其身上，这位女性通过某种方式，在某期间之内沐浴泉水并行精进，死者才能升上天庭。其中，有将其作为"yuta"的教义进行改造的地方，但是这显然是"尸者"的仪式，有迹象表明，这一仪式在日本自古以来都有举行。曾经存在着只有好人的灵魂才能升上天庭这一信仰，由此看来，这或许也可以看作善绳大屋子的其中一个例子。那么，原本是不是只有被特别选出的人才能升上天庭呢？抑或是曾经有一个时代，人们认为所有死去的人，不论是谁，都可以升上天庭？虽然这是一个尚未揭晓的谜团，却有些许事实可以作为参考。那么我将在此做一简单的叙述。

奄美诸岛存在着被称为"koso 祭"或者是"hoso 祭"的祖先祭祀，而在冲绳并未发现这一现象。现在，上述两种祭祀被写作"考祖"或者"高祖"，而它们似乎并不是人们知道这些汉字以后才诞生的新的词语。被岛津氏统治之后，在大岛和冲绳，一般沿袭七月"盆之魂祭"的风俗，但其中似有一种政治上的动机，也就是说，可以窥见这是因为一种想要扼制迄今为止极其强烈的岛民信仰的意图而被引入的新事物。因此，各村庄的祖先祭祀变得非常复杂。如今其仪式已经有所衰微，但新的事物却无法完全抹杀旧的习俗，在七月的盂兰盆节之后，依然有八月的"koso 祭"，而后者与许多祭祀活动相结合，加上包括舞蹈在内的许多其他活动，人们为之付出努力的方式非常特别。这一新旧对立具有特别的意义，其中，"koso"这一词语是其中的一个关键，而对"考祖""高祖"的汉字解释深信不疑的人们，对"koso"的说法却从未有过疑问。在大岛北部的开阔地带，在盂兰盆节上前来接受祭祀的"新精灵"也被称为"arahousu"。然而，在同一岛屿靠近南部的村庄以及加计吕麻的岛屿上，人们却将二者看作各自不同的事物，而只将其中一方称作"kosuganashi"。根据金久正①先生的报告，"kosuganashi"是渡海而来的。考虑到他们会因此而浑身湿冷，于是在门前焚烧麦蒿迎接，这一特殊待遇只针对"kosuganashi"，而在新的"魂祭"上是不焚火的。日本的盂兰盆祭祀在每个地方都有不同的风俗，因此无法确定整个祭祀的顺序和流程。而在送魂的环节中，至今仍有许多地方是将灵魂送至海边的，与之相对，在迎魂的环节中，大部分地方选择从墓地迎接，而从山上、河流迎接的例子则非常少见，前往海边迎魂的例子也越来越少。焚火的习惯中，一般有迎火、送火以及"火振"的松明柱松等，这些在本土都是司空见惯的，然而渡过海洋来到岛屿之后，这些风习却成为了区分新旧习俗的标准，这一点与祭祀月份的不同一样，都需要引起足够的重视。也就是说，在漫长的岁月中，人们的习俗中不断出现不同的倾向。那么，其根源之中，是否真如我所假想的那样，存在着海之彼岸的"常世乡"以及死者灵魂往来的"根国"呢？

---

① 金久正(1906—1997)，日本民俗学家、语言学家，从事奄美大岛等地的语言和文化研究。

"kosu""koso""hoso"这样的词语的由来至今不明，从这个意义上来说，上述问题显得尤其重要。

二一　东方净土观

只有冗长的叙述，却未见可靠的结论，我自身也深感惶恐。我姑且将新的问题留作之后讨论，在此，且对我在意之事略作补充。不论在冲绳还是大和国的其他岛屿，古老的信仰失去其内部的力量而空有一张皮囊，是在"都府生活"开始以后。散居于国家各个角落的人们并未被新的统一力量所凝聚，因此不会将过去的生活方式彻底遗忘。一些无意识的传承容易成为断片的东西，然而在大量收集整理的过程中，这些东西却渐渐显露出难以名状的一致性。这是我们"一国民俗学"中难得的容易取得成效的一点。同时，也是在相互联系的两个以上民族文化的比较研究中，从民间传承里谋求线索的一个理由。笔者有一个小小的疑惑，文化的成长与变化从未停歇，而这一事实在与其他民族发生联系时，却成为极易被遗忘又极难被承认的事实。在这当中，岛屿尤其容易受到外来力量的影响，有时甚至会发生根本性的变化。若将其与其中一个时间点的横断面进行比较的话，那么无论多么没有根据的推断都会成为事先成立的事实。早前提到的话题中，南方诸岛的后生观就是一个例子，由于佛法的指导力出乎意料得微弱，新的观念无法产生，而既有的观念却不断消失，尽管存在"那个世界"这一说法，却被普遍认为是存在于"此世"的。与其说人死后的归宿在每个岛屿都有所不同，不如说每家每户都想法各异。过去曾有"hansa"一词，貌似与现世的"sanka"相互对立，如今却也踪迹难寻。在道之岛的两部昔话集中，有"daku"之国以及"anda"之国等关于后生的说法，或许这是由净土宗的安乐国演变并传承下来的。而这些也都不是遥不可及的地方，也并没有渡海才能到达的说法。甚至有说法认为，这些地方只是广阔的旷野中的一些深不见底的洞穴，将覆盖在上面的石盖拨开后，能够看到洞口垂着结实的芭蕉绳。值得注意的是，除此之外还有"鬼之岛""鬼之城"等世界，虽说称不上地狱却也是相当恐怖的地方。与本土昔话不同的是，例如鬼成为后生的手下并前来夺取人的灵魂却屡次被骗、空手而归，又或者受到请求而调整人寿命的长短。这虽然是震旦的小说中时常出现的情节，但我们可以认为，在过去，管理"seji"以及赋予寿命和好运的力量也存在于"niruya"中，而上述情节正是引用了这一信仰中的逻辑。

总而言之，"niraikanai"终究成为古老的语言，除了一些神歌祭文之外，已经很难从别处听到。在这之后，需要能够表达我们内心深处残留的某种模糊概念的新词，而在人们不断思考这一问题的过程中，观念逐渐发生了分化。若试着与佛教信徒接触，会发现从他们那里可以获得足够的研究资料，并能供自由选择，然而在那些小岛上，即使这样的材料也十分有限。"amamiya"以及"amamikyu"也是其中一个例子，其传承从很早以前就已经开始。冲永良部岛的"teinnumiya（天庭）"以及喜界岛的"云之世"并未得到普及，而"agarehirashima"以及"agareyasima"等却是两岛共同的信仰，在那里，追求美丽女子并终成眷属的故事也给近世的浪漫增添了乐趣。"agare"即东方、日出之处，而平岛则是横跨于地平线上、时常被雾霭和风浪所遮蔽的岛屿。《omoro草纸》的第十三卷中，曾有过"agarui的三岛""teda之穴的三岛"这样的语句。也有人说这是本岛内的三个城邑，但"知念""玉城"应该不是太阳的洞穴。人们还是共同梦想着在海上遥远的彼方，存在着三个岛屿，而太阳就从那里升起。从前，有红发男女从"ohoagari"之岛而来，他们时常渡海到达与那原的海滨。许多人传播着诸如此类的流言，据说伊波普猷在幼年时代，也曾常常听说这个故事。现实中存在的大东岛被发现已经是明治十八年以后的事了，那里并没有人居住，也没有发现泉水，其自然条件完全无法让人将之与"乐土"相联系。然而其拥有的岛屿数量却恰好为三个，方位也几乎与旭日升起的地方相吻合，因此，所有人都毫不犹豫地称之为"大东岛"。如此一来，南方岛民幻想中的"ohoagarishima"，恰好在这一时机从人们的信仰中消失了。然而与其说在地图上对现在的三座岛屿进行确认，不如说一直以来将其视为实际存在的岛屿的契机开始动摇，甚至有不少人相信龙宫就是琉球。尤其在南方诸岛中，让人以为仿佛就是"大东岛"的那些岛屿的影子也在遥远而缥缈的海面上星星点点地闪现着。奄美大岛的《旧记》中曾有这样的内容，海上雨后晴空的日子里，在遥远的辰巳方向能够看到那座岛屿的轮廓。但是，这似乎是一种误传，是将它与西面远海的横当岛混淆了。然而，在百余年前的文化三年（1805），笠利方有一位名士当济，曾与同伴乘舟前往探寻的岛屿确实是今日的大东岛。虽然他们由于逆向洋流的影响而未能上岸，却因此极大影响了有关"agarihira"岛的解释。

然而我们不得不考虑的是，究竟是由南向北还是由北向南，这一点虽然非常难以确认，然而总之，许多岛上的岛民都处在不停的移动中。日本旧国虽拥有很高的声誉，进入苇原中国却只是两千六百余年前的事。所谓的"常世乡"信仰出现得很早，因此，如果碰巧东方的海洋上真的有那样一座美丽的岛屿，则事情反而变得复杂了。而且，他们如果在居住于并没有真实存在的"niikanai"的三十度以北的地方之前，一直和南方的人们一样，相信日出的地方就是根本的国度、是有清净的灵魂来往的国度，以及拥有丰富的"seji"并毫不吝惜地将其予以人类的国度的话，这便是探寻我国先祖在远古时代的海上之旅的足迹的重要路标了。浦岛子的故事虽然是个例外，但《古事记》中关于前往"常世乡"的交通方法的记载均与太平洋的岸边有关。少彦名命从熊野的御碕渡向彼方的故事听起来让人心生怀念，将伊势看作常世之浪翻滚而来的国度并选择此地，这一古老传说更加撼动人心。无数的太平洋岛屿上，究竟有多少种族承认东方拥有净土？眺望日出之处，并认为那是心之故乡的人们，有多少至今依然一边生活，一边传承着古老的信仰，又尝试在繁荣的、崭新的世界里立足呢？幸运的是，若各位之学识能够渐渐使上述问题明了，我将首先尝试弄清他们在到来的过程中究竟发生了多少变化，各自又是如何忍受艰难险阻、品尝幸福快乐的。

弥勒之船

一 未来佛的信仰

我如今正在思考的问题是，在歌谣中经常被吟诵为"那一抹旭日"的未来佛、现世佛信仰在传入日本以后，是否经历了一些巨大的变化。对于这个纷繁复杂且看不到边际，甚至连片面的研究都未曾出现的问题着手思考，不得不说是一种缘分。在茫茫的学海中，我们难道不是仍然可以品尝等待的乐趣吗？

被西方弥陀之净土所压迫，弥勒天国渐渐变得高远而触不可及，其幻影也逐渐模糊，如今期待前去往生的人们愈发之少。然而不可思议的是，来自彼方的消息从未间断地传入我国，且与现世的因果报应相结合，在国家的各个角落，形成了一种与坟墓和寺庙毫无因缘的东方佛教。正因为无人关注，对我等来说才尤为值得思考。去年，我在校订岩波文库的《利根川图志》①时，根据常陆鹿岛附近的"风俗，在进行祭祀或祈祷之时""必有老妪聚集，吟唱弥勒谣，敲打太鼓"并舞蹈，第一次对这件事产生了浓厚的兴趣。其中还写道"边挥手边舞蹈的姿态何等奇特，有中古之风格"，并收录了歌词中的一章。在很久以后才了解到，这段话是全文转载自比这本书还要早上数十年的《鹿岛志》②，因此，虽然不能证明安政年间以前这种舞蹈就已经存在，但是鹤峰戊申的《海西漫录》③中记录了作者在此前前往参拜鹿岛宫时听到老妪坐在竹席上唱歌的情景。虽然歌词中免不了修改和遗漏，但这一记忆或许至今依然留存在这片土地上，这勾起了我的好奇心。

二 "踊歌"的流传

《鹿岛志》以下的书籍中收集的一篇弥勒谣篇幅稍长却语调平缓，从中可以窥见中古之风。为了后文的比较，在此将全文引用。

---

① 《利根川图志》，江户时代末期由赤松宗旦编著的利根川中、下游流域的地方志。序言中称完成于 1855 年。
② 《鹿岛志》，共有上中下三卷，平时邻撰写，成书于 1833 年。
③ 《海西漫录》，江户后期的随笔，由同时代的国学家鹤峰戊申（1788—1859）编写。

弥勒之船，行至末世。伊势春日，列舟尾首。鹿岛居中，中乃鹿岛。息栖①之锤，化为金殿。后有神灵，名为清净。前有神泉，"男瓶""女瓶"。香取神社，四十有余。数众名闻，深撼深撼。遂欲往拜，献金三合。如若无金，撒米三合。日立鹿岛，鹿岛神灵。谨祈谨祈，万事如意。

这完全是老妪式的平淡幽默，然而我们首先需要注意的是，它并不像盂兰盆舞那样充满哀伤的情绪。对于"献金三合"这一玩笑式的夸张，"撒米三合"却并非只是空想，或许原本就是伴随着舞蹈的动作，同时进行某种仪式的。在将这里与利根川分隔开来的并不遥远的印旛沼周边的村庄中，在春秋的祭祀之日，人们吟唱"鹿岛歌"，一边跳舞一边走。从小寺君的《乡土民谣舞踊辞典》②中可以看出，这样的风俗直到最近都有，现在尚能收集到许多例子。然而在印旛郡本埜村的荒野上，在十月十五日雷公神社的祭祀之日，当年的一对新郎新娘会盛装前往神社和寺庙，并绕行庄屋的宅邸，吟唱分别传给新郎新娘的"sasage 歌"。大致从歌词中可以推测出，

---

① 神灵的名字。

② 《乡土民谣舞踊辞典》，由日本舞蹈研究家、民俗学者小寺融吉编写，出版于 1941 年，由富山房出版。

所谓的"sasage"指的是戴在头顶的东西。虽然记忆可能有少许误差，但是暂且先列举出男方的歌词：

> 弥勒之舟（原文为"舳舻"二字），行至鹿岛。伊势春日，列舟尾首。鹿岛居中，中乃鹿岛。正月时节，男子取水。女子饮之。然吐其水，得子持金，九中之二，置于屋下，余七建仓。
>
> ……
>
> 天竺云间，十三之姬，撒米尘世，弥勒弥勒，撒米于我。

女方的歌词是：

> 产灵之神，位居天上。赐米村庄，驱除七难。风调雨顺，感且涕零。五谷丰登，喜且交欢。弥勒弥勒，悄立身后。

从歌词中可以看出，过去，曾经有过这样一个时代，人们将水稻的成熟丰收解释为弥勒出世的第一个前兆，此时，在祭祀场撒下大米，表达人们对弥勒出世的欢迎和喜悦。只是由于这里是距离大海非常遥远的农村，因此这里的"舳舻"一词已是误传，可以看出"弥勒之船"似乎已经被人们忘却了。

三　弥勒二年丁卯

问题的中心点似乎应该是这一不依存佛教的弥勒信仰是如何在我国诞生且发展的，然而即使得出结论非常艰难，我们也不能将之当作我国"愚民"犯下的一种谬误就置之不理，另一方面我们还能得到一些微弱的线索，接近这个问题真相的方法也并非完全不存在。我原本就是抱有不将问题永久搁置、也不急于求成的修养之心的人，如今时日不多，而且近年来的学风过于专注于研究教理的本源，大多倾向于列举国内一千几百年的变迁，并悉数将其描述为凋敝零落的姿态。至少如果我们不预先宣告还存在有其他思考问题的角度，如今仅存的民间传承也会或消失或被掩埋，而它们也再无机会与我们更加优秀的洞察力发生碰撞。总之，我乃为了某种愿望而尝试写下这一尚不成熟的小文。

日本在应仁之乱以后，社会彻底陷入了极度的穷困与动乱，此时，弥勒信仰仿佛突然觉醒，如今，我们也发现了"弥勒二年"这一非官方年号当时在东国各地广泛使用的证据。无论是富士山北麓的

《甲斐妙法寺记》，还是下总香取神宫的《录司代家文书》，以及其他零散的几个例子，都用"弥勒二年"来标注其成书日期。若与前一年都城修改年号的命令传达到边疆的状况相对照，这里的"二年"却作为某种具有真实性的事物被人们接受。也就是说，至少人们曾一度相信这个年号是新制定的，因此使用的人也很多。这里的"弥勒二年丁卯"，毫无疑问相当于后柏原天皇的永正四年，也就是西历的1507年。单纯从两个年号的天干地支一致，就可以从记录上推测出上述事实，再加上生活在这片土地上的人们，不可能弄错十天干十二地支的循环。然而这一伪造的年号究竟是如何广泛地受到人们的遵奉的呢？这一点仅用处于乱世的不便交通是无法说明的。传言的根源里有相当强大的力量，也可以想象确实存在将这一信息传达到远方的某个信息组织，另一方面，也是因为民间确实存在包括识字阶级都将之视为理所当然之事的某种常识或是信仰的本色。更改年号有时也是为了纪念国家的祥瑞，然而那已是很早以前的事，后世的人们以"革令革命"①的理论为基础，除了在固定的年份更改年号之外，还规定在某个未曾预料的巨大变革发生的次年也要更改

---

① 在阴阳道中，将干支为辛酉的年份称为"革命"，将甲子之年称为"革令"。一般认为在这一年变乱较多，因而经常在这一年更改年号。

年号。虽然朝廷势力衰微，连更改年号的计划都难以制订的时代长期持续，但大众依然翘首企盼，在饥馑瘟疫肆虐的水深火热之中，焦急地等待着这一与咒术并无二致的善政。如今仍然保留的"改世（yonaoshi）"一词，或许就产生于这个年代。在江户的田沼政权倒台之时，人们曾经将刺客佐野某称为"改世大明神"，纷纷前去参拜其墓地。"世之中"虽然一般情况下只是在地震之时祈祷的咒语，然而它原本是指农作物收成的丰欠。也就是说，这一复兴"世之中"的力量隐藏在外部，人们的信心可以将其招致而来，这也是生活在痛苦深渊的人们唯一的期待了。"弥勒"这一年号，对于京都的知识分子来说尤其感到意外，同时还有些许滑稽之意，然而，正是因为有了这一年号，我们才能够逐步摸索这种他力信仰的时代色彩，以及其"中心"或者"根源"。

四　"鹿岛事触"①

已故桥川正②君在日本佛教文化史的研究中，曾提出常陆鹿岛

---

① 近世以来，每年正月初三，鹿岛神宫的神官们会自称受神托付，巡游全国各地并向当地的人们宣告当年的吉凶。

② 桥川正（1894—1931），日本大正、昭和时期的历史学家、佛教史学家。

的弥勒之船的"踊歌"与"弥勒二年"这一年号之间是相互关联的，这是一个值得我们注意的见解。虽然可以想见它必定经历了后世的改写，然而如今流传的歌谣中的词句，其表达方式十分朴素，使人能够感觉到室町时代的气氛。此外还有一个传说，在宽永时期，诸国疫病肆虐，人们在祈祷神灵渡过鹿岛的"神舆"前来为他们消灾解难之时就会跳这个舞蹈，而这就是该舞蹈的起源。我们至少从中可以判断，这一舞蹈并非近年才开始流行的。虽然还没有证据表明这一非官方年号最早出现在鹿岛，然而常陆一国的文献中也有两三实例证明鹿岛是该年号使用圈的最东端。此外，在这里也有能与伊势、春日相提并论的强大的信仰中心，因此这种想象也并非毫无根据。

我们现在想要收集资料并弄清来由的问题之一，是一种被称为"鹿岛事触"的下级"神人"的各地巡游。最近的记录中出现的皆为类似于"愿人坊主"①的"门付"②乞丐之流，即便如此，他们吟唱的歌词中也有些许值得比较的特征。他们分散于鹿岛的神威完全无法触及的遥远地方，为了生计而胡乱宣传，却还有少数人受到本社的

---

① 江户时代的讨饭和尚，徘徊于市中心并口念"阿呆陀罗经"等，以向人们乞讨米、钱，或者替人参拜、祈祷、修行等来维持生计。

② 与"愿人坊主"相似，是站在门口卖艺并乞讨的人。

公认，甚至进行了"ofudakubari"，两者的分界线未必那么明显。根据《常陆国志》的记载，鹿岛的"事触"仪式很早就已出现，在宽文十年（1670），寺社奉行根据大宫司则教的谏言，将他们的业务范围限定于祈祷与"fudakubari"，且需要经过本社的允许，并将"事触"一名改为"御师"。我们可以看出，尽管如此，由于原本的名字依然持续了很长时间，所以他们并未严格遵守这一规定。伊势的"御师"从最初开始，所谓的"fudakubari"就只是表面上的任务，而祈祷也只是起到传达的作用，与之相反，鹿岛的"御师"则如"事触"一名所表示的那样，除了上述两种人之外，另有"路头托宣"①得到允许，他们用神灵的口气对各处民众传达来年的吉凶祸福。他们的数量不断增加，活动范围也越来越广，随着与本社的关系日渐疏远，其恶劣影响当然会越来越大，然而官权并未对其形成制约。实际上如果说是因为处于偏僻的土地而并无行使什么邪恶企图的诱惑，不如说长期以来，他们都一直在传达某种适度的安慰与激励。现有的一眼看上去完全不知所云的各种民间传说中，也有这种由于发生了异常的改变而给人们留下深刻印象的例子，"弥勒二年"这一独一无二的非官方年号或许就是其中之一吧。然而，这与宽永年间"鹿岛舞"的流行有百年

---

① 指在路边使自己神灵附体，并传达神灵的旨意。

以上的差距，宽文十年的"事触"被禁止，也是在那之后五十年的事。可以想象，在这期间曾有过数次起起伏伏，然而无论如何，这一"弥勒出世"的信仰与"改世"思想结合并永久持续。此外，它也一直被保存到了那些富于特色的祭祀形态彻底改变了的昭和战后时期，也就是现在。即使我们确定无法再推测其背后尚有更加古老的时代，这一现象仍有讨论的价值。更何况笔者决不放弃这一希望。

五 "路头托宣"

我仅仅因古人竟已经使用"鹿岛事触的路头托宣"一词而觉得新鲜，而这一词本身并非我重新设定的问题。记录文艺中这种说法留下痕迹的例子少之又少，然而这个民族的信仰由此而生，进而变化得更加纷繁复杂，如果这是中世以后发生的事情则无须大惊小怪。正如观察最近的舞蹈宗教而发现的那样，未曾相识之人远道而来，若要传播新的教诲，则跳舞是个捷径，也是个有效的方法。高声的语言或许能够使行人停住脚步，然而若对方不能领会其中的奥妙而迅速离开，再次拦住恐怕就有些困难了。相反，舞蹈中间有所停顿，并且可以无限度地重复下去，以此来逐渐加深人们的印象。在狂言中，"移动（utsuru）"一词的使用非常频繁，单纯的人们在被舞蹈吸引而目不转睛地观看时，会情不自禁地模仿手势并跟上拍子，最终会有无数人加入这一舞蹈。这样的习俗在"空也"以前，在比"八幡播种"还要早的时候，就已经成为岛国居民所拥有的长处或者说短处了。一般人会这样理解，舞蹈也是一种艺能，因此一旦具有天赋的人参与其中，则会异常赏心悦目，进而吸引更多的人。而这成为一种职业则是很晚的事，它最初是为了娱乐凡人大众，而使得人产生将其作为土生土长的习俗守护并孕育下去的想法的力量却另在别处，与其说是一种技艺，不如说它具有宗教的性质，其中有大量从外部而来的因素。也就是说，与伙伴们一起跟随大家舞蹈歌唱，首先是一种巨大的乐趣和内心强大的力量，这种状况持续了一段时间后，它又渐渐被一点一点地改良、应用。"鹿岛事触"的踪影已经消失了很久，它与弥勒"踊歌"的关系已难寻踪迹，然而至少如果不是过去这种"路头托宣"曾以某种形式使之出现在大众面前的话，那么这种歌谣就不可能出现在那些地域，并且大多情况下伴随着祭礼之日的舞蹈了。我认为，虽然这一问题的关键存在于更加外部的地方，然而以上述事实为入口向前推进，恐怕是最容易接近相关解释的路径了。

"鹿岛踊"这种"踊歌"，直到最近或者现如今依然被传唱的地域大致位于日本东部地区。在小寺氏的辞典举出的例子当中，距离鹿岛最远的是越后颈城地区的弥勒歌，它只在欢庆的宴会上才会被吟唱，与神社的祭祀似乎并无关系。然而，歌中的章句中依然存在前述的"现世如末世"一句。此外，多摩川上游的小河内村和分布于下总印旛郡各个村庄的，如今依然存在于从安房半岛到伊豆、大岛甚至其对岸的几个海边村落的"鹿岛踊"，均是一年仅举办一次的大祭祀之日的其中一个环节，是全体居民都对其倾注了巨大热情的欢乐的盛典。可以推测，除了单纯的流行、喜爱之外，其背后一定隐藏着某种共同的理由。

六　弥勒御船

据说如今仅箱根山西面的远州岛田的大祭祀中还会出现"鹿岛踊"，我也仅是听说，详细情况还未知晓。但我想这只是因为我至今关注的问题还远远不够，在东西交通往来如此频繁的情况下，大井川大概不可能是其中一侧的终点。如若如此，那么"鹿岛踊"的分布究竟到达了怎样的范围呢？虽然名字已经消失但感觉依然存留，"手势歌"语言的各个细节依然保存着古老的姿态，这样的例子今后也将逐渐被收集起来。而我兀自抱有兴趣的是，所谓的"弥勒船"的章句中，至少有两处明显改动。各个地域的想象当然也参与其中，然而从根本上看，宣扬鹿岛的神德这一共通点并未消失，这一点除了单纯地厘清传播的路径之外，还成为了窥探使其得以被吸纳的过去的神社信仰本质的线索之一。因此，为了将来的更为广泛的比较，我们现在有必要事先对其进行更为细致的探讨。

在各地的"鹿岛踊歌"中，武州小河内的"踊歌"存在一些混乱，它与完全相异的"kokiriko踊"相联系，其含义已经无法被理解。大岛元村吉谷神社正月十六日的"踊歌"与如今流传的新的"事触"的语言相近，成为了一种相当具有游戏意味的"踊歌"。虽然很难想象"事触"能够传播至岛屿之上，但或许有其他的海上传播方法，又或者存在适合将其吸纳进来的特殊信仰的根基？似乎还有许多我们未曾可知的理由，从眼前面对的伊豆东海岸各地，到相州足柄下郡的各个港口，在祭祀活动中伴随"弥勒歌"跳舞的例子还有很多，且歌词都近乎一致地比大岛的歌词更具古风。

在热海来宫的七月十六日的例祭上，自古以来举行的"鹿岛踊"的记录中，有相当细致的报告记载于《民俗艺术》①三之八中。或许因为附近的几个村落也以此为标准，歌词之间非常近似，在"俚谣集"中出现的以下安房郡的歌词也是大同小异。

---

① 民俗艺术之会于1927年创办的杂志。

弥勒之舞，予神慰藉，恩德广赞。弥勒之舟，行至热海（之港）。此乃真乎？伊势春日，列舟尾首，鹿岛居中，中乃鹿岛。

除此之外还存在各种歌谣，然而既然被称为"鹿岛踊"，则此曲应是原曲。这句"热海之港"在足柄下郡则被改换为"真鹤港云云"，在安房则按照原来的"在鹿岛之港"原封不动，也就是说，仅仅将《鹿岛志》中出现的"现世即是万劫不复之末世"这开头的一句改换为"此乃真乎"这一带有想象意味的句子，而大致保留了以前的结构。这样的歌谣在太平洋沿岸广阔的区域里，直到最近都仍在流传。

依据推理我们大致可以弄清将伊势与春日大神召唤而来的某种东国风的"三社信仰"的形成年代，然而它究竟是否构成了我们所说的"改世之神"从遥远的海上到访这片国土这一传说的起源呢？这一点却不能那么简单地做出判断。而我们更应该首先思考的是"弥勒之船"，也就是说，这一为了在某天将世人难以逃离的苦恼与哀愁尽数去除而"下生"①的佛祖，最终乘船渡水到达此方岸边这一想象

---

① 佛教用语，指前往极乐世界往生的人中，分为上品、中品和下品，而下生是三种人中的最下位，即上品下生、中品下生、下品下生的总称。

是否最初就存在呢？或许因为是被茫茫大海包围的岛国，所以只能做此解释，又或者是另有其他原本就与其相近的传说潜藏在"常人"的心底深处并被他们接受，最终他们将这一信仰如此这般地孕育出来。幸运的是，目前依然存在少许思考这一问题所能依据的资料。尽管在过去有那么一个时期，鹿岛的传教活动比现如今更加繁盛，然而人类的脚步所能涉及的范围毕竟有限。在那些荒无人烟的南部岛屿上，至今仍然每年都要举办的"弥勒踊"与东国同名的祭祀活动之间有几处类似，且难以探寻它与鹿岛之间有何因缘，这一点意味深长。这无疑是我们所期望的"wazaogi"，然而那一令人怀念的幻影的种子究竟在哪里。此外，"miroku"这一名称究竟起源于哪里。我想将八重山诸岛的节日祭祀歌曲与仪式，与宫古岛的"世积绫船"的古老传说进行比较，并再次思考有关"nirai"这一海上净土的种种问题。

根之国的故事

一　能够见到亡人的岛屿

　　位于肥前的下五岛，也就是过去的大值贺岛的北部海岸，有一个至今仍然存在的叫作三井乐的海角村。如今的人们大多认为它与《万叶集》中出现的"mimiraku no saki"是同一个地方。《万叶集》第十六卷中有一首和歌，提到了"肥前国松浦县美弥良久崎"，此外《续日本后纪》承和四年的记录中，出现了或许与上述地名同为一地的松浦郡的"旻乐之崎"。根据我的想象，至少自古以来前往大陆的船只会经过此地，或者是从外面返程的船只在这里靠岸，静观风向与潮汐的变化，伺机而动。可以说，这里是一个海上的要塞。

　　另一方面，"mimiraku之岛"这首和歌在此后的几个歌集中也有出现，其中最有名的是源俊赖的《散木奇歌集》①中"尼已仙去，令我想起美弥良久并高声吟唱"这首带有词书②的和歌。其中"若美弥良久乃我日本之岛，则可见尼之身姿"，暗示了只要去这个岛上，就能够看到已故之人的容貌这一传说。"若……乃我日本之岛"这一说法，也就是说在并非属于日本的某处海域，存在着这样一个传说中的岛屿，而与下五岛北岸同名的海角应该就是以此为依据之后诞生的。此外，岛名"mimiraku"的起源之所以更为久远，或许就是因为像《散木奇歌集》中说的那样，是由只要去到那里就能够见到死者这样的传说而来的。这一点是我刚刚意识到的这个问题的出发点。也就是说，在此联想之上的这个名称自古以来就有，因此将日本最为突出的一角，也就是最接近外国的、许多人聚集的地方称为"mimiraku"海角。我的思考将从这里开始。

从文献上来看，不论是《万叶集》第十六卷还是《续日本后纪》中的记载，都比《散木奇歌集》的年代更为久远。因此，或许我们可以认为，海角的名称是先存在的，此后以这个罕见的地名为契机，人们开始联想在日本之外有一座同名的奇怪岛屿，只要去到那里就

---

① 《散木奇歌集》，平安时代后期的歌人源俊赖的自传家集。共 10 卷，1622 首，于 1128 年左右成书。

② 作为和歌或俳句的序，交代该作品的动机、主体、形成过程等的文字。

能够见到已经故去的亲人，然而我自己能够举出一些反驳这一说法的例子。

仅仅以"mimiraku 之岛"这一名称在文献上并未出现这一点，就可以说明，日本自古以来传说的死者之国也被远远隔绝在海的彼方，那里是一个很少有在世者前往的第二个世界。这个世界在我国的古典文献中等同于"nenokuni"，或者被称为"nenokatasukuni"，这个地方与"mimiraku"之间是有联系的。因此，将其看作日本最西端的突出部分、渡往外国的边界之地，并且赋予其必须停船靠岸的"misaki（御崎）"之名，其背后也一定有被隐藏起来的某种意义。就算是《万叶集》和《续日本后纪》的时代，要想赋予其那样的名称，也必须以更早以前的传说依然在民间有所留存这一事实为前提。迄今为止的世界上的考证学家们一直都困在记载的时间先后这个桎梏中，然而我们所遗忘的事实，绝不仅限于文字和土器、石器上的信息。于是，首先我想思考一下"根之国"的问题是如何经历了种种变迁并流传至今的。

二 "根之国"与"常世之国"

"根之国"这一词，由于在日本出现了诸如"常世之国"这样的文艺用语而逐渐消失在记载中，可以对其进行说明的资料也十分匮乏，于是即使是近代优秀的学者中，也出现了许多令人吃惊的不同解释，它如今仍然是人们热衷于研究的对象。就算是代表死后世界的"yomiji"或者是"yominokuni"这样的词今天依然有一部分存在，这究竟是否像汉字字面意思那样意味着黑暗的地下之国，还没有确凿的证据。然而《日本书纪》和《古事记》很早以前就开始使用"黄泉"这一邻国的词语，给人以人的灵魂将去往土地深处这样的印象。根据我的推测，这是将"nenokuni"这一我国固有的重要词语，草率地安在汉字"根"的上面，其结果是人们对其长期的误用。他们重用很多汉人的文化知识，我国的口语随之发展、变得复杂化，在此之前，独自的表记方法长久没有固定，最后将万叶式的墨守成规的书写方式一直保存到最近的候文时代，这不得不说是官方的一种过失。当然，汉字的"根"作为根源或者根本的意思，其应用的范围逐渐扩大，然而与其起源仍然是进入地下这一说法相对，这里的"ne（根）"一词所依据的内容应该另有所指。然而为了融入世间，一字一句认真学习汉字的人们并没有机会经历这一根本的错误。也就是说，上代的人们也有上代人们独特的误解。在漫长岁月中，这个误解也逐渐固定下来。如今也时常有人轻易说出"在地下感激涕零"或者是"倘若地下有知"这样的话。虽然有一些将人的尸骸埋入深深洞穴的例子，然而既然那并不是灵魂而是"nakigara"，则这种埋葬方式应该是新近出现的。一般来说，只有灵魂会自由地升上清净之地并在那里安顿，如果还有残留的执念，则会到处游荡，或者试图在生前心爱的人身边转世。"根"等同于地下这一点是否有确凿的证据，或者说这是否是个正确的推测，今后将成为一个重要的问题，然而至少日本人并未拥有那些有制作木乃伊习俗的国家的人们那种对物质永存的信仰。也就是说，进入流动着黄色泉水的土地底层是不可能实现的。因此，在过去，我们所说的"根之国"，是一个更加安静且此世的人们也可以自由来往的第二个世界，到这个程度姑且是可能的。中世传说中的"mimiraku 之岛"，也至少在这一点上与上述事实并不矛盾。

三　比较之学问的黎明

在很长一段时间内分居于南端各个岛屿，并且相互之间逐渐形成了异国人之感的冲绳诸岛的人们，在近世终于抓住了重逢的机会，在语言、信仰以及其他生活诸事上，相互意识到了彼此之间已被埋藏的上代就有的一致性，这一点对于我们来说也是未曾预料的巨大启示，同时，对于在南北太平洋的广阔水域上星星点点散布的岛上居住者来说，也是可遇不可求的希望之火。然而，如此重要的比较之学问才刚刚萌芽，就出现了如此可怕的变革，老者们一位接一位地与世长辞，所谓的遗迹也名存实亡，实在是令人扼腕叹息的世道沧桑。然而，只有冲绳还保留了一些近世的文献，因此尚能依此探寻到些许过去的痕迹。例如日本神代的"根之国"并不单纯指地底下的"根"，这一点从"根国""根之岛""根 dokoro"等相关的故事中可以窥见一斑。在那霸的叫作"波之上"的丘陵顶部，附近的定居者每年都在固定的日子朝着自己故乡的方向放置香炉，并各自面向自己的故乡举行遥拜之式，其中"neguni 之拜"这一祭祀活动直到最近还在举行。这里的"根"当然不是指的地下，例如日本的前代有"大和岛根"，也有"富士的高根"，此外在这座岛屿上将宗家①称为"motodokoro"或者是"nedokoro"，从中可以看出，这里的"根"可以解释为中心点或是出发点。虽然其存在逐渐变得模糊，但是这原本就是一种统一的力量。关于它的记忆随着各个岛屿的逐渐分离慢慢变淡，然而只有这古老的名称一直传承了下来。在咏唱岛屿上代的词曲中，经常被重复吟唱的神的故乡，也就是被称为"nirai"或者是"niruya"的表示海上灵地的地名，与"根之国"的"根（ne）"应该是同

---

① 指一个家族中的嫡系成员，或该家族的家长、本家。

一个词在不同阶段发生的变化。

《omoro草纸》保存的大量词曲中，同一个词被以各种不同的形式不断重复，如果进行详细分类的话会发现很多颇有意思的现象。总体来讲有"niraikanai"和"niruyakanaya"这两个用法，我也曾在《海宫神考》这一部分中讲到，可以认为在词尾附上了表示地点的"ya"的"niruya"是之后才产生的变化。至少南部的先岛地区有"niira"，在词尾部分并没有添加"ya"，在北邻的奄美诸岛则多被称为"niruya"，其他还有"neriya"等，甚至有写作"根屋"读作"niya"的例子出现，在很多昔话中，"龙宫"一词与"根屋"相互替换使用。虽然冲绳本岛的昔话已经散乱，但是一般情况下，或许是因为这个词被当作掌管祭祀仪式的家族的专用词，因此还留存着在每年八月的祭祀之时，"nirai大主"这一神灵是由岛上而来的这样一种"wazaogi"，而这一词已经从日常用语中消失了。与之相反的是，只有在宫古、八重山两个群岛上这一词还保存在日常用语中，因此，某种程度上能够探寻其来源。我们所说的三十六岛的"地积"①人口计算起来还不如内地的一个小县城多，然而岛与岛之间相距较远，居民的来源也因岛屿而不同，因此如果相互比较，则

---

① 进行土地面积登记时使用的面积单位。

能够得到很多信息。然而，由于迄今为止主岛在人们心中有很大的威望，在依据针对每个岛屿的观察而探寻被埋藏的原因这个方面所做出的努力还非常不够。我认为至少这个方面还有许多获得进展的余地。

四　形容词的产生

我所听说过的少数的几个例子中，也存在着若干暗示。其中，有关八重山的主岛，宫良当壮①君的少年时期的记忆相对来说比较精确，作为资料值得利用。例如，"nirakonchenma"是我们这里被称为"kera"的一种虫子，"kancha"则是小姑娘的名字，"anma"是其敬称。这种虫子一般生活在地下，在掘井时会突然出现使人受到惊吓。有一种以虫子的名字命名的游戏，即在海滩上一人将脸遮住趴在地上，从上方盖上沙子，向下界询问事情。也就是说，这个岛屿还未受到来自大和的影响就已经将"nira"解释为土地深处了。除了石垣岛之外，还有一些地方有"nirasu"这个词，它在这些地方也被解释为地底下，但其中还保留着一些原本的含义。据石垣气象站的

①　宫良当壮(1893—1964)，大正—昭和时代的国语学者。

有名学者岩崎卓尔①讲述，传说在冬天即将来临的季节，从东方吹来的寒冷的风就是来自"nirasukn"的风，至少在这里，"nirasu"指的是海的彼方。古日语"sokienokihami""sokiworitomoyo"中的"soki"和"sokie"等，与表示"最底下"的"soko"应该拥有共同的源头，但是它们原本只是简单意味着遥远的距离，并不一定指的是脚下的垂直距离。然而本居宣长先生认为常世的"tokoyo"指的是"底依"，然后被"根之国""底之国"中的"soko"所牵引，于是认为"根之国"指的就是地底下。从那个时候开始，很多人就表示对这个观点不能苟同，现在，平田笃胤则认为月亮的世界就是被称为"根之国"的彼岸世界，这两个相差如此悬殊的观点孰对孰错，至今仍没有定论。于是，草率的世间之人总是不经意地倾向于前者的说法，却又对此持怀疑态度，实在令人遗憾。

于是，我想要从思考国语的成长以及变化的人们那里，探寻比万叶时代稍早一些的时代，也就是我们的语言还没有因为借用邻国语言而受到较大影响时的国语的成长状况。为了不被委婉地以"非常遗憾，但是我们没有任何资料"为由拒绝，我将尝试在这里提出

---

① 岩崎卓尔（1869—1937），日本的气象观测家，除了观测并研究石垣岛的台风之外，还就冲绳县八重山地区的生物、民俗、历史等方面进行了诸多研究，并出版了相关著作。

几个小小的线索。八重山和宫古两个群岛的正中间，有一个叫作多良间的被珊瑚礁环绕的孤岛。在三十几年前，我遇到了当时已离开小岛几年，在东京的一所学校任教员的一位叫作佐和田朝学的人。我曾经问过他一个问题：在你的故乡，是否有"nira"这个词？如果有的话，是作为怎样的意思被使用的呢？如果我没有记错的话，他的回答正好与我期待的一致，如果用现在的分类方法来讲，这是一个形容词，而且词尾并没有添加表示作用的成分，与歌词"awaresa""kanashisa"非常接近，只是以间投词的形式将之断言为"nira"。其中一个用法，是指在掘井时，由于水平面非常深，只是在暗处有微弱的闪光，于是判断将水大量引出是非常困难的事，为了表达这样一种意思，出现了"nira"这个词。我们基本可以判断，以石垣岛等地的"nirasuku"为首，北方各岛的"niruya""neriya"等词尾的"ya"等依据上述的轨迹也能追溯其形成的过程。如果"根之国"的"根"仅仅指树木的下端，那么这个名称就不可能诞生。它最初也是表示非常遥远的意思，如今则是试图表示一种可以被称为"根"的国家的意味。我希望年轻睿智的学者带着自己的直觉，在此对这一问题再一次进行更加细致的考察。

五　地名起源中的不明确点

比上述问题更加成为当务之急的，是解决下面这个问题：如果"mimiraku"或者是"miraku"是彼世与此世的分界之岛，那么它们是通过怎样的途径，最终成为现在单纯的"根之国"的形态的呢？在我看来，是在上代的末期，比如策划向山城京迁都之时，与之相伴的一些政治改革的推进及反复的过程中，即使是在国家中心的语言上，也有与之相对应的巨大变化发生，而这不仅仅是单纯的变迁，当时还有一些更加有力的选择项，但单凭此并不能追溯其主流的发展过程，然而根据各个地方的语言现象，现在我们至少能够看出一些痕迹。

其中一个看法是，古代的重要词语中难以探寻其词源的那一部分，与分布于全国各个角落的古代地名之间，有某种被隐藏的形成过程的类似以及并行阶段。在日本，有很多难以理解的晦涩的古代地名，很久以前，神保小虎[①]博士就曾强烈主张过，这些地方若与北方阿伊奴族居住地的那种从单方面命名的动机相对照，其命名理

---

①　神保小虎(1867—1924)，明治—大正时代的地质矿物学者。

由就显得更加难以理解。然而迄今为止，一直流行着一种奇怪的做法，就是只要拥有一丝有关阿伊奴语的知识，就立刻想要以此来推断我国地名的由来。然而一般的地名是从父辈到子孙流传，年轻人则是从老年人那里自然听来并记忆下来使用的，所以阿伊奴人只将这些地名教授于他们就挥手而去，是无论如何都无法令人信服的故事。这也是由于这种每天都频繁使用的语言中有许多像古语一样晦涩难懂的部分，并且其存在若隐若现，因而人们并不知道相隔甚远的两个地方有用法一致的情况。肥前的值贺之岛的美美良久海角正是其中一个例子，而在《倭名抄》之前的诸国的郡、乡名中也有许多与其结构相似的词语。首先，在东国，有上野的"邑乐"、常陆的"茨城"；在西边，则有近江的古代都名"信乐"之地；在大和地方则有"葛城的山岭"等郡名。山城的"相乐郡"之后被称为"sagara-ka"，但是从汉字来看的话，前后两种称呼应该是同一发音。如果耐心寻找的话，还能够找出更多的例子，尤其是在文书中长久没有出现的且看起来历史悠久的地名中。在九州有很多词尾带有"raki"或者是"roki"的地名，这与至今仍然困扰训诂学者的重要的上代语言，例如"sumerogi""kamurogi""himorogi"等在形态上有相似之处也绝非偶然，对此，我们现在仍然可以期待日后更多的惊喜发现。

六　国语的成长期

由于我自身能力有限，莫说不能成功，失败也是常有的。年轻时代初次踏上北九州的土地之时，得知有一种被写作"严木"而读作"keuragi"的停车场。当时我想，这里的"keura"莫非不是表示一种清净且神圣的树木所在之处吗？与天草上岛同名的村落里，这个词被写作"教良木"，而被写作"京良木"的部落之名在东方也有几个，其他的，例如在甲州富士川沿岸古代驿站的名称中，有被称为"教良石"的地方，结合起来看，我认为这些都属于拥有伴随着信仰的传说的树木和石头的所在地，于是我仓促整理了思路，在《乡土研究》上发表了研究成果。这样的特殊情况虽说无伤大雅，然而仅凭这些，就无法解释近江的"紫香乐"和肥后的"百济木"。虽然"kiyora"和"umara"是一直到南岛都通用的古老的形容词的常用形态，然而从另外扩大了用途的"yasuraka""akiraka"等至今仍然没有衰落的词来看，我们可以推测，在"ka"行导入之后，曾有更加了不起的事物出现。研究日本这个国家的地方语言，仅将一些老掉牙的过时资料作为研究对象是行不通的，这一点有以下几个理由。第一，由于种族还较为年轻，他们来到岛上的时期还较早，在那之后，固有文化也不断地发展变化，而其发展阶段在每个地方都有所不同。其中，语言是与人的情感最为接近的部分，因此，语言与技艺一样不断地发达起来，并且与环境变化的步调保持一致。第二，在中古时期，建国且并存的各个民族之间的知识水平差异巨大，而且没有任何途径可以避免其中优秀者带来的决定性影响。如果是在陆地连接或者是沿海的邻国，虽然难以避免持续不断的侵略，不论是幸运还是不幸，总会得到来自海洋的洋流和风的恩惠，如果不稍稍做一些成形的计划就无法出入国境，因此作为政治中心的近畿地方首先成为了文化远征的目标，以此为根据地的人们的智慧和技术首先得到了发展，其影响只能以非常缓慢的速度向地方上延伸。其中，撰文均是委托给一些拥有能力的人们，公私的记录基本以汉文翻译为原则，即使是偶然想要仿照并传承一些已经存在的国语，其标记方法也主要依据汉字，其音韵的判别也出人意料得精准。如果在沿海的百越地带仔细寻找，那么是不是能找到一些与这样的国家状况相似的例子呢？如果只是进行比较，我们是不是应该首先从这方面着手呢？证明单词现在的形态并不是偶然的一致已经让人殚精竭虑。当然，语言在一千年间的发展变化非常显著，尚在很多情况下无法判断哪个形态才是其古老的最初形态，加上在语法的领域，我们也可以推断在漫长的过渡期里，存在着许多忌讳与忽略。这一点，与后来逐渐得以日本化的我国的假名文字初期被称为女性文字，以及女性成为日本文学的先行者这两点之间存在着明显的关系。她们的经历受到了极度的限制，其兴趣和感觉也比任何人都要敏锐。毋庸置疑，和歌、书信以及日记等反复推敲的文字并不能代表在那之前的日本人的语言。连歌师都称不上的人们以此为基础，编纂词典、讲述国语史，甚至思考出了各个种族之间的关联性，这些做法恐怕都为时过早，受到责难也在所难免吧。

然而愚钝如我，却还未有论述这个问题的任何经验。在这里我必须要主张的一点是，"M"和"N"这两个辅音之间的距离，在古代比现代要更为接近，有时候这两者甚至可以通用。这一点在有关"虹"的地方语言变化中已经被证明，在古代的《徒然草》中也有"minamusubi""ninamusubi"的说法。然而南岛现在的发音中，就像过去被称为"myakisen"的"今归仁（nakijin）"这一地名现在被称为"nachijin"一样，再比如"庭"字的"niwa"被称为"mya"等，有很多与本土情况相反的例子。就算我们判定"mimiraku"的尾音"k"这一辅音是离开岛屿之后才追加上去的，"nira"变成了"mira"也可以解释为词语本身的性质。与"mimiraku"重叠只是一个特殊的例子，然而现在的地名写作"三井乐"，古代的《续日本后纪》中的"旻乐"则读作"minraku"，加上其中所包含的代表彼世意味的传说非常古老，因此我们现在还无法断定该词的真正含义。即使如此，这个词可以作为一个例证，我们可以根据它来推测，它正是意味着故去之人前往并居住的远离此世的"隐里"，或者意味着"遥远"的古老的"根之国"，同时也是神灵和祖先现在居住的"本之国"这一传说，目前还并未完全消失踪迹的一个证据。稻子是来自那个"nira"之岛，在遥远的古代传播到此的神圣的作物，这一点与现今的考古学者们的共同认识相违背。然而，至少这一点曾被人们信仰，且在那个时代持续了很长时间，我想要对这一问题做一思考。

七　带着水稻的种子

有关水稻根源的传说，如今由于在各地和各个时代都在不停发生变化，因此甚至不能被称为传说。然而，南北各种传说的深层却潜藏着隐隐约约的一致性。首先，在日本北部诸县，虽然内容有所变化，但广泛流传着这样一个传说。很久很久以前，有一位被称作"大师"的人前往天竺国，偷了一棵水稻，并拜托一只狐狸将其藏在苇原之中。当时，也有说许诺狐狸将它供奉为神灵的，也有说是稻荷大明神自己将稻子取来的，人们一点一点尝试着使故事更加合理，但是几乎可以肯定的是，这里的天竺并不是指印度，而是单纯指"天上"，是农村用语。而且不论"daishi"是女性也好，传说她有三十几个孩子也好，至少并不是真言宗的始祖，而是至今依然在国家东部广泛被传承保存的霜月三夜，也就是旧历十一月二十三日开始的"稻祭"，即"大师讲"之名的起源。

另一方面，与之有半分相似的故事同样在遥远的日本西部各地流传着。就我所听到的来看，被藏起并带回的谷物并非稻子，而是稍晚些才在这个国家普及起来的大麦。确实也有人说那是水稻，且幸运的是，这样的说法不如说对我更加有利。这种说法讲道，弘法大师曾经在从唐朝留学归来的路上，想要将水稻带回本国，于是悄悄地拔掉了一棵并藏在衣服里试图离开，却被某家养的狗发现，狗于是朝着他不停地叫唤。养主虽于心不忍，然而最终还是将狗打死。于是，虽然如预想的那样拿到了种子，然而实在觉得死去的狗太过可怜，于是此后将狗供养了起来。这种说法非常接近近世风格的小说，然而我们依然可以推测，故事应该还有一个更早的形态。

总而言之，我们目前可以推断的是，故事中有某个动物参与这一说法是有着某种共同的来源的。然而，除非是新近开拓的土地，否则若不是很久以前就存在，则各个故事之间很难有共同点。在东京附近，像《上总国志》中记载的长粳山大通寺的缘起那样，仙鹤叼着稻穗不知从何处的岛屿飞来这样的故事，则出乎意料地在许多地方都有流传。而这时我才了解到的三四个例子中，甚至有描述"籾"的长度为一寸八分的，虽然人们曾经将其作为神灵供奉并崇拜，然而这类种子至少并没有留存至今。仔细考究的话可以发现，这正是在近世的种子交换尚未开始，甚至如今那种渴望配种的人都不存在的时代中，一门一族对水稻所抱有的自豪和信赖，偶然以这样的形式传承至今。

神道五部书①之一的《倭姬命世纪》中，记载着被巨大海鸟的鸣叫声所引导，从而在苇原之间发现灵稻的故事。故事发生的地点是现在的志州畿部的伊势神宫所在之地，也就是所谓的"常世之浪"奔涌而来的海滩。虽说这或许是掺杂了毫无根据的资料的记录，然而在遥远的南方各岛之间，这类故事之间仍有一脉之路相通。

虽然冲绳诸岛的文献大部分是庆长时代以后经过数年收集而成的，也就是所谓岛人记忆的残留，然而其目的与用意却并不统一，因此，反而能够到达前述的那一脉之路。如果把问题的焦点局限于水稻与"niruya"之间的关系上，那么至少在这个巨大的主岛上，居

---

① 神道五部书，是伊势神道（度会神道）的根本经典，《倭姬命世纪》是其中一部。

民并未将水稻的种子带入。根据《omoro》中最为有名的一章来看，人们认为"amamikyo"是他们的始祖之名，然而后代的子子孙孙也在相当一段时间内以同样的名字相称，并互助开展了许多一个人无法完成的事业。也就是说，与后代的"amanchu"一样，"amamikyo"同时也应该是更早时代的种族之名。漂流至岛屿东南部附属岛屿——久高岛岸边的、装在白色小瓮里的五个种子中，只有"shirachane"——也就是水稻的种子不在其中，因此，"amamikyo"向上天祈祷，派遣鹭前往"niraikanai"祈求水稻种子，于是三百天之后，鹭用嘴衔着三棵稻穗归来。将初次播撒种子的田地称为"三穗田"，以及闻得大君御殿的《御规式次第》①中记载的在知念、玉城的亲田、在"高mashi"的"nomashikama"田开始种植水稻等内容，都与《由来记》卷三记载的内容相同。这是因为久高岛原本就是缺水的沙地而无法在此播撒稻种。

八 "落穗神"的传说

鹭花费了三百天，却只带回了三棵稻穗，这不管是在《由来记》

---

① 全名《闻得大君御殿并御城御规式之御次第》，是记录了琉球的最高女神官——闻得大君的祭礼概要的文书。

中还是在此后出现的汉文《琉球国旧记》中都被省略了。阿摩美久亲自去往"仪来河内"并祈求稻种这一明确的记录并不是单纯的误解或有所遗漏，而是对被视为半神半人的始祖的阿摩美久不可能拜托一只鸳来完成这样的工作的推断。附录中还记载道，参与试种的玉城百名农民都被赐予了"米之子"的称号，而且称号永远流传下来。

这类的古老记载直到最近都只有复写本，且极少有人收藏，也几乎无人能够读懂，因此，即使海鸟飞越大海并带来稻种的传说并不是原本就有的，后来也被人们毫无顾忌地传播开来，直到今日，国头郡田港的海神祭神歌中，还有鸳鸯将甘种白种衔在口中，从湖畔一路撒向大地的内容，这在岛袋源七的《山原的土俗》①中也能看到。而在遥远北方的奄美大岛上，虽然人们认为衔着稻种的鸟是仙鹤，但在稻种是从"niraikanai"而来这一点上并无不同。伊波君注意到，上述内容在《南岛杂话》中出现过。如果继续查找的话，那么其他岛屿应该也有不少例子，然而仔细考究一下，会发现这并不仅牵涉稻种搬运者的身份问题。水稻这一谷物的源头在"niruya"，人们

---

① 《山原的土俗》，由日本民俗学家岛袋源七(1897—1953)编纂的山原(冲绳本岛北部国头地方的俗称)的民俗志，出版于1929年。

让这种谷物繁茂生长，进而能够给人们带来力量与幸福，这应该是它原本的功能。比如说南岛的"根之国"不仅仅是亡人归隐的地方，曾经有一个时代不论来自南方还是北方的人们对此都一致认为，"根之国"就是源源不断地给现世带来幸福和光明的主要源头。因此，对于这个问题，我们还须重新思考。

从目前残存的《omoro》来看，人们原本是将支撑并养育人们的"nirai"的力量称为"seji"。虽然还不能断言它与现代日语中的哪个词相对应，然而若以皇室为中心做一考证，就会感觉"稜威（miitsu）"这一古语与之十分接近。琉球在接近中世晚期的时候，终于三山合一，进一步向周围的离岛扩展权力。以这一时代为界限，祭祀女官主要以王室血脉为中心，甚至是分散居住在地方的巫女们，由于在享受所属领地的优待下接受中央的统治，因此她们的祭祀歌谣和舞蹈的歌曲，皆是"niruyasezi"不离口，高唱为"按司的按司"也就是君主效劳。然而，仅仅向前追溯一两百年，我们就会发现全岛均处于割据状态，即使一个一个的小盆地，也有各自的"tida"也就是"照耀者"，也就是将自己比作太阳的渺小的统治者之间时而相互对立，时而又相处和睦。我们仅从这一事实就可以推断，"niruya"最初并不是面向这样的状况来集中发挥"seji"的作用的。此外，我们甚至可以隐约观察到，被称为先岛的两个群岛的例子，不如说也是为了证明这一古今的变革而被留存下来的。

在宫古岛，流传着很多关于"ayago"的古老传说，数不清的惨绝人寰的激烈斗争跨越了漫长的岁月，尚被人们牢记在心。拥有非同寻常的能力与骨气的人们在一代人的时间内，甚至无法统一这么狭小的岛屿，于是不断衰退下去，子孙后代不得延绵。也就是说，每个家庭、每个个人之间的能力差距不大，且没有得以积蓄力量的余地，因此，立刻就能给继任者提供取代他们的机会。一方面他们屈从于较大邻岛的怀柔政策；另一方面，他们瞄准更加弱小岛屿的软肋，这种将同伴之争的焦点转移至岛外的各种策略，在过去的冲绳本岛也曾被尝试，此外在日本的战国时期也有相似的例子。历史的学问在我等"常民"中起到的作用，是充分了解那些不断累积的悲伤体验，并对这种危险的状态防患于未然。即使在有众多将"seji"的平均分配做得十分出色的贤明之人的时代，真正的公平也是一种奢侈。在整体资源都十分匮乏的社会，争夺与怨恨是那么地在所难免。只是，我们应该以不受桎梏的历史之心，潜心将这一"nirai"神的志向寻个究竟。

九 氏族与信仰的对立

拜读了最近问世的喜舍场先生的《八重山历史》一书，我自己也再次在心里描绘了这个岛上的"nirasuku"、远古时代的海上净土，以及我等生命之故乡过去的姿态。之所以"seji"一词在此处很少被使用，大概是因为它很久以前已被认定为属于国王，在岛上并无其他人能够受用。在岛上，有被称为"在番"的监督官，他们在一定的期间内从首里被派遣到各地，在监督官以下，还有众多超出必要数量的岛屿出身的大小官员，然而他们依赖出身与资历，满足于规定的俸禄和待遇，每天都过着慵懒闲散的生活。他们没有任何途径事先知晓岛屿以外的状况，因而不如说他们试图将这种不安消散在吟诗作赋、觥筹交错之中。在岛屿特有的生活传统中，与每年从大海彼岸的遥远乐土将祝福传送而来的古代神灵的约定实际上都悉数交于下层的劳苦人民去履行，执权者莫说指导，甚至丝毫不予分担。这一点，仅与日本近代社会有些许相似，与冲绳本岛的实际情况却大相径庭。

与之相对，虽然这里并没有发生可以让人有所意识的教法改革，并呈现出一种散乱的姿态，然而，固有信仰的古老形态，却不须强词夺理就能够窥见一斑。该岛与宫古岛一样，从未出现过一位强有力的统治者，因此，收集"seji"并献给国王这种新形式的祈祷仪式并未举行，每年从海的彼岸到访的神灵们的恩惠，仅仅是面向每个岛屿的一小部分群体，也就是种植水稻的人们。在古见的近世闻书中，有这样几句：

> 狰狞之神，身披草木枝叶，头冠以稻穗，现身之时即为丰年，反之即为凶年，此世之人，皆称之为"世持神"且崇拜之。
>
> 《八重山旧记账》雍正五年（1727），以《南岛闻书》为据

我认为这就是古代原有的姿态。"yo"这一日语假名，被处理为汉字的"世"之后，逐渐被解释为"很长一段时间"的意思，然而，它原本与表示竹子的节与节之间部分的"yo"是同一词，尤其是在水稻种植期的日本，得到了广泛、长久的流传。例如《续猿蓑》①的连句中的短句里，有以下几句：

---

① 《续猿蓑》，由江户时代的能役者、俳人服部沾圃（1663—1745）编著的俳谐集。刊于1698年。

骑马而来，盛装之人，可知"奥"①地有罕见丰收之季。

这里的"世"指的也是种植水稻，如今在年长的人中，这个词经常被使用。

只是，只在水稻的生长期将其称为"yo"的理由至今不明。根据南端八重山古见的例子，我们大概可以知道，那里有这样一种信仰：由于这种谷物格外重要，可以根据它的收成情况来揣测神的意志，并可以据此占卜此后一年间人们的幸福程度。自古以来在日本的农村，大米是非常重要的粮食，虽然不知当时是否有"主食"这一说法，但是"常食"却是不符合事实的。在除了大米之外并无其他粮食的地方，近世以来，除了填海造田之外别无他法。在这样的地方，都市得到发展，工商业变得繁荣，虽然也形成了所谓的谷米经济，但是，这只是一种交易方式上的新阶段，尚有一部分坚持古风的家庭时至今日仍坚持只在神灵之日、佛祖之日、节日、祭祀以及庆祝活动等一些特殊的日子才会烹煮白米饭。最近的增产技术的进

---

① 原文中的"奥"指的是骑马而来的人们的家乡。这句话是说从骑马而来的人们华丽的服装所体现的盛世中可以看出，当地出现了近年来少有的好收成。

步和自由对外贸易的开展，只是历尽艰辛将这种新的形式变为可能，然而现实中仍有许多家庭并不接受。

一〇 "世持神"与"世持役"

南方诸岛除了温暖潮湿之外，其自然条件难以称得上完美。像砂地、石地这种原本就不适合种植水稻的地域非常广阔，再加上即使偶然开垦了水田，除了一些极个别的情况外，一般也都难以有效应付暴风雨和海浪等来自外部的灾害。当然，这或许是永远信赖古老的祖先神的祝福的一个理由，然而，我们也可以觉察到这同时也是游历过各地海边并进行比较之后的一种选择。草率地说，我可以推断向这些地方进行的迁移比移居日本的历史更加久远，而且那些早期信仰中的一部分，由于偶然的机会没有流失而被传承了下来。

虽说我们不能将冲绳以北岛屿的传说——水稻的种子是从"ni-raikanai"本国被带入的——作为事实而不加筛选地接受，但是至少在大和岛根等地，沿着南北两面的海边，久米这一氏族一批接一批地移居至此，这一古老的痕迹被留存下来，而在奄美大岛和冲绳主岛的西南侧，也都各自有古见、久米等古地名，此外在南端的八重山群岛的正中间，也有古见、球美等大规模的水稻种植根据地。在

《续日本纪》的灵龟元年章节中，有这样一个记载是自古以来双方都知晓的。信觉、球美等国的人们在来自南岛的日本使臣的率领下，来到朝廷进贡各种贡品，并被赐予爵位。信觉正是现在的石垣岛，而球美也一定是石垣岛西边的古见，岛民们对此深信不疑。然而，无论怎么看，这与前面所举的《八重山旧记账》中的记载之间，有整整一千年的时间差，而连接这两个时间点的文献却毫无踪影。或许是在这期间，又有几个古见曾诞生而后又灭亡，于是，为了我们这些想要跨越这一时间一探究竟的人们，需要竭尽所能地收集现有资料，并首先将焦点集中于"世持神"信仰而进行考察。

紧接着前述的《八重山旧记账》中的记载，下面又讲述了此后有所变动的历史，然而这两者中间却有相当长的时间间隔。

此神未曾出现故连年歉收，祈求丰年之人遂供奉形似之物。自古见三村遣小舟，竞相驶出，以备祭祀之仪所用。遂众生得丰收，愈感其祥瑞且勤于祭祀。今村中之人皆称其"世持役"，乃此祭祀故是也。此为"世持役"之由来是也。

这末尾的一段中有几点不明之处，而且由"世持神"到"世持役"的连接也并不清晰，但是这对于刚刚经历了各岛信仰变迁的人们来说，并非到了不能解释的地步。也就是说，"世持神"的传说曾被大多数人信仰，而之后我们逐渐明白，"世持神"其实是村民中最为虔诚的人所扮演的"wazaogi"。距今二十多年前的杂志《岛》中，记录了以下情形：在庆良间的某个岛屿的祭祀之夜，有一位红衣神弯腰穿过身着白衣的巫女队伍并多次来回，后来爆出这位红衣神实际上是某位村民的妻子，而仅在这一夜，祭祀活动被取消而未能举行。在国头郡海岸的一个村庄，某位青年不知不觉间接近了一位由船上岸的白衣神并捉住她仔细一看，发现是自己的母亲，结果被厉声训斥。这些故事邻近村庄的人都有所耳闻。自古以来就有规定，参加祭祀的女性即使对自己的丈夫和儿子也不可以透露仪式的秘密。此外，在这期间，在庄重肃穆的"斋忌"中扮演神灵的女性也笃信自己就是神灵本身。"君真物"出现在《omoro》中也是如此。我认为由于古见的"世持神"是男性的角色，因此秘密可能更容易被泄露。如果这个想象符合事实，则演剧的历史应该可以追溯到更遥远的古代。

一　古见之岛的兴衰

虽然话题所涉及的时间有些错位，但是古见过去曾是南岛文化的一个中心，然而进入近世以来，却经历了其他地方未曾经历的激烈的兴衰史，这一点不得不让世人广泛知晓。幸运的是，有些或有形或无形的史料还未被完全埋没。只是我们对于统一时代的关注出乎寻常得匮乏。首先是"西表"这一现代的岛名，原本被称为古见的西表，也就是古见岛西部的小码头的意思。这里开发得非常早，也许是由于倭寇时代的船只往来而得以被发现。然而此地原有家庭有着几乎始于同一时间的传说，之后此传说被记录下来并付诸实施。其中最主要的是土木工程方面的功绩，特别是与那国这一邻近孤岛的联系。然而，对于对岸大陆之间的交通往来完全不涉及，这里面或许有某种隐藏的动机。总之，进入明治新时代开始，这里被当作汽船航运的据点而利用也是必然的，此外，人们在这个溪谷中也发现了极少量对南岛人来说非常珍贵的煤炭资源，因此，这里成为了重要的中转港，随之而来的是劳动力的供给问题。岛民们不愿来这里工作，于是只得把服刑的罪犯和流浪者以及贫困之人带到这里，对他们施与极其残酷的虐待，这些做法在当时成为了街谈巷议的话题。而当时年轻的我，正因为所谓的"西表煤窑"的惨状被写进了新闻报道才得以知晓这个岛屿的存在。

如果人们哪怕只是稍稍了解古见一地令人震惊的兴衰史，就不会对如此荒谬且错误的改称置之不理了。构成岛屿大体形状的位于中央的山峰至今仍然叫作"古见岳"，然后面向东南流入大海的大河则叫"古见川"，下游末端的两侧有小面积的冲积平原蔓延开来，那就是古代古见首府的遗迹。在《宽文印知集》的最终部分附加的《琉球乡帐》应该是岛津氏出征之后立即实行的检地①记录，然而其中却把村庄的名字写作"三离村"。这无疑依据的是位于该地自古以来的圣地"三离御岳"上的、用方言念作"micharion"的神社的名字。至少在乡帐上"三离村"是一个村庄的名字，因此似乎并不一定意味着有三个部落。

在日本，作为数个村庄联合体的"乡"这一区域，从那个时候开始在南方就已经被称为"间切（magiri）"了。将现在的西表岛分为两个部分，西半部分成为"入表间切"，也就是"古见间切"，除了五个村庄以外，还有一个叫作小滨的岛属于这个部分。入表间切旱田产量有五石八斗，水田则有一千二百六十七石，而古见的间切旱田产量有九十七石多，水田产量有一千八百七十石以上，这里的旱田指的是"常田"，所谓的"刀耕火种""轮作田"②应该不在此列，然而官方公布的大米产量如此之高，可以看出这里是稻神之恩惠异常丰厚的土地。

---

① 中世到近世，对田地面积进行的测量和调查工作。

② 刀耕火种，也有译为"火田"的，一般指在山里直接烧荒后播种，常常第一年、第二年、第三年播种不同的作物，之后弃荒不种，等土力恢复之后再重复这个过程（轮作田）。而常田则是与刀耕火种和轮作田相对应的较为固定的田地。

如今地形虽与过去相比并无二致，却在三百年间人口骤减，宝历三年（1753）的《番所日记》①中还记载尚有七百六十七人，而最近却有报告称仅有十户人家尚存。或许此后会招揽新的移居者，使得人口重新回升到百人，但是他们显然不是保存旧有传统的人了。

自古人们认为，人口骤减的主要原因是疟疾的流行。然而令人悲伤的是，在将其视为主要原因的人们自身，有营养摄入不足和精神气力的减退等弱点，还有在希望和信仰上遭受的目不可见的急速挫败。明治以来的新政府对疟疾给予了重视并采取了各种对策，然而在尚未收效之时，就已进入激烈的战争时代。人们隐居山林，且大多死于这种疾病。虽然到处流传着美军从飞机上大量投撒 DDT 以缓解疫情的说法，然而他们究竟是否能够到达"三离御岳"深不可测的树海中呢？我将怀着沉重的心情，关注这一新的试验的结果。

一二　与宫古岛的关系

笹森仪助先生的《南岛探险》②一书，是先生本人在明治二十六

---

①　江户时代记录各个番所日常工作和事件的报告。

②　由日本的探险家、政治家、实业家笹森仪助（1845—1915）撰写，成书于1893 年。

年(1893)前后游历冲绳县诸岛归来后就立即出版的游记。由于未可知的理由，在十几年后，此游记曾在东京的二手书店里大量出现。我自己也曾经购买，在精读之后，首次意识到南部问题的奇妙和隐含的巨大意义。在那之后，我也曾经遇到过几十位此书的拜读者，但大家却未能尽兴地谈论各自对该书的印象。我印象尤为深刻的一篇日记描述的是，作者并没有听从人们的劝阻，而试着穿越了古见岛北岸高地的村庄中由于疟疾的肆虐而近乎消失的那个地带。其中一个部落虽然已人去楼空，房屋却还完好无损。在其他村落，或有独居的老人，向作者无精打采地倾诉自己贫穷的窘境。相同的情况在石垣岛主岛北部也有出现，甚至现在还在发生，如今这些地方又变回荒野一片。古见的一些旧城在这个时候已经到了衰退的低谷，且并没有人试图探寻其原因。然而并未打算去思考为何这里曾经一度繁荣并欢迎新的移居者到来，而后人口又为何不断减少，对于这个不通历史的旅人来说也无可厚非吧。

其中一个可能的原因是氏族之间的竞争以及伴随而来的信仰之间的些许差异。发生在石垣岛的赤蜂本瓦（akabuzahongawara）①之乱

---

① 赤蜂本瓦是以冲绳县八重山石垣岛大浜村（现在的石垣市大浜）为根据地的 15 世纪末的豪族。

是明应九年（1500）的事，赤蜂本瓦最近甚至还创作了一些戏曲。他当时的政敌长田大主（natafudi）①逃到了古见并保全了性命，且向当时的中山国祈求援助。这件事情在《由来记》中也出现过，然而相隔如此遥远的两件事之间是否有联系还难以定论。就目前所观察到的来说，邻岛宫古岛有力的首领仲宗根氏已经开始插手八重山，长田氏也参与了这个计划，因此，他利用仲宗根的力量更为方便，而且这个时代的古见依然是文化的中心地，宫古岛的仲宗根丰见亲等想必也时常来往于此地。在被称为"ayago"的古老的宫古物语歌中，有"古见之主"和"四岛之主"两个曲目，如今仍然被女性背诵吟唱。现在的岛民对歌词进行了解说，认为宫古岛上存在一个叫作古见的地方，四岛仅仅是指四个部落。身处外部的我们对这种说法却难以苟同。很难确定宫古岛上是否存在古见这一地方，八重山的古见上的小滨、竹富、新城、黑岛四个岛屿，仿佛是为了保护过去首府的东南面而排列起来，甚至现在还分别分担并传承一部分三离御岳的祭祀活动，而且岛民们渡过波涛汹涌的大海后，直到今日还每年在主岛的土地上进行水稻种植。虽然还难以断定，但是这一点恐怕就必

---

① 长田大主（1456—1517），是 16 世纪初任八重山头职的石垣岛的豪族。

须说是宫古岛人的某种忘却了。在明应之乱①平定以后，仲宗根氏或许作为暂时的征服者的代表，曾有一段时间在八重山的古见停留，或者在某个期间内拥有并保持了那一充满名誉的称号。两首曲子的内容都极其平和舒缓，其中一首歌颂的是首领奥方的优雅情怀。这一点我也想进行更加详细的考察，然而资料不全，且年代过于久远，只得改变最初的计划而概述大体的轮廓。且将空白留作以后探讨吧。

总　结

在考证"三井乐"这一地名时我曾经论述过，最初南岛的"niruya""kanaya"与《神代卷》中的"根之国"从根本上说是同一个词、同一种信仰，同时我认为，此地应该有这样一种自古以来的信仰：由于它是海上的故乡，因此它不仅是供奋斗在现世的人们休憩的场所，同时也是希望送来种种祝福与鼓励的精灵来往居住的地方。古代的人们深信这一点，为了使恩惠永久持续，每年他们都会闭关净身，不断重复进行水稻栽培，用收获的成果来丈量人生的幸

---

① 明应之乱，即明应政变，指的是室町时代明应二年（1493）发生的足利将军的废立事件，近代日本史学界认为这标志着日本战国时期的开始。

福程度，我曾试图对这一古来的习俗进行思考。至此虽说已经花费了大量的时间和笔墨，却还未对这三个假说作充分的说明，而没能续写最初计划的第四点，也就是本书中《弥勒之船》的结论部分，则应怪罪于我思虑不周。若有充足时间，我将重新制订计划，他日必将追加发表若干新的研究成果。

我自己长久以来内心所抱有的想法，也可以称得上是一种"弥勒出世"了。这位令人尊敬的导师乘船远渡东日本的鹿岛之海并登陆，这一传说虽说在中古时代有数百年的历史，但恐怕这是被词语和语音的相似所误导而形成的一种无意识的融合。通过将这一传说与八重山古见信仰的仪式从古到今的变迁进行比较，便可不费吹灰之力来证明这一点。现在，通过弥勒舞的名称也能够知晓这一点，然而却看不到弥勒舞与常陆鹿岛的同名舞蹈之间进行交流的痕迹，至今双方对彼此也一无所知。古见三离御岳的"世持神"或者是扮演"世持役"的神灵在小滨被称为"nirou"神，而在明和的大海啸之后，被命令从新城岛移居的目的地——石垣岛南岸的宫良村里，人们将代表神灵访问各家的假扮神灵的年轻人称为"赤 mata"或者"黑mata"，也称之为"niirupito"，文字写作"二色人"，至少这两者被认为是来自"nira"岛的神灵，所以自然不会有人认为这与处于不同时代的弥勒舞是同一名称。此外，竹富岛如今已经不再举行神事，然而面朝古见一侧的海岸却被看作区别于俗世的神域而被称为"niran"，并且将这个称呼用于最初的指导者——根原神人家族，其名称为"nerekanto"。"nira"不仅仅指遥远的境地，同时也是每年到访的诸神的岛屿，至少我们可以承认，这应是属于古见系统的一种信仰。

在上述信仰与现在每年举行的弥勒舞之间，岛民的感觉有着明显的界限。后者已经成为盂兰盆舞的一个余兴活动，很多人将其看作令人愉悦的表演，每个岛屿上举行仪式的日期也不同，对其重视程度也各有差别，然而，人们一般不认为这是古代稻神信仰进化的结果。这是因为进入近世以后，这些技艺的传入轨迹时至今日都十分清晰，如果能够对其再进行更详细一些的说明，则定会引起南北双方的兴趣，然而现在我们并无充分的时间进行尝试。只是，这一装扮成布袋和尚带领孩童们排成一队行进的"basugama"或是叫作"弥勒"的舞蹈之神与如今依然被严肃对待的自古以来的三离御岳系的"世持神"仪式之间，另有各个岛屿在祭祀之日的船歌中所唱到的"弥勒之世 domuchiwaru，一新之世 domuchiwaru"等类似的歌词，其范围延伸至冲绳的北端，且与布袋和尚的装扮无关，常与"改世""神世"等词形成对句而被吟唱。这对于我来说是一个尤为重要的线索。假如现在认为两者之间有前后关联，而两者被采用的动机却有很大的时间差，因此，每个岛屿的居民对其所抱有的感觉之间有很大差别也有其背后的原因。从当地人口的数量来看，冲绳只是一个小规模的县，然而横亘于中间的海洋催生了许多文化上的对立，这一点意味深长，同时也是为何我等认为这一问题的理解对整个世界来说也非常必要的原因所在。

朝鲜和中国都曾有过弥勒现身的传闻使中世社会产生动荡的实例，我也曾听说一二。如果我向佛门的博学之人请教，他们定会极其诚恳地教于我这事实产生的理由。然而，我们是一群在进行这一概括性的论题之前，有责任对自己内部的历史重新考察的、来自群岛国家的学徒。"弥勒世"这一名称在足利时代后期曾在全国非常有力地普及开来，甚至成为了关东某个非官方年号的来源。现在，我也曾在六七处地方经历过这个词在现代社会的流行。这个词在南端各岛都意味着无须经历收割水稻之辛劳的富裕的世间，然而这种说法究竟是否从其中某一方传到了另一方，还难以有所定论。尤其是后者，人们都知道它是太古以来众神的故国之名。于是日本过去也和现在一样，国家中心部分的学问知识只有在与乡下毫无交流的情况下实现着令人震惊的突飞猛进。那时，利根川的水量还不及现在的三分之一，川口的砂山也还未隆起，海浪一直能够延伸到鹿岛、香取两大神社前，在这样的时代，人们相信一种奇迹，与印度的佛祖拥有相似名称的海神乘着船且船上满载福德，像宫古岛的"世积绫船"一样，时而会悄然出现在他们面前。我们甚至可以说，这一信仰一直被传承到那个最为寥落贫穷的时代。从《常陆风土记》来看，那时还有当地人认为这里就是"常世国"。在太平洋的沿岸，有数片土地都流传着这样的传说。在伊势也有这样的名字，在熊野的海角也有一个去往"常世"的渡口。我认为，这可能是补陀落渡海的新的佛教信仰在那里成长起来的因缘所在吧。海的文化体验在日本还尚未有像样的研究是我们所抱有的偏见导致的结果。在我们看来，向文献的中央最高峰单方面地无限靠近和所谓的文字记载就是学问的全部。我认为，如果能在此后以更加易于理解的说明和证据向年轻的同人们叙述我的想法，那我该有多么欣慰。

鼠之净土

一

关于岛屿上有大量老鼠栖息而导致人类无法居住的故事比我们想象得还要多。我想要首先收集日本周边的例子，继而探寻其他较远岛屿的情况。

最有名的是肥后的鼠岛，这个岛屿曾在一百五十年前的旅行日记——橘南谿的《西游记》①续篇中出现。其中说道："于肥后与天草岛间海上有一小岛。此岛不知因何故自古便有大量鼠类栖息，岛屿面积狭小，是故人类无法生存，乃成鼠类天下。通过此海域船只

————————

① 此处的《西游记》是江户时代后期的医生橘南谿（1753—1805）撰写的游记。

之掌舵人，严禁船员弹奏三味线①。若于附近犯此禁忌，则必招致海上风暴，危险至极。此乃三味线为猫皮制成，为鼠类大忌故。"人们非但不靠近这座岛屿，甚至连海上航行的船只都受到了威胁，这听起来是格外令人恐惧的来自鼠类的愤怒，又或者是在口口相传的过程中加入了一些夸张的成分。同一时代的乡土志《肥后国志》中，称其为"鼠藏岛"而非鼠岛，貌似这才是正确的说法。其中有"俚语称为隐乡之地，鼠多，据说近年往可贺岛迁移。此岛禁猫鸣"的说法，这句话中的岛应该包括前后两个岛屿。这两个岛屿原本位于熊本县的八代冲②。这附近的海域因水浅而逐渐被填埋，故而鼠藏岛很久以前就与陆地相接。可贺岛位于稍远的地方，因而鼠类虽曾一时迁移至此，而现在那里似乎已经成为新田场的外围，也不再是只有鼠类生存的"隐里"③了。

与之相似的鼠岛，濑户内海中也有几个。我所听说的其中一个是位于山口县东部、大岛群岛南部的片山岛，这里与邻岛相距不到

① 日本的拨弦乐器。
② "冲"在日语中指距离陆地较远的海域，远海。
③ 日本民间传说中的一种"仙乡"（即世外桃源），位于群山深处或洞口。也被称为"隐世"。

一里①，大部分是平地，曾有人数次前往此地试图开垦土地，因为鼠类众多，虽然这些人搭建小屋以暂时栖身，但一到夜深，老鼠便潜入房间啃咬人的鼻子，闹出许多乱子，因此并没有人成功在此定居。然而这是距今三十五年前的故事了，目前那里已经开垦了良田，也有耕种人居住此地，从中可以看出这里有关鼠类的历史确实经历了一次变化。

或许是因为很早就有人类在此地活跃，这里发生过许多值得注意的事件。有关伊予的黑岛发生异常变化，我将在此后与其他类似的事件一同概括，而周防的大岛沿岸，经常会有鼠类肆虐、妨害农作物生长的事件发生。距离片山岛东部较远的小岛——端岛也曾经一度被开垦，有二十三户人家居住在石高五十五石的检地上，即便如此，也由于鼠类太多而农作物不能生长，因此不得不将村庄撤回，这些都在岩国藩的《旧记》中有所记载。这是发生在享保十五年（1730）的事件，如今居住在此地的人家已恢复到四十多户。

距端岛以东三里、广岛县仓桥岛以南一里半，有一个叫作羽山岛的地方，或许由于至今仍有大量鼠类生存而尚未开垦，但这一说

---

① 这里的"里"是距离单位，与在中国相当于 500 米不同，在日本，1 里约等于 3.9 千米。

法并不确切。宝历年间（1751）的《仓桥风土记》中写道："本浦之人到此开垦农田，然因鼠害太甚，故弃之而去。"在仅有的几个岛屿中，人们齐心协力也无法彻底消灭鼠类，无疑是因为鼠类不分时节地渡海而来，从未停歇。

二

鼠类中也有被称为水鼠或者"kawanezumi"的种类，脚上长有蹼，会游泳，以捕食小鱼为生。《本草启蒙》以及其他文献中对此有所涉及，然而我却一无所知。不仅如此，由于目前我们讨论的对象是能够登上陆地大量繁殖、横行霸道的老鼠，也就是说，按照目前的情况来看，即使是普通的野鼠家鼠，其中也有能够渡海登岛的种类。最近我又听说了一件闻所未闻的事，船只进入港口停泊之时，若不做十分森严的戒备，陆地的鼠类就会游到船上，在船内繁殖并给人带来灾害，使人们相当困扰。还有人说，有些来自远方的老鼠也会搭上便船潜入人类的生活场所。在冲绳，有很多"麝香鼠"，它们会散发出特殊的臭味，大多数"麝香鼠"的鸣叫声也与这里的老鼠不同。然而人们认为它们只在鹿儿岛繁殖并在某日被船只运到此地，此外与之有交通往来的长崎市町也有少量此种鼠栖息。于是，之所以这种老鼠只在上述两个地方引起人们注意，是因为只有它们不能适应陆地上的移动。总之我们可以说，在船只与陆地之间的短短水域上，没有蹼的老鼠确实能够渡水而来。

此外，根据从西伯利亚归来的人们讲述，北满的巨大河道上有这样一种职业，从事这种职业的人为了获取老鼠的毛皮而捕获大量老鼠。一只只老鼠翘起尾巴，用尽全力竖起毛发，成群结队地试图从水中游走。人们用箸笠或者其他工具用力拍打水面，受到惊吓的老鼠们则会蜷缩起来立刻沉入水下。如此一来，就能够从一端轻松捞起许多老鼠。这应该说是一种珍贵的经验常识，然而捕获的老鼠究竟属于哪一类，却毫无头绪。或许我们暂时还没有机会去体验海洋中同样存在的这种类似的生态环境，这一点今后也需要特别注意。

如果只是港内的船只或者河流对岸的话自不必说，如果相隔一里或者是从一个岛屿到另一个岛屿的话，那么一旦瞄准将要前往的目的地，鼠类狠下心来跳入水中也并非无稽之谈。然而即使是位于茫茫大海中的孤岛，有时鼠类也会渡海前往并在那里栖息，这不得不说是一种奇迹。最令我感到震惊的是，距离本岛以西百里、从八重山群岛往西北方向六十多里海上的无人岛上，竟然也有鼠类生活。笹森仪助先生明治二十六年（1893）的著作《南岛探险》中，记录了他与从南岛归来的叫作花本某的年轻人在那霸的谈话。年轻人讲道，他受人欺骗前去采集海鸟的羽毛，为了保证食物充足而种植了薯类却立即被老鼠啃光，曾一度感到绝望无比。那座岛屿的远景图只在航海日记中出现过。每个岛屿都被峭壁包围，船只难以靠近，也几乎没有船只因事前往，因此很难想象鼠类是搭乘便船登岛的。或许是怀胎的母鼠偶然登上了流木而漂流至此。然而即使放弃这种极端的思考方式，天地广阔，人类未知之事仍有许多。今后，或许各位能够发现那些更加符合自然规律且有机会多次反复发生的事情。又或者在世界的某个角落，有人了解全部的真相，就像那北满河之上的捕鼠人一样。

三

总之，鼠类渡海之时不会选择单枪匹马的冒险形式。前述的濑户内海西部伊予黑岛之鼠的故事，记载于《古今著闻录》①第二十卷中，虽是一个古老的事件却并非凭空杜撰。当地人也非常清楚事件

---

① 《古今著闻录》，是由伊贺守橘成季编纂的世俗"说话"集，共20卷，根据序文的记载，成书于1254年。

发生的地点。安贞年间（1228—1229），一位叫作"桂狭间之大工"的渔民，在撒网之前观察水面时，发现黑岛海边礁石的水面上闪着奇异的光，他以为鱼咬食上钩于是随即收网，结果一看，竟然是满满一网的老鼠。老鼠被拉上岸后大都慌忙逃窜，从此，岛上老鼠遍布，田里的庄稼被尽数啃光，耕作也无法进行。也就是说，这个渔民虽是因过失而犯下错误，但从结果上来说，确实给予了那些冒着生命危险渡海而来的鼠群莫大的庇护。

对于京都的读书人来说，这确实是奇事逸闻。就算传到中央的故事只到这个程度，也不能断言就没有其他类似的情况出现。由于事情发生在深夜，因而没有任何人发现，此外也有一些并未被错当成鱼类，却也渡海成功的鼠群。

进入近世以后，这样的记载时有出现。延宝七年（1679）四月，在本州北端的津轻领的某个港口，渔民登上礁石的顶部远眺海面，仿佛看到了一大群沙丁鱼向他游来，于是开船撒网，捞上来一看，有无数只下腹雪白，头部和背部通红的老鼠落入网中。这件事发生在白天，因而显得这个渔民有些冒失，但或许因为渔网太大而难以保证所有老鼠都能回到海中。当老鼠们被带到海岸边，路过的人们立刻开始灭鼠行动，然而幸存的老鼠纷纷登上陆地，向南部的秋田领逃窜，它们破坏秧田，啃食竹根，将小型植物连根拔起。它们进入农户的家中，一夜之间，五谷尽毁。然而我们需要注意的事实是，或许是因为长有毒草，那些潜入山中的老鼠有三五百只集体死在同一个地方。

记录着这一事件的大田蜀山的《一话一言》①中，附有这样的内容。在下总的"shinkai"这个地方，最近有被称为"渡岛鼠"的老鼠落入渔民网中，并将渔网损毁。这里所谓的"最近"应该是指文化、文政交替之时，也就是说这一事件发生在津轻事件之后的一百三四十年。之所以叫作"渡岛鼠"，或许只是因为它们是从海上登陆的，总之这里涉及的是老鼠们的"自信"和渡海的必要条件，如果不能游泳的话则不可能从岛上而来，如果能够渡海而来，则也不会选择从陆地迁回。

北海道的奥尻岛上也有关于鼠类的故事。说是在天明宽政时期，老鼠落入渔民网中被捞起，但详细情况我也尚未了解清楚。然而，奥尻岛以前就因为有大量鼠类栖息而广为人知，人们经常能在此捕捞到鲍鱼和海鼠。据说老鼠以鲍鱼为食不断繁殖后代，而后又到了某个年代反被鲍鱼捕食而数量减少，甚至有人说它们

---

① 《一话一言》，是江户时代后期的文人、狂歌师大田蜀山（大田南亩，1749—1823）编著的随笔，共50卷，1779年起稿，1820年成书。

还会潜入海中变成海鼠。然而大家是否相信这些说法还要打个问号。总之，由于某种来自外部的原因，这个岛屿上的鼠类数量曾经发生过规模巨大的增减。不只局限于岛屿之上，甚至在内陆广阔的土地上，如果划分区域来看的话，事实就会非常明显。在岛屿上，这种现象之所以尤为引人注意有各种各样的原因。虽然我也很期待列举其中一些，但是若是如此故事则会变得繁复冗长。我想尽量巧妙地将此话题继续下去，唯愿诸位自己也能够意识到这个问题。

四

在日本，地竹被认为每六十年开一次花、结一次果。竹子的果实有"自然壳"或者"jinego"的叫法，人们偶尔也会采来食用，而大部分则任其在山中自生自灭。鼠类一年当中要生产五到六次，新生的老鼠在几个月以后也会成为父母，因此在竹子结果的年份里老鼠会迅速繁殖。竹子与水稻和麦子不同，一旦被老鼠啃食，就会颗粒无收，继而无法存活下去。《昔话与文学》①一书中，记

---

① 《昔话与文学》，柳田国男著，由角川文库出版于1956年。

载着一则叫作"chudonburi"的昔话，故事以这样的开头讲述道，萨摩国的老鼠与长崎港的老鼠之间并不了解彼此国家的情况，它们认为对方的国家应该能够有食物果腹，于是登上大船出海。它们正好在肥后与天草岛之间的老鼠"隐里"的远海处相遇，于是停船互相打听对方的情况，得知对方国家食物十分匮乏，于是一边哭泣，一边纷纷跳入海中。虽说这听起来十分滑稽，但是这一奇特的想象恐怕也并非空穴来风。老鼠果然还是迫于食物匮乏，不得不出海远行。正因为这里的人们了解这个事实，才会有上述故事诞生吧。

虽说很早以前岛屿上就有鼠类栖息，然而如果不是在某一年其数量增加一百倍甚至两百倍，到了第二年又突然减少的话，那么整体来看，它们的生存状况将会非常严峻，尤其是在那些需要花费漫长时间来等待竹子结果的岛屿上的老鼠。虽然没有十分精确的记录，但是在北海道的奥尻岛，老鼠的数量忽增忽减的原因之一应该就与这个天然的事实有关。除此之外，另有一个与之相似的故事广为流传。

有关石见高岛之鼠的故事，在本居宣长先生的《玉胜间》①的第

---

① 《玉胜间》，是本居宣长撰写的随笔集，共14卷。

七卷出现过。此岛上鼠类数量繁多，伤害人类的事情也时有发生。某年，从滨田派人前往此地灭鼠的行动以失败告终。《玉胜间》这本书出版于宽政十一年（1799），恰好与在北部岛屿老鼠落入渔民网中这一事件发生在同一时间。在比例尺二十万分之一的地图上能够找到这个岛屿，但有关它的记载在任何其他文献中都未曾出现。或许它现在已经变成了一个无人岛。这令我甚至想要就此询问县郡的官员。《玉胜间》中的记载似乎主要是石见人的书信以及谈话记录。该岛周长大约五里，岸边皆是悬崖，距离滨田虽只有五里却也算远。原本有七户居民，如今增加到十户，一户家中有数对夫妇同住。虽有水田，但不产大米，也无牛马。供奉的物品是鲕鱼，可以看出这是个由渔民构成的小村落。方圆五里似乎都没有田地，但总归有少量的耕地，除此之外的地方也并非地竹繁茂的原野。然而，仅在三十年以后的文政天宝年间，同一方向的海面上又发生了一件事。我是从赞岐国的学者猪熊方主先生的书信中得知这一事件的。他说当时整个大阪市都在风传这一事件，因此《浮世风景》①这样的书籍中，或许也有关于它的记录。事情发生在距离高岛不远的海面上，某夜，

---

① 《浮世风景》，记录了 1806 年到 1846 年的江户见闻，由住在大坂斋藤町的无名医师编著。

渔夫们乘舟出海，发现远海上有非常刺眼的闪光，大家认为那必定是"hamachi"也就是鰤鱼的鱼群，于是撒网捕捞，结果落网的竟然全是老鼠。老鼠顷刻间四散逃窜并消失在山野中。据说数量有七万多只，当然这并不是精确的数字。其体形大小甚至与鼬相当，有人声称它们的脚趾之间还长有蹼，这些人观察得如此细致，或许是因为住在海边曾经捕杀过这些老鼠吧。之后，出现了一种酷似貂的怪兽，逐渐将老鼠尽数消灭，这看似并非真实发生的事件，此后不到二十年，就发生了有名的石见大鼠灾。这个时候的记录中，只有幕府直辖地内的那一部分经由某个代官的报告，在江户坊间的好事者中广为流传，且曾出现在几个随笔类的著作中。时值安政卯年（1855），老鼠繁殖的迹象已经在前一年开始出现，而农作物的毁坏一直持续到第二年。人们用尽了各种办法灭鼠，其中最为有效的方法是将老鼠买取，因而其数量也比较明确。二十五万几千这个数字似乎并非夸张，也就是说，可以想见这全部都是前一年落入渔网的七万只海鼠的后代。所谓的竹子果实成熟周期与老鼠数量的关系，应该正如迄今为止的学者所相信并主张的那样。此外，每个地区之间存在的差异，究竟在何种程度上主宰了鼠类的迁移呢？这几个问题都将留作我们思考。

五

奈良时代的古籍中也曾提到，鼠害仅靠人力是无法抑制的。岛屿的面积越小，这样的灾害就越让人难以忍受。这样的状况在昭和十二三年，我们曾在鹿儿岛的黑岛有过切身的体会，因此也应该留有记录。然而当灾害逐渐缓解，人们开始放松警惕而不再关注事情的后续，因此恐怕也难以知晓最终的结果。在黑岛，老鼠蔓延至山野的深处，青翠的植物被残害得不剩一枝一叶，甚至连人类所食用的薯类的藤蔓也未能幸免。这在遥远的古代必定是要么迁移，要么自毁，只能二中择一的严峻事态。因此，人们没有余力目睹鼠类灭亡前的最后时刻也并不奇怪。然而即便如此，也依然有人记得，在某个十分偶然的时候，有幸亲眼看到这一幕。当然，在毫无目标地寻求食物的过程中，必定有许多老鼠难以忍受饥饿而未能幸免于难，然而它们本身就具有游泳的能力，因此，只要稍有线索，便会成群结队跳入海中，若是附近有可以登陆的地方则是幸运之神光顾，一旦进入广阔的海洋，则不利条件不断累积，大多数老鼠无法存活，只有极少部分能够延续种族。这大概就是一种宿命吧。除此之外，实在难以想象那些老鼠为何能够进入那些相距遥远的散在的小岛并生存下来。

即便如此，也并不是没有持怀疑态度的历史学家认为，既没有人目睹，也未留下记录，这真的是事实吗？但人类不也跟老鼠一样吗？建造船只、制订计划，能够出海航行也是新近才有的事。然而在此之前，已经有人前往大多数岛屿并定居下来。也许他们拥有一些其他的方式或机会，但总之岛上的居民确实存在。我们不能够把"不了解"与"不存在"这两件事情等同起来。

但是，仍有人见过老鼠的迁移，也曾留下一些这方面的记录，只是还不为人知而已。《南岛杂话》一书是在比明治稍早的时期，在奄美大岛北部的农村度过了五年多流浪生活的一位叫作名越左源太的萨摩藩士的笔记，其中记载着各种各样关于老鼠的见闻。"unnejin"指的是从海上进入陆地的老鼠，其体形虽小，但毛色与一般老鼠并无不同，一旦进入陆地，则人们很难将其与其他老鼠区分开来。老鼠和蝗虫一样，之所以成为由海而来的灾害中最为严重的一种，是因为它们缺乏食物。虽然每个岛屿的自然环境在进入近世以后都发生了巨大的变化，但是这种面积较大的岛屿却另有一些特殊的社会原因。在这个岛屿上，有一个地方被称为神山，自古以来就有未曾经过人为破坏的广阔的树林，很多椎木和其他类似的古树茂盛生长，每年的食物都有所保障，人类与鼠类也没有必要相互侵犯，因此能够长久共存。然而当人口增加，拥有不同信仰的为政者们单纯从发展生产的角度考虑，奉劝并命令人们砍伐神山的树木，开垦土地，并种植甘蔗等植物，老鼠的处境变得窘迫，导致它们渐渐向人类居住的地方迁移。通过名越氏的著作我们可以看出，鼠害如此严重的岛屿其实也很少见。其中，水稻受害的程度最高。它们不仅把秧田里的"籾"吃掉，长出两三寸的稻穗也会被它们啃光，甚至稻穗的尖端也不放过。不论是麦子、粟米还是芋头或花生、甘蔗，都是他们袭击的目标。在高仓，为了预防鼠害，人们会将建筑物的柱子加高。然而老鼠会跳上柱子，像葛藤的藤蔓一样呈螺旋形向上爬行。他们甚至还会把鸡蛋搬到巢穴中，简直防不胜防。且据说如果捕捉老鼠时未能成功，让老鼠逃掉了，则会引起它们令人恐惧的复仇之心。因此，一般情况下人们决不称呼它们的本名，在每个村庄，每家每户都有一些禁忌语，比如"tono（殿）ganashi""yanushi（家主）ganashi"，或者"danna（旦那）samakkuwa"等。"kanashi"在南部岛屿上是最为尊敬的称呼，而"kuwa"则对应的是孩子的"子"或者大小的"小"（ko)，而"旦那"则代表的是统治阶级。此外，在甲子祭祀之日，人们会高唱着"unjaganashi，unjaganashi，惟愿勿扰我"，进行祈愿。"unjaganashi"的意思如今已经不得而知。在国头岛那边，海神被称为"unjyami"，这或许是那个发音的残留。而即使它与海鼠的"unnejin"没有直接关系，其所属的系统也不会相隔很远。

六

奄美大岛的农民们虽然每年都深受其害，却依然没有丧失对鼠类的敬意，不仅用敬语称呼它们，在一年当中至少有一天，一般是旧历八月以后的甲子之日，专为鼠类设置"物忌日"①，在这一天不仅禁止说"鼠"一词，人们甚至相信，如果见到老鼠就会遭受灾难，于是终日足不出户，也决不前往田间或草原。这样的现象本该有某种原因，然而原因本身已然被记忆所抛弃了。过去，鼠类生活在神山的茂密森林中，也未有破坏村庄生计的行为，虽说确实有过这样的时代，然而在这井水不犯河水的相处共存之中，尚无法酝酿出人们对老鼠所抱有的那种敬畏吧。正如"habu"这种毒蛇偶尔会显示出可怕的暴力使人们感受到某种神秘的力量一样，其他地方的那些饥饿的鼠群在渡海而来的时候，人们对鼠的信仰也扩散开来。

升曙梦的《大奄美史》②中说道，在大岛，鼠类也是一种"kami

---

① 是指在某一天，禁止或避讳某种日常的行为，意同斋戒日。

② 《大奄美史》，由居住在日本的俄国文学家升曙梦（1878—1958）编著的奄美各岛的民俗志，1969 年成书。

（神）ganashi"，被看作"teruko 神"的使者，意味着直到如今，仍有一些村庄保留着那些传说。在新的文化普及之前，这座岛屿上有一位叫作"narukoteruko"的神灵，每年二月请神四月送神，其祭祀仪式十分庄重，有关其仪式的流程和做法也被人们详细地记下来。原本冲绳诸岛的"niruyakanaya 大主"也是一样，属于一位神灵两种称呼的情况，而之后越来越多的人却将其理解为两位不同的神，一位是山神"naruko 神"，另一位是自海而来的神灵"teruko 神"。伊平屋岛上也保留着"narukumi""terukumi"两个词，如果认为它们曾是"nirai""kanai"，也就是大海彼岸遥远的神之世界的话，那么古老的信仰就没有一个传承的核心，随着岁月的流逝，每个岛屿也会发生越来越多的变化。岛屿的神歌必定是以对句的形式反复被吟唱，一神二名的情况实际上非常普遍。而当神歌本身逐渐衰退，人们专门去记忆神灵的名字时，将其理解为两位不同的神也无可厚非。在冲绳本岛，人们倾向于将其中一位神看作天神，然而在奄美岛对于蓝天的信仰还未形成，神山的灵力还占据重要地位，因此，这样解释也是行得通的。我们可以想象，渡海而来潜入深山的鼠群，实际上促使了这种双神信仰的形成。

所谓的"niraikanai"是海上的净土，是位于遥远地平线之外的不可思议的世界的名字，根据现在流传的各种资料来看，这一点基本可以确定，然而如果要继续论述的话，则会耗费大量的篇幅。在这里，我仅想说明一点，那就是过去的人们相信这些岛上的老鼠最初仍然是由"niraikanai"渡海而来的。冲绳学者伊波普猷已经就这一点进行了非常细致的研究。那些岛屿的鼠害绝不逊色于北邻的奄美群岛，再加上那些面积狭小的孤岛很早以前就已经被开辟，自然界几乎不存在能与鼠害对抗的力量，导致生活在那里的人们长期以来都深受其苦。久米岛、伊平屋这两个岛屿上，还保存着每年向神灵祈祷驱除鼠类的祭文，最早的已有两百多年历史。对于岛民们来说，只要心里知道祈祷的对象是哪位神灵便好，没有挂在嘴上的必要。而这一点还尚未明确。在久米岛，之所以人们向"jiruya（niruya）noootsukasa"或者叫作"kanayanowakatsukasa"的神祈祷，希望神灵能为他们驱除毁坏田地的恶鼠，将之尽数囚禁于礁石之下，并令其发誓永不登岛，或许是因为人们将捕捉到的老鼠放入小船流放至海中，并认为小船前往的目的地就是"niraikanai"吧。关于这个岛上的"送鼠"的"otakabe"（祭文）有数篇留存，每个村庄的祭文内容稍有不同，但开头部分都会涉及老鼠的习性以及来到此世的理由。这或许是基于古代人"知己知彼、百战不殆"的这种思考方式吧。据此说法，老鼠的元祖是天之"teda"，或者是"大 teda"这一太阳神。"teda"的其中一子叫作"otojikyo"神，老鼠是这位神灵生下的后代，或者干脆说它是"teda"先天不足的私生子，它们降入人类世界繁殖后代并为非作歹。如此这般用尽一切恶语咒骂鼠类的古文献也是非常罕见的。

当然，鼠类的始祖被称为"天之日"并降临人世这种说法，是岛民们后来才产生的想法，然而在我看来，这是宗教发展的某个过程，最初太阳信仰也包含在海上净土的信仰之中，或者不如说是这一信仰的根基，因此，竟也产生了老鼠以太阳神之子的身份降临世间这种匪夷所思的传说。虽然大陆的情况不得而知，然而在位于海洋中央的岛国，以极其敬畏和尊崇之心仰望"大 teda"之神最为美丽耀眼的姿态，则是在清晨日出前后的被称为"asahinotoyosakanobori"的时刻。遍翻《omoro 草纸》的神歌，冲绳的岛民们将太阳神的高贵姿态比作鲜花也好锦缎也好，都只是在神灵还未离开"niraikanai"之国的时候。虽然对于我们这些凡夫俗子来说，"teda"听起来无异于"洞穴"，然而当看到冉冉升起的旭日正下方的那一抹鲜艳的光辉，则更觉那是一座令人心生敬畏和仰慕的神之岛，那么种种梦幻般的感觉自然也会累积于胸。可以说，此后从外部引进的新的原理，只是将这种感觉渐渐击溃罢了。

七

冲绳的"obotsukakura"似乎恰好相当于本州岛的高天原，但其所指比高天原更加模糊不清，几乎连地理上的概念都称不上。一方面，产生了"安之川原""天之长田"这种类似地名的叫法，然而究竟指的是山还是天？位于什么地方？这些都不得而知，其语义也十分不明确。我认为，我们似乎应该称其为"半成的神学"，很早以前在东海岸形成的太阳神信仰依旧势力强大，文化的中心逐渐向西岸的海滨移动，即使到了甘于接受对岸大陆影响的时代，这一信仰依然被重新纳入天帝系统的教理之中，这一过程充满了艰辛。从《omoro草纸》中的许多歌曲可以看出，"teda"一词的用法比古日本时更加广泛。它不仅指仅凭一人之力就统治整个国土的最高王者，每个岛屿的"kawara"即首领，割据一方的大小按司、世主们也都是"teda"。所谓的"teda"就是太阳神的后裔，这种思想在海上之国更容易得到认可，这或许是因为人们认为其本源"niraikanai"虽然在八重波路的遥远彼岸，却也并非遥不可及的地方。实际上，各处岛屿上还流传着许多故事，比如人类被邀请至海中之国游玩，品尝美食，被赐予宝物，并迎娶"niruya大主"唯一的女儿回到家中，甚至还收到能够吐出黄金的小猫小狗。当然，我们不能说这样的事情在过去真实发生，但是此种昔话的形成本身就是一种历史。此外，甚至偶尔会有新的现实证据来证明老鼠渡海这样的事情。如果说所谓的"teda"是在洞穴信仰还较为活跃的时代的话，那么，人们虔诚且热情地祈祷将它们作为神灵之子最为厌恶的事物召回故乡且将其囚禁，也是理所当然的事吧。

然而仅有久米岛的一个例子，还不能说是确凿的证据。我们有必要逐个弄清在广阔的内外岛屿上，防止鼠害的方法究竟有哪些。在古日本各地，"送鼠"的行为较多，在伊豆的三宅岛，人们会在距离村庄较远的空旷地方设立祭祀场，摆放各种食物来"送鼠"，因此直到现在还能在那里看到许多小石祠。在冲绳，捕获一只老鼠后将它放在用麦蒿制成的小船上，并将之作为一切老鼠的代表流放于大海，这样的仪式直到最近都在举行。这与"送虫"的风俗非常相似。在伊平屋岛的稻穗祭等祭祀之日吟唱的"nodategoto"属于一种愿文的语言，这种语言也相当古老且被记载在文献中。与之前引用的久米岛的"otakabe"不同的是，这里并没有说明老鼠的来历，也没有表明将其送回"nirai"神之处的内容，只是提到这种害兽从地下钻出，人们憎恨它们时常破坏田地，遂对其进行诅咒并使其失去力量。以下是开头部分，这将成为以后需要研究的问题。

一、Shima sasimawaru，anshasimawaru

二、Nirai sokomoi，kanaisokomoi

三、Hiyarashagashita，nadarashagashita

四、Oredonedokoro，tonedokoroyayoru unnun[1]

由于是岛屿的语言所以有些难以理解，其中第二部分的"nirai-sokomoi"，在原注解中指的是老鼠。"moi"是敬称，比"kanashi"的尊敬程度要低一级，来自"想法（omoi）"这个词，于是首先我们可以明白，老鼠被看作属于"nirai"的尊者。伊波普猷的《奄美考》中，将"niraisoko""kanaisoko"解释为地底下，认为"niraikanai"本来指的是大地之下，后来才转变为遥远的海的彼岸的意思。然而第三句的"hiyarasha""nadarasha"指的是山岗斜坡上的鼠洞，因此可以说伊波普猷的说法并不能适用于整篇文字。根据现有的文献，人们在参拜"ninrai"时必定要前往海边，他们认为每年"niruya 大主"随时都会渡海而来。虽然不知从何时开始，在日本产生了只有祭奠死者灵魂时才会面向地下的这种观念，然而这种观念在冲绳诸岛却没有出

---

[1] 此处译者查阅了很多资料，也向专业人士咨询。但遗憾的是，此段意思依然不明，故而以罗马字标注。

现。这完全是因为人们被囚禁于"底(soko)",虽然伊波普猷引用了主张"底之国"与"常世之国"完全相同的《古事记传》①,却并未对这个问题进行足够的思考。

"niraisuku"一词不仅在伊平屋岛,在宫古岛和八重山诸岛也有出现,这一词往往代表着地下深处。例如在八重山,人们认为此世是如此肇始的,"aman(寄居贝)"先从"niraisuku"中飞出,然后才出现了人类的男性和女性。"niraisuku"在这里究竟是洞窟还是自然形成的裂痕虽不得而知,但总之与陆地相连,而并非来自海上。有关"niruya"的传说,有说法认为"niruya"是肉眼所不能看见的远海上的小岛,也有人说将沧海的巨浪劈开之后,在水底会踩到"可怜小汀(umashiwohama)"②的细沙,而那里就是"niruya"。在我们所拥有的概念中,水陆的分界线只存在于海的表面而并非水下。人们乘着虚舟瓢瓦,随波逐流到达岸边的这种东方的昔话,时不时也会变成人们像桃太郎、瓜子姬那样从河流上游顺流而下的形式,也常有在深山的洞穴或瀑布潭中,坐落着居住着龙女的美丽龙宫这样的故

---

① 《古事记传》,本居宣长对《古事记》的注解,撰写于1764—1798年。
② 出自《日本书纪》,其中有"将彦火火出见尊装入笼中沉入海底并落到'可怜小汀'上"的内容。这里的"可怜小汀"发音为(umashiwohama),"umashi"是美丽、美好的意思,"wohama"是小沙洲、小沙滩的意思。因此可以推断,"可怜小汀"意为美丽的沙洲。

事。然而若仔细推敲这些昔话，就会发现每个故事都发生在水中，这或许是因为水循环往复地穿梭于大地内外而引起的人们的一种想象吧。与之相反，仅凭地面有很小的洞穴而老鼠出入其中，就认为地下世界是"niraikainai"，这实在不可思议。这里应该还隐藏着别的理由，例如在久米岛的祭文中说道，存在着这样一种信仰，鼠类是"teda"之神的末代子孙，它们从遥远的地方渡海而来。关于这一点我十分渴望与诸位共同研究下去。

八

我谈论这个话题的一个意图是，鼠类拥有十分宏大的历史却早已被遗忘，甚至没有人愿意试着想起，这与人类的历史也有些相似，然而它们的持续生存确是有迹可循，同时也是十分珍贵的证据。虽然抱有严谨和诚恳的态度而试图仔细观察这一问题的人们，从此以后也会获得越来越多的信息，而我姑且想要谈论的，是从这个方面入手开展研究，而使得日本与南部相连接的岛屿之间的古老关系逐渐清晰的某种期待和乐趣。大多数兽类并非从祖先开始就是为了和人类对立而出现的，而倒霉的老鼠却由于其强大的繁殖能力而数量剧增，给人类带来诸多麻烦，因而遭到憎恨和嫌弃。即便如此，冲绳诸岛的居民始终牢记他们的氏族属性，而老鼠虽然并没有那么可怕，当地人们却在对待它们时怀有某种程度的敬畏之心，这背后一定隐藏着某种动机。然而这一难以理解的特征是否仅限于南部的岛群呢？在古日本是否也有些许的线索呢？特别是处于海的彼岸的神圣"隐乡"就是自己的故乡这一奇特的传说，是否只是偶然出现在某一个远岛呢？这些都是我们应该注意的问题。

如果将这些简单的相似点按照顺序总结起来的话，就会得出以下结论，即老鼠能够理解人类的语言且时常偷听人们说话，这一最初令人不禁莞尔的俗信，直到最近甚至在我的家中也有出现。拥有相同记忆的人恐怕也不在少数吧。在打算放置新式的捕鼠器，或者在壁柜的入口处放置士的宁（老鼠药）时，只要有人糊里糊涂地说出"鼠"一词，我的母亲就会急忙说"今晚就算了吧"，然后默不作声地用手指着天井的方向，并打着手势。也许是老鼠正在某处听着这些话，因此在这样的夜晚，从未有老鼠落网。当然最好是默不作声地进行，然而万一要说话，最好是用极高的声音将其击退。如今已经很少有人再信这些，然而不论走到哪里，总有人提起话头就能立刻想起。在奄美大岛，人们从一开始就从未打算设置这些机关，不论老鼠如何猖狂，他们也置之不理。然而他们也不会说出老鼠的本名，因为人们相信，如果一时糊涂说了它们的坏话，灾难就会愈加深重。人们使用"uenchu""ueeganashi"等敬语来制止老鼠的破坏行动，说明人们认为老鼠听得懂人类的语言，因此必须将其置于比自己更尊贵的地位来与之相处，至少这一点与本土地区是相似的。

明知老鼠应读作"nezumi"而不在公开场合说出，这就是"禁忌语"。禁忌语的起源多种多样，直到今天至少在正月仍有许多日本家庭会使用别的语言来称呼老鼠。但是，此前并没有人考虑这些。或者也有很多人全年都称其为"ofukusan"或者"yomesama"。所谓的"小福(ofukusan)"是认为老鼠是大黑天的家臣，且它们时不时会口衔铜钱归来而被人起的名字，而"yomesama"或者"yomegakimi"的叫法则更加普及和久远。《御伽草子》中的《老鼠嫁女》流传于世，大多数人认为故事将老鼠比作人类的年轻妻子，然而这种解释其实非常牵强。首先，在结婚以"嫁入"这一环节开始的这一形式出现很晚的地区，或根本没有这一习俗的地区，这一禁忌语反而更为根深蒂固。如果举一个极端的例子，首先，在冲绳列岛南端的与那国有"dumi"一词，甚至还伴随着新娘变身为老鼠的这一传说。在这个岛上，所有"ya"行音都会发成"da"行音，因此将之与普及于日本关东和东北的"yomego""yomesama"等词等同起来也并非是牵强附会①。此外，在与那国与宫古岛之间的地带还有各种各样的称呼，例如宫古岛有"yumunu"一词，在比冲绳本岛更靠北的与论岛和冲永良部岛，人们也将老鼠叫作"yumunu"。也许现在这三个岛上的人们已经将这个词理解为"夜行者(yomono)"了，然而就我所见，上述两个禁忌语的起源是相同的。

九

除了本州岛福岛县的北部、信州的南部以外，过去与京都毗邻的山村中也存在将老鼠唤作"yomono"的地方，其中还有人将其滑稽地称为"忠(chu)yomon"。因为老鼠只在夜间出现，所以被叫作"夜行者"，这种解释听起来理所当然，却很容易就能证明这一结论有些草率。换句话说，被唤作"yomono"的不仅是老鼠。如果一一举例则太过冗长，然而几乎在整个日本东部，人们将狐狸、狸猫、猴子和猫都唤作"yomono"，而在西国，尤其是南九州的几个县，一般只有猴子才是"yomono"或者"yomo"。自古以来并未在冲绳诸岛栖息的猴子却仅在昔话中出现，其名唤作"yumu"。虽然不知将狐狸和

---

① 根据这个说法，前文的"dumi"就相当于"yomi"了，跟"yome"发音相似。

猫都称作"yomono"是否合理，然而将猴子称为"夜行者"则无论如何都难以令人信服。因此就我的理解，"yomono"是非常重要的东西，必须避讳它的本名。所谓的"yomegakimi"的起源也基于同一种考虑。因此，我们有理由逐个对上述称呼进行更深入的研究。

老鼠的叫法在"yomono"和"yomonohito"之间徘徊，而在日本东北地方，老鼠偶尔还有"uenoanesama"这一别称。所谓的"嫂子(anesama)"即是长子的新娘，"上(ue)"则指的是屋檐里面。在房屋的二层铺上竹编的草席并贴上木制的天花板，这一风习并不是自古以来就有的，因此将那里作为"嫂子"的日常住所是一种新近产生的风习。如前所述，在奄美大岛，将老鼠唤作"uenchu"是上层人（住在二楼的人）的意思，有些村庄还有"dinjonushuguwa"（天花板的小少爷）这样的说法，这应该是近年来才发生的变化。

在冲绳本岛，虽然老鼠的叫法的发音之间有些许差异，但是基本上"uenchu"或者"wenchu"这种形式非常普遍，因此，人们倾向于将其解释为"上层人"，也就是住在二楼的人。然而伊波普猷等人认为，由于年纪较大的人还保留着一些过去的语感，因此对于他们来说这个词含有"亲戚中的老者"这样的意思。从宫良君的《采访语汇》中可以看出，在八重山诸岛，"uyanchu"一词最为普遍，而在西表岛则叫作"oiza"，在鸠间岛还有"uyaza"，在与那国岛还有"uyanto"这样的说法。"oya"虽然也用于生身父母或是乡党的长者，然而这两者也已经分别拥有了各自的叫法，而从"uya"直接汲取的语感，却与"祖先"的"祖"一词更为接近。我们有必要采取一些方法来确认这一点，但是毋庸置疑的是，该词确实含有"屋顶天花板"的意思。

目前对宫古郡各岛的情况还没有进行充分的调查，但是除了之前出现的"yumunu"一词之外，其他每个岛屿每个乡村的相关说法也一定存在某些变化。在将其收集起来进行比较的过程中，这些发展变化的轨迹应该会逐渐清晰吧。在奄美群岛，在出现"天花板的小少爷"这一新词的佳计吕麻的实久村，还收集到了"unjuga-nashi"一词，这个词也缀有"kanashi"，可以看出，它应该意味着长老的灵魂。此外"weeganashi"这一别称在大岛的东方村里也有，这也与前述的针对老鼠的敬语"ueeganashi"一样，是从"ka"行音转化而来的"ha"行音，同样是指家族成员的灵魂。在国头方面，老鼠的别名也有"weki"一说，这里的"weki"与岛尻的"oeka"同样表示血脉的继承。在广阔国土的各个角落，"nezumi"一词人尽皆知，提到老鼠时则大都用该词表述。然而在较为正式的氛围中提起它们的时候，却会特意使用一些经过加工润色的词，各个地方在这一点上都具有某种程度的一致性，因而我认为一定有什么与之相应的理由。

然而为何人们对老鼠如此敬畏？将其实名避讳不提的习惯为何如此根深蒂固？关于这些问题，迄今为止我们还没有任何线索。我甚至无从下手提出一个假设。仔细想想，问题比想象中的还要复杂。我甚至有些无所适从。

一〇

我想以"otojikyo"神话的名义来进入下一个问题的讨论。鼠类是太阳神的第一子，作为"otojikyo"的后裔最终大量繁殖，来到这个世界为非作歹，因此，人们祈祷将其置于小船并送回"niraiyaka-naya"，令其永久接受圣地统治者的监视，并将其封锁在礁石的下面。这些出现在久米岛仲里间切祭文中的内容，至少给了我们新的提示。同类的古文献或许无法传播到其他各岛，然而相信这些过去的小害兽的故乡就是"nirai"岛，并有方法用精诚之力将其送回的这一传说却长久地持续了下来。若将这些传说与其他更多的传说结合起来，我们将有希望弄个明白。如此一来，囊括古日本诸岛，且进而横跨广阔的太平洋海域，我们究竟能在此找出多少共通点呢？这是我们对于未来文化史所抱有的无限兴趣。

虽然这可能只是一个空想，但我认为，岛民们对老鼠的敬畏，尤其是不仅不轻易唤其真名，甚至对于族长以及祖先的灵魂也使用与老鼠同样的称呼这一习俗背后有更深的意味。或许人类灵魂来去的圣地也是"nirai"，老鼠只是偶然来自同一地方，由于信息的传达不够充分，因此即便老鼠如此作恶却依然受到过高的待遇。现在无论哪个岛上的人们所抱有的来生观都非常模糊，每个村庄之间的差异也很明显，一方面产生了两种幽界的思想，另一方面更是带来了许多认识上的混乱，然而至少过去将人的灵魂送迎于"niruya"的某种职业确实存在，此外文献上也有记载相关内容，在每年固定的季节，他们都会前去探访某些灵魂。虽然每家每户的祖先灵魂从海上归来的记忆已经淡薄，然而精灵船的风俗在大和地方却广泛地保留了下来，只是其前往的目的地以及方位和路径至今仍然不很明确。在南方诸岛，过去祭魂一般在旧历八月举行。虽然我也认为这是一个重要的线索，但是直到七月的盂兰盆节广泛普及之后，与之相对的许多重要的祭祀活动都集中在所谓的"月圆中秋"前后这一现象，从大陆东岸的广阔地带一直到九州南半部，都有值得注意的一致性。我们似乎可以想象，这意味着民族移动方向的某种自然法则就隐藏在这个地方。

在奄美、冲绳两个群岛，八月恰好是水稻种植的交接期，其季节相当于日本内地的正月。水稻的收获季节主要是旧历六月，如果是一年两收的话，第二次则会在八月以后，但是八月的收割并未受到重视。于是进入九月，人们就会立即开始采种仪式。奄美各岛有"shichiunmi（节折目）"一词，也有"arasetsu（新节）"一词，"shichi"或者"节"指的是八月的祭祀，先岛也有"shichi"祭，同样也是八月举行的祭祀。在南北群岛都最为有名的是"柴指"之日，在这一天，人们将芭茅或树木的枝条折断并插在房屋周围，因此这才是祭祀真正开始的日子。日期的计算方法每个岛屿也有所不同，但大多数村庄都定在八月八日或十一日，而在奄美诸岛，一般情况下每月的第一个丙日是"新节"，几天之后是"柴指"，如此循环往复。

对于现代的岛民来说，印象最为深刻的应该是八月的盂兰盆舞。举办盂兰盆舞这种活动一开始并没有固定的日子，不如说是挑选了其他活动较少的日子，并多次是在八月期间。而与之不同的是，至少在每个城邑部落，都各自有两个日子作为仪式的举办日被固定下来。其中一个是墓祭，以及被称为"uyanko（向父母尽孝）"或者是"housumatoui（考祖祭）"的祖先供养，有些岛屿一年举办两次，在正月以及收麦之后都会举办，也有在十月以后举办的，但是基本上八月"新节"之后的这次祭祀受到更多重视，只是日期的计算方法在每个地方有所不同。此外，另有一个日子被称为"donga"日，这个节日也在较广阔的地域普及，定在"柴指"之后的"甲子"之日，也就是我接下来想要提到的老鼠的"物忌日"，但是这个节日也存在一些还未明确的发展过程。"donga"汉字写作"顿贺"，或者也有人写作"嫩芽"，但两种写法都是毫无根据的生搬硬套。同样是在大岛，在南方的村庄里，还有人称之为"urunguwa"，死后第七年的改葬也是在这一天。冲绳方面虽没有"donga"一词，但是在旧历三月四月交替的季节，有"uruzumi"和"worezumi"二词，它们也经常出现在《omoro》中。据观察，这几个毫不依赖于文字的发音经过几次巨大的转变，最终其语义也变得不明不白。根据《南岛杂话》的记载，"顿贺"从甲子之日开始，持续两天。如果在八月没有甲子之日，则从九月的甲子之日开始进行高祖祭祀。在喜界岛的某个村庄，从壬戌之日开始祭祀所谓的"housu"，此后相隔一天的甲子之日是"donga"日。以前曾有几个祭祀集中在这一天，使得此后的老鼠"物忌日"变得十分庄重，因此有必要特意将这个日子隔过去。在岛屿的神山依然繁茂的时代，老鼠进入乡里为非作歹也并非像今日这样猖狂，人们并不需要什么特殊的方式来回避，因此这一天人们收敛自己的行为应该另有目的。然而由于越来越难以忍受老鼠的暴行，人们对"donga"的解释也逐渐发生了变化，这一点从老鼠的禁忌语的变迁中也能够推测出来。将老鼠唤作"ueeganashi"或者"unjaganashi"，并看作大家族的祖先灵的动机比我们想象得还要深刻复杂，决不仅仅基于单纯的恐惧与不安。

———

"donga"日活动之一，是在名濑间切举办的一种叫作"shichiy-agama"的游戏，虽然这个游戏名称的来源也并不清楚，但是在这一祭祀之日的歌词中写道，在甲子之日的前一天人们伐木建造小屋，制作甜酒在小屋中祭祀田地之神。这一田地之神应该与我们的年神一样，是每年归家支援和保护各家农业生产的祖神，每当完成一次秋收，神灵就会接受子孙亲朋的欢送，而后悄无声息地回到休憩之地。这一信仰一直持续了很长的时间。这一被每年的祭祀活动所支撑的信仰，即使社会发生巨变也很难被连根去除，同时，它始终与周围的条件相适应，并以难以察觉的速度使变化逐渐积累起来。因此，仅关注一个地区的实情就不难发现，无论是多么强大的洞察力也无法追寻其变迁的轨迹，而不论看起来能够得出多么奇异奔放的结论，指望用这些结论来构筑令人安心的未来常识，也只是痴人说梦罢了。然而幸运的是，在我们所居住的群岛，每个岛上的人们的体验虽有所不同，出发点却相互一致，这一痕迹在已经经历了巨变的社会中也能够被逐个勾勒出来。以收集人们轻易就能够忽视的渺小事实和全面周到的比较研究为目标的民俗学，正是在这一方面有望收获成效。各位不能只是盲目地服从来自主流的解释，而是应该在逐渐使假设靠近真相的道路上不断前进。

表示每年水稻收割的词语"yo"在南岛非常普及，而在本州方面也流传于坊间，这一点，我认为并非偶然。古代家庭与谷物之间的联系比现在更加紧密，如"种子""血脉"等词既用于人类也用于谷物，使谷物能够永久存续是人们生活的主要事业，这一点在古代家庭的新年仪式中也能窥见一斑。也就是说，在每个生产期的交界处，将生死两个世界的灵魂的系统合二为一的神灵们相聚一堂，共享歌舞升平。这对于很多民族来说都是非常朴素自然的推理。这种想法尤其在分散居住于东方各岛的人们之间清晰地保留了下来。人们说着"来年也请一定驾临"的同时，将这一"新尝"之神送走，以及每个家庭都相信那是与自己有着深刻因缘的神灵，尤其是庄重的斋戒与随之而来的自由的快乐，都使得那种迎送神灵来去的感觉变得更加鲜明了。这一点即使在世道改变之后，某种程度上也是能够被证明的。仅仅根据这一点就判断其根源相同虽有些过于大胆，但至少以后通过比较的方法，逐渐明白即使接受着这一复杂的外来影响，其变化的倾向与顺序也尚且一致，只是变化的速度因地域不同而存在巨大的差异这一做法是较为稳妥的。虽说可能只是一种理想，但我相信未来的民族学采用"一国民俗学"的方法，总有一天能将埋没于每个角落的真相落实为毫无疑点的事实。

然而目前的问题仍是老鼠。老鼠究竟有怎样的权利，以致能在这个南方的八月祭祀先祖的季节里出现并担任重要的角色？这一点不得不限定了我们的考察范围。一言以蔽之，也就是迄今为止的比较范围还不够集中。在日本内地，与此感觉比较接近的是旧历七月盂兰盆魂祭前后，飞舞的各色蜻蜓以及被称为"佛之马"的穿梭于稻穗之间的螳螂类昆虫。人们认为先祖们乘着它们归来，或认为它们就是亡魂的化身，因此，再调皮的小恶霸也不被允许捕获这些昆虫。这一点与南方诸岛上老鼠的情况较为相似。此外，另有一个例子，即在现实的收获祭时，每当将用新米做成的年糕供奉于农业神时，青蛙就会背着年糕作为神灵的同行者进入山中，虽然还未有人亲眼见过，这样的笑话至今在日本东部的乡间依然流传着：农业神此时一边说着"不要跳得那么高，粉末会掉下来"，一边返回住处。虽然可以说我们如偶像之国①一般毫无常识，然而我们的神灵②却

---

① 指的是信仰佛教的国家。
② 与佛教的佛相对，这里指的是神道信仰中的神。

一开始就是肉眼不可见的无形的存在。偶尔声称在幻觉中见到神灵的人们也逐渐构筑了新的信仰形态，然而一般情况下，每年的季节风物也根据生物的自然行为，从某个方面预测神灵的到来。一般情况下人们不去注意，而人们依据在这个时候通过仔细观察而发现的某种动物的集合与往来，简单地判断那就是神灵通行的先行使者，这样的做法直到最近都的的确确存在。在南方诸岛，虽不知应该用哪个词语来形容这一现象，但是在日本内地都将这种显露形态的小动物叫作"misaki"。"misaki"主要指狐狸，在正月里也将山鸦叫作"misaki"。将狐狸看作农业之神进行崇拜祭祀的起源终究不明，然而得益于我等同伴的调查研究，并未被彻底淹没。换言之，它们原本只是从神，是引导者，或者只是神灵行进的记号。然而不知是谁又在何时将其误解为一个独立的神灵。与之情况相似的还有山王的猴子，在富士山以及其他灵山中，将猴子视为使者的信仰非常普遍，然而或许是由于它后来成为了庚申信仰①的一部分并被佛教完全吸收，或者是由于某种别的原因，它并没有能够像稻荷神那样积聚了巨大的势力。此外，有关某种动物的信仰的历程虽然不同，其

---

① 庚申信仰是基于中国道教的"三尸说"的，综合了佛教尤其是密教、神道、修验道、咒术的医学等日本民间各类信仰和习俗的复合信仰。

变迁的过程却有很多值得比较的要素。其中一个是在狐狸之后被认可的"okojo"以及"izuna"类。虽然受到了狐狸的巨大影响，但它们同样也是往来于山中的农业之神的"misaki"这一点，与盂兰盆的蜻蜓和螳螂相同，再加上与家族之间的因缘较深，因此供奉它们的家族与不供奉它们的家族之间的势力强弱逐渐显现，甚至引起了一些不愉快的社会问题，而我们也由此可以看出，迎自山中的农业之神在每个家庭中都是不同的神。

如果将上述日本本土的情况与南方诸岛进行比较则可以看出，祭祀活动显然是各家的"uyankou"也就是祖灵祭祀，然而在日本本土我们所注意到的各种兽类在南方诸岛并不存在。虽然可能有小鱼或昆虫成群结队而来，但是尚未听说人们对它们的举动给予了特别的注意。首先，奄美大岛除了主岛以外的地方没有高大的山峰和茂密的林地，人们相信灵魂每年都会渡海而来可以从所谓的"kosuga-nashi"的"迎火"以及北邻的"亲玉祭"中推测出来。山与海虽是完全不同的两个世界，但是一旦迁移到巨大的岛屿并住进看不见海的深山中，变化就会自然而然地产生。传说，无论是桃太郎的桃还是瓜子姬的瓜，都是从河流上游顺流而下，而在瀑布潭的深处，龙宫的少女正在纺纱织布。海与天、山与天的交界线都如天空与日月相连接一样，因而我们可以说，古人们曾将它们（指上述有关海、天和山的信仰）看作同一类型的事物。老鼠出现在人类的村庄附近，成群结队地行动，如果这恰好是在收获祭的前后，那么人们将它们看作肉眼看不见的某个贵客的同行者也无可厚非了。然而老鼠们从某地出发，游过大海并登上岛屿这一点是岛上居住者们长久以来的体验。将老鼠看作太阳神的后裔，并认为它们的故乡就是"niruyakanaya"，这种令人目瞪口呆的信仰之所以产生，其原因也正在于此吧。

一二

此外还有另一个原因。这种将"donga"定为甲子之日的自古就有的风习拥有一种力量，这种力量使得人们愈加相信此日正乃老鼠斋戒日。根据十天干十二地支来计算日期的做法在南方诸岛也很早就已开始，并不一定是依赖于中世的交通往来而从外部引入的做法。于是，将六十日视为一个周期，那么每个周期的第一天尤其受到重视。日本本土也有这样的风俗，并且这样的风俗向南方诸岛广泛传播。此种例子很多，其中八重山群岛的"西表岛节祭"也是在水稻生长期的交接之时举办的重要祭祀，这一祭祀活动从旧历七八月中的癸亥之日开始，持续三天，其中第二天的甲子之日最为重要。然而关于这一祭祀活动的记载中，并未有人们与老鼠进行交涉的记录，只是这个日子的前后被称为"年之祖"，以及这个节日被称为"shoguwatsuguwa"也就是"小正月"的这两个说法被传承保留了下来。过去的人们知道"子日"就是老鼠之日，然而将其解释为专门为老鼠而设置的日子则是后来才出现的，而且也只局限于几个地方。在北方的奄美群岛中，虽有村庄选择在旧历三四月的甲子之日举行除鼠活动，却与本土的"送鼠"一样，只是捕获一只代表者并将其流放于海上。与这种攻击性的行为相反，在"donga"这一甲子之日，人们却会给予老鼠无上的优待，在这一天见到老鼠的人们都会遇到灾祸，因此人们都闭门不出，不仅向老鼠全天开放田地，甚至禁止说出"老鼠"一词。

当然，现在这样的事情已经不复存在，但是却无人试图思考这一误解的源头。根据我的假设，这一天一般是岛民的闭门之日。而人们却开始认为那是专门为老鼠而设置的日子，原因之一是鼠害渐渐严重，此外，还因为这一天恰好是十二地支中的"子"之日。在没有文字记录传承的土地上，出现这种程度的误会也难以苛责吧。

然而不仅如此，岛民之间时不时还会传出那些添油加醋的风言风语。这是出现在《喜界岛年中行事》中的话，说的是"donga"之日在成为老鼠的游乐之日之前，是停止耕作、闭门不出的日子。因此，尽管没有任何人亲眼见过，却流传着在这一天，老鼠将蜗牛衔在嘴里，一边唱着"恶猫不在，任我逍遥"，一边跳舞的传说。这个故事的笑点或许对于其他府县的人来说更易捕捉。在跳舞时使用箸笠的这一风俗在南部岛屿逐渐变少，然而岛上的老鼠在跳舞时却将与自己身体几乎一样大小的蜗牛壳作为跳舞用的箸笠，且不是用手持而是用口衔。如果"恶猫不在"，则"任我逍遥"。虽然喜界岛之外不再有人将这句歌词作为跳舞的曲子记下来，然而但凡知道"昔话"一词的日本人，听到之后都不禁会敲打膝盖、点头微笑吧。这一昔话如此家喻户晓，却不知何时，终归消失在奄美岛"节祭"的古老传说之中了。

这个昔话以《鼠之净土》为名，在全国范围内传播。每个地方的版本在细节上都会被润色些许，然而大体的情节非常相似。也就是说，索性将一个造访异乡的故事改为一个童话。鼠之净土是遍地财宝的"隐里"，与人类居住的村庄仅有一墙之隔。其中说道，"诚实爷爷"受到邀请前去一看，许多老鼠集结过来，一边唱着"此世无猫，吾等称王"，一边打着年糕；又一边唱着"此世无猫，乐享太平"，一边纺纱织布。另外，各类老鼠还在里间唱着"无论一百岁，还是两百岁，恶猫之叫声，绝对不想听"。于是，收到许多礼物的老爷爷归来之后将见闻讲与周围人听，住在隔壁的"贪婪爷爷"听了之后十分羡慕，于是也打算模仿"诚实爷爷"的做法。大多数故事的结局是，"贪婪爷爷"虽然也受到了优厚的待遇，却只想着拿回宝物而一边学猫叫声一边追赶老鼠，顿时四周漆黑一片，他被牢牢捆住，当他挖开泥土终于将头伸出地面时，却被错当成了鼹鼠而切掉了鼻子。

这样的故事究竟有多少类似的例子，它们以怎样的程度分布于日本全国，这已不是我想要关注的问题了。不如说以下两个问题才是我尤为好奇的：这些故事过去的形态如何；如果有一种原始的力量使得它们能够家喻户晓，那么这种力量是什么。对于稍有些忍耐力的人们来说，这样的研究并非不可能完成的任务，或许还能够向现如今浩瀚的海岛文化历史中投入一线光明。而我的研究，也同样以此为最终目的。

一三

目前收集到的《鼠之净土》的昔话已有五十余个。谈到《鼠之净土》，恐怕很多人都会声称自家也有收藏这种昔话。然而整个国家南北两端几乎完全一致的特征，就是其中的谎言过于夸张。原本昔话的真实性就没有得到过保证，大多数做法是在词尾加上"dakena""attasauna"等，明确这是"我听说的"，以此来规避责任。然而有些人却会有自己的思考方式，偶尔有幼小的孩子认为故事的内容是事实，也会有人去思考如果那些是事实，又会有怎样的后续。于是，这些人就会恰好沿着事实与谎言的分界线将故事向前推进。这说明昔话的产生就不是少数人创作的结果，也不知是从谁开始传播而不知不觉之间就被整个社会传承下来。虽说这是我等之学问援引例证时的有力据点，但实际上，那一条真假的界线并未与讲述者的技巧事先"沟通"，就渐渐向后方退去，最终昔话被迫沦落到杜撰捏造的作品之地位。然而，两者尚存在差别，首先，讲述者们努力寻找相信自己的倾听者，以"既然是那么遥远的过去，这种不可思议的事情难道不是可能发生的吗"这样的方式来表达对这一传承所持有的忠诚之心，因此他们十分厌恶人们将之贬低为编造的故事，甚至连最近的童话作家都在尽可能地限制虚构的自由的情况下，追随昔话的讲述方式和思维方式。也就是说，即使是现在，昔话自古以来的规定大致上仍被人遵守。然而，其中只有一部分昔话是在讲述者与倾听者共同知晓的前提下，将在任何世界都不可能发生的"事实"，用与某个过去真实发生的事情相同的口吻而被讲述出来。我暂且将这类昔话称为"大话"，然而这个词还未被普遍接受。这种"大话"大致的目的在于逗笑，因此也可以被称为"笑话"，然而笑话并不局限于讲述这种不可能发生的事情。此外，其动机也并不相同。这一点对于上古史的研究来说也是一样，换言之，由于我们口中的真假界线的大范围移动，无论是讲述者还是倾听者，对于完全无法相信或者无法解释的昔话依然保持关心，这是其中一个处理方法。伴随着教育以及常识的近代变革，将这种方式付诸实践的机会当然有所增加，然而即便是过去，这种方法也时常显得十分必要。文字记录试图将遥远世界的姿态原封不动地保存下来，而我们的口头传承却各自适应生活的要求，以实现不断的改造和发展。这是民俗之学问的独自的立足之地，同时也是我们应该重新观察的、未能得益于文字记录的、数不清的远岛之生活的一个侧面。

如果让这一说法适用于鼠之净土的昔话，则日本最初的大多数常民最难以相信的一点，是人类被邀请并前往这一小兽的国家时所经由的路径。这一疑惑源于对方的身份是老鼠，但这其实只是由于老鼠居住在地下的"隐乡"，因而人们更加百思不得其解罢了。实际上，从很久以前访问龙宫的时代①开始，这种感觉就已经萌生。最初恐怕是基于海上漂流者的经验，人们得以想象，当穿越地平线来到另外一个世界，会有一个快乐的小岛坐落在海上。然而当陆地上的生活持续了数代以后，这一记忆也逐渐变得遥远淡薄。现实中在

---

① 指访问龙宫的故事出现的时代。

目光所能触及的范围内，无论是多么晴朗的天气也难见小岛踪影，于是人们自然而然地认为，那小岛其实就是隐藏在茫茫海水底部的"仙乡"，是拥有"天缘"之人才能够接近的地方。也就是说，从"八寻鳄""一寻鳄"的侍奉①开始，人们又向前迈进了一步，想象出了"manashikata"这种与现代的潜水艇相近的结构。然而，这还不是我所说的"大话"。作为神代的奇迹，这种程度的故事无人不信。另一方面，民间的"说话"尤其以十分温和的语调被讲述，比如有乌龟出现并对他说"请暂时骑在我背上吧"。或者是龙宫的使者甚至说，"闭上眼睛抓住我，直到我说可以睁开为止"，主人公听了以后则会照做，继而瞬间就能到达金碧辉煌的"常世"海滨。这种讲述的口吻也使得一些人能够将信将疑地屏住呼吸仔细聆听。如果是这种程度的不可思议，则尚有接受的余力，或许会有人感到惊奇但并无人怀疑，更何况无人认为这是一种荒谬的玩笑。

然而，一旦涉及鼠之净土，则人们再也不愿认真倾听。首先，现在的动物报恩型故事十分流行，人们一般会认为如果在事件发生以前就与故事中的动物有所接触，则主人公将无法离开现有的世界到达遥远的异乡。搭救鱼类或小蛇这类故事，内容一般是人们偶然

---

① 请参考"记纪神话"中"因幡的兔子"的故事。

到很远的地方玩耍，看到处于危难之中的动物就将其救起，这类故事是可以成立的。然而如果对方是老鼠则难以说通，在村庄附近的地底下，老鼠也拥有自己的"隐乡"，而"正直爷爷"到达"隐乡"的途径却越来越使人感到疑点重重。在数不清的异乡访问型故事中，只有这个系统的昔话成为了彻底的"大话"，除了让人捧腹大笑之外毫无其他意义，而这仿佛也成了昔话的某种功能，因此这种研究仿佛也具有了某种深层的意味，成为使人立即做出判断的理由。然而如果这是最初的目的，则迄今为止的努力也毫无必要。一言以蔽之，昔话一直在发生变化。我们必须去探寻它原本的形态。

一四

下面，我将尽量快速地结束这个话题的讨论，给本部分的论述画上一个句号。现在的鼠之净土型故事，往往特意省略前往老鼠国度的路程，只提到爷爷们曾经到访老鼠的国度。然而这种做法使得年幼的孩童也难以信服。最常见的形式是水田的一端或是"土间"①

---

① 日式房间内的一种结构，不铺地板或榻榻米，而是将原本的地面裸露出来或者铺上土层等。

的角落里有一个很小的鼠洞，爷爷误将一个团子掉入洞穴中。于是老鼠从中探出头来说道："刚才真是谢谢您了。"老鼠们喜形于色，坚持要给予感激和回报。于是说，"请跟我来"，让爷爷闭上眼睛，并抓住老鼠的尾巴，从那个狭小的洞穴进入老鼠的公馆。虽然最后的结局一定会响起猫叫声，但每个故事都不忘详细交代"隐乡"的富裕光景。这一幻觉看起来尤其令人愉悦，故事也留存在"御伽"的插图中，而且诸国都声称老鼠"隐乡"的遗迹就在这里，且传说在各处坟墓和森林中，将耳朵紧贴地面，就能够听到用米臼捣米的声音。或许曾经在单纯的人们之间这个故事广为流传，因此，有时甚至有人相信从鼠洞通往地下世界的故事真实发生过，他们被古代各种各样的事件所吸引，这样的人或许直到今日还依然存在。

然而终归人们不再相信，这反而使我们的民间文艺更具自由之风，日本的昔话在这个方面尤其得到了发展。连三岁小孩都知道的"舌切雀"中"你的家在哪里"是其中一个例子，在日本东北被称为"豆子话（mamekobanashi）"的，座头①们经常用来使人们捧腹大笑的"大话"也来源于此。更加明确的是我们称为"团子净土"的故事，

---

① 座头，指江户时代弹奏琵琶、筝、三弦琴，或以说唱、按摩、针灸为业的落发盲人。

它讲述了一个团子自己滚动，进入洞穴之中的事情，这一昔话稍稍改变了形式，几乎分布于全国的每个角落。甚至有这样的说法，爷爷一边说着"团子，等一等，你要去哪里"，一边紧追其后，于是洞穴越变越宽，最后，爷爷的面前出现一座巨大的石造地藏菩萨。爷爷问道："请问，您是否见到一个团子滚过来?"地藏回答道："是的，团子太过美味，因而我已将它吃掉。"此外，还有这样的滑稽的说法，团子咕噜咕噜地滚着滚着，爷爷发现滚入洞穴的团子有着非常有趣的节拍，于是把现有的所有团子都倒了出来，后来甚至连食盒都一起滚动还嫌不够，最终爷爷自己也开始咕噜咕噜地滚动起来。由于后来还有"贪婪爷爷"的效仿，因此每个故事都要将这一过程重复两遍，然而其中有些地方特意稍加变化，这对于年幼的孩子来说尤其好笑。例如，善良的爷爷将滚到地藏菩萨面前的团子捡起，将沾了土的地方掰下来自己吃掉，而将干净的部分献于地藏；而坏爷爷则正好相反，他留下了沾满灰尘的部分，先把干净的部分自己吃掉。此外，在小鬼出现并要求一赌输赢的部分，一种说法是爷爷听从了地藏的劝阻，在谢绝了数次之后，骑到地藏的肩膀上，瞅准了时机模仿公鸡打鸣，于是小鬼们以为黎明到来吓得魂飞魄散，连铜钱与金子都弃而不顾就四散逃窜了。而这里的说法则完全相反，爷爷完全不听地藏的指示，且在不允许发笑的时候竟然发出笑声，最终被小鬼发现并将他一口吞掉。这一点与猫叫声也拥有完全相同的倾向，小鬼和猫究竟谁先出现并没有明确的规定，然而至少如果没有狭小的老鼠洞作为前提，团子净土的地藏以及小鬼故事发生的场所就没必要一定设定为地下深处了。在这些过去一度发生而现在看来却不可思议的故事由父辈向子孙一代一代传承下去的时代里，人们想要尽量准确地记忆其古老的形态。而当人们变得博学，无论如何都不再相信它们的真实性时，就干脆当作一种梦境毫无顾忌地编个痛快。昔话以这样的方式被逐渐改变的过程中，形成了上述那样许许多多的转变的阶段。若要弄清昔话的历史，则需要收集各地的相似例子，并进行非常细致的比较。这在我国或许是非常值得期待的工作，然而遗憾的是我本人并无余力，此外作为当下的研究，也不能过分偏离轨道。我只想说明一点，像《鼠之净土》这样罕见的昔话出现如此大的变化，以及与其他类似的故事之间出现惊人的一致，并以这种状态在全国范围内蔓延并繁盛的原因中，仍有值得我们继续思考的东西。在很久很久以前，处于此世的我们相信，当人类结束了在此世的生存，前往安息的国度就在某个不远的地方。人们相信那里是一个快乐且美丽的净土，这与后来进入我国的几种宗教之间非常近似，然而多少可以看出，我们认为随时可以往来于两个世界之间，至少在每年的固定季节，故人的灵魂也会从彼方归来，因此，祖先和后代的关系非常亲密，进而人也可以对百年千年后的来世寄托想象与忧伤。南方诸岛的老鼠们被认为来自于那个快乐的海上净土，或许是由于草率的误解，总之人类的幻觉日渐淡化，它们（老鼠）的行为举动中，有许多可以讲述于后人的记忆。因此，正如"爱屋及乌"所说的那样，人们逐渐宽恕了它们愈加猖狂的恶作剧，并为它们设定了新的解释的余地。伊平屋岛的稻穗祭的条文里，说明了将老鼠唤作"niraisokomoi"的原因，伊波普猷先生等人论述道，"niraisoko"指的是地底下，掘土挖洞的老鼠居住在那里而产生了"nirai"一词。然而如此一来，老鼠就与海上之路彻底隔绝，而且与"teda"神的关系也变得不明确。虽然将老鼠看作来自"niruya"的生物并非是新近出现的观点，然而一定还存在着比这更早的主张。我认为，之所以将其想象为地底下，不如说老鼠才是真正的原因。不论哪一点都会有真相大白的那一天吧。我只是在提供一个问题的基础上，再提出针对这个问题的一个假设罢了。

一五

率先主张"nezumi"这一日语词并非来自"根之国"的居住者的，

似乎是新井白石①先生，然而如此简单的想法也不能说是前所未有的。他在《东雅》②中将"根之国"解释为"幽暗的地方"，说明他从未仔细读过《古事记》中有关根坚洲国的一段。大穴牟迟神所访问的"根之国"是非常明亮的。其境内有能够自由来往于人世与"根之国"之间的旅行之神，还有人间的恋情和纠葛，这都使得"根之国"的黄泉比良坂这一地方的存在显得更为怪异。神灵为了寻找鸣镝之箭而进入大野之中，结果被熊熊烈火围绕，难以脱身。于是老鼠说道"里头亮堂堂，出口似羊肠"，接着神灵一脚踩下，掉入洞中后，顷刻间烈火掠过洞口，然后神灵得以幸免。虽不能直接说这就是《鼠之净土》的古老形态，但也算是一则昔话。并不会有人主张这个故事是曾经真实发生过的事实，总之不知从何时开始这个故事就如此这般地这样流传下来，因此，人们只是试图将其原封不动地用文字记录下来。只是与后世的同类故事之间的不同点在于，并没有人会因为觉得无人相信而抱着"干脆天马行空地胡编乱造吧"这种态度，从而进行不负责任的改写。虽说这个故事里面并没有像后来的同类故事那样，主人公抓住老鼠的尾巴紧闭双眼且进入狭小洞穴的

---

① 新井白石（1657—1725），江户中期的儒学者、政治家。
② 《东雅》，新井白石编著的词源书，1717 年成书，1903 年刊行。这里的他指的是新井白石。

情节，取而代之的是主人公试着踩踏洞口却使得洞口的泥土下陷，从而到达并隐藏在地下的广阔的世界，然而我们也从中可以窥探出这些尝试续写上代某个故事的人们那朴素无邪的态度。换言之，我们意识到在所谓的"如是我闻"①——因为我听来了这样的故事因此不得不讲述——这样的状况下，仍有许多丝毫不怀疑故事的真实性而认真倾听的人们。

最终，我们的"根之国"思想还是发生了变化。首先，"根之国"就是老鼠们的避风港这一传说不可能是最初就有的，然而它已经横跨南北两个群岛，依然保留了模糊的近似的痕迹。如此一来，至少在日本的古文献中，这一传说比"根之国"成为彻底的"死者之岛"的时代要早。沿着这个传说中的某几条线索推理的话可以发现，我们的来世观原本并非阴郁而单调的思想。大多数人既未经历过死后坠入地狱的悲惨结局，也没有自大到认为自己该被迎去极乐之土。虽说那念佛法门的说教图解极有诚意，然而在人们心中，日本人死后灵魂的归宿还未有明确的定论。如此一来，在种种的杂说俗话并存的过程中，大多想象"根之国"是明亮且自由的、充满欢笑且愉悦的、来去自由的地方，这也是来自上古习俗的残留吧。虽说不假思索地

---

① 佛经的第一句，意为"阿难我听佛是这么说的"。

借用汉语的"黄泉"一词是很久以前的事，然而与"黄泉"相关的葬法和那个时候惯用的葬法并不一致。更不用说将"根之国"看作黑暗阴冷的地下世界，它是某种应该被称为"神道家的哲学"的观点，他们极其厌恶死者身上的污秽，因此将这一解释的责任托付给佛教的僧侣们。有关清净灵魂的问题，与时代相应的研究还远远没有完成。

我将这一部分论述略去，总之，通过与南方诸岛的"niruyaka-naya"进行比较，可以更加明确地判断，我们的"根之国"并非单纯的阴森凶险之地。这正是我们所期待的结果。老鼠给人类带来的灾害愈加严重，它们常在深夜穿梭来往，使得人们甚至曲解了"yo-mono"这一禁忌语，这些都是后来发生的事。据此而主张"根之国"是黑夜世界的新井白石先生的观点则有些夸大其词了。关于"yomi"一词，与它相关的"yomotsuhira 阪"等词，它们究竟是不是"夜见（yomi）"之意还不确定。因此也无法确定"yomi"就是"根之国"或者前往"根之国"的必经之路。当时，似乎还有人认为获得光明的"夜见国"其实就是"常世乡"。上述两种说法哪个在先，这是我们今后要考虑的问题。尤其是南方诸岛的"niruyakanaya"，最初就是"teda"大神冉冉升起的地方，同时也是被选中的灵魂前往的岛屿，也是昔话中提到的"常世乡"。虽然越来越难以想象岛上所有居民都渴望死后能够前往那里，然而暂时还未出现第二个"夜见国"。虽已出现了

"后生（gusho）"一词以及"hansa"一名，但这一观念在每个岛屿都有所不同。读了冲永良部岛等岛屿的《昔话集》可以发现，人们与世长辞之后前往的目的地是"鬼岛"，或者被称为"nigusuku"，恰好如唐朝小说中"冥宫"一样的"后生"使者三人同行前来迎接，而后查看生死簿来确认死期。广阔草原的正中间有一块巨大的表面平整的石头，将其搬开后，会发现下面有一个洞穴，这里就是"鬼岛"的入口，另有一根棕榈绳编成的网垂在洞口下面。小鬼们每次都靠攀爬绳网出入洞口，这似乎也是受到"鼠之净土"影响的近世的某种空想吧。而比这还要稀奇的是，就在"鬼城"洞穴的旁边，另有一个洞穴，而垂在洞口下面的是用芭蕉丝编成的粗网。这里被称为"anda国"或者"daku国"，很明显是借用了"安乐国"也就是"安乐净土"的名称，其地下的另一个世界也与人类世界一样，有许多村落，也有一家之主。这与其他许多"nirai"访问型故事并无不同，只是故事里提到，一个角落的长屋①中，正在进行对生前作恶之人的审判。在佛教势力较为弱小的南方诸岛，即使没有经历过大幅度改写的转折点也不足为怪，然而南方"根之国"的观念自始至终没有令人感到任何分化的必要，也没有人尝试过任何解释上的扩展，只是一味地

---

① 日本集合住宅的一种形态，几个屋子并排，只有一层，与中国的平房类似。

模糊身影、淡化印象，这一点让人稍感落寞，而在尚未为时已晚的时候努力，为其点亮比较之学问之烛光，对于我们来说是一种责任也是一种慰藉吧。

一六

最后我想要论述的一点是我们做此学问的目的究竟是什么。它决不是为了回答老鼠为何会出现在昔话中这种满足好奇心式的、毫无实际意义的问题。我们的目的是，努力了解为了今后长久的集体生活，我们现在必须知晓且将来需要进一步深入的知识，也就是我们这些居住在群岛上的人们，在何时、由何地，又是经历了怎样的艰辛渡海而来的呢？在过去的同类消失、混同进而销声匿迹的情况下，又是具备了怎样的条件，使得我们定居在唯一固定成形且繁荣起来的岛屿呢？这与迄今为止的历史发展进程之间，是否有一些我们必须知晓的关系呢？虽然或许我们无法知道全部真相，至少我想要做出努力。如果我们是在图书金石的文字和地上地下的遗物遗迹都十分丰富且被完好传承下来的土地上，则这项工作会轻松许多，然而谈到岛屿的史学，必定不能单纯依靠那些资料。我们更应该有一种执着之心，将现实中留存下来的东西，尤其是那些断片的记忆与传说，以及那些还未被人们忘却的各个角落的无意识的传承毫无遗漏地仔细拾掇收集，对迄今为止发觉的问题进行认真思考。在这一点上，以日本民俗学为专攻的学徒们长年以来的实践活动在某种程度上无疑起到了重要的作用。如果迄今为止并未对以大海为故乡的人们的生活体验进行比较式的回顾是事实的话，那么若要使学风焕然一新，日本人必须一马当先。

虽然《鼠之净土》业已成为幼小孩童都会莞尔一笑的昔话，而它的形成过程背后却有着一朝一夕无法说尽的历史。可以想象，我们的"根之国"在大海的东方，每天清晨，太阳的高贵身影就出现在天空被染成花朵一样七彩颜色之外的海平线上，最初它是一个并无生死之别且人类灵魂可以自由来去的岛屿。然而人们逐渐改换住所，而太阳升起的方向却始终未变，因此，曾几何时，那里化为了一个梦幻般的乐土。这或许很难被证实，然而至少有些迹象表明，曾经有那样一个时代，人们相信"根之国"后来隐于波涛的深处，仅有极少数有资格的人可以偶尔前往探访，归来后讲述见闻，或者之后再次被派遣前往，并给人类居住的国度带来数不尽的幸福。在本州的主要岛屿上，这一信仰从很早以前就局限于少数的氏族，而官方并不承认。然而在冲绳诸岛，长久以来这一信仰构成了人们共同生活的根基，执掌"niruya"交通往来的人们似乎也曾经支持政治的中心，同时，"中央的学问"不断发展，外来文化的影响也越来越大，其解释方法也不断转变，当初的信仰未能永久持续下去。这一点从文字史料中也能窥见一斑。容易被后来进入的来自外部的感化所动摇，这或许是一叶孤岛的宿命，然而同时也是这一民族的不幸。他们无法永久地信仰传说最初最古老的形态，却宁愿相信那些稍经改动就立刻能够"平易近人"的传说。例如龙为父亲、狼为母亲之类的"发祥谈"，原本只有认可和不认可两个选择，然而前往遥远的远海眺望，一旦确定并未看到那一座宝岛，人们就会倾向于认为它隐藏于空中或水底，只是人的肉眼无法看到而已。对于这样的思考方式来说，指导者的努力完全没有必要。进而人们又与第二、第三个门槛相遇，并没有既定的未来方向，而是不断地轻易改变行走的路径以绕过门槛。说这是固有宗教的弱点也不可否认，然而同时，也是怀古之学问深不可测的魅力所在。

即使是现在，"第二个世界"仍是我们憧憬的对象，当得知这个地方并不存在，仍有许多人会暗自悲伤、失去动力。只是由于往返于那个世界的路线并不明确，人们踌躇不决而已。"鼠之净土"这一昔话也是一样，并不是有人突然杜撰出这一奇葩怪诞的故事，而是一种对某个时代的失望感的纪念。这意味着曾有不少人相信，人们被这成群结队的小兽所引导，经由地下来到"根之国"这种程度的事情也并非无稽之谈。然而人们渐渐发现希望渺茫，于是试图用夸张的笑声与古来的思想做个彻底的了结。时至今日，当我们遇到世间的转折点时也会采取同样的做法，这是我们的某种"癖好"。但是当我们这样尝试之后，会发现过去曾经发生过的事实并不会消失，只是我们逐渐失去了使之明了的机会。曾经，当我试图思考为何要将海神描写为孩童时，曾经试着从全国各地收集关于由水底"仙乡"带回孩童的昔话。其中，只有在岩手县的江刺、紫波两个郡收集到的昔话中，出现了能够与老鼠洞的例子结合起来思考的特征。其中一个故事讲道，谷川的潭水出现旋涡是非常罕见的事，而正月里前往潭水边砍柴的老爷爷看到旋涡后试着将一根松枝投入潭水，于是，松枝旋转了几圈后沉入水下。老爷爷觉得这实在有趣，于是将一整天砍下的一捆一捆的门松全部投入了旋涡之中。此外还有另一个故事，有人在深山的岩石背面发现了一个小洞，他想这样的小洞里多半藏着不好的东西，最好将它封上。于是他用一捆柴作栓，试图将洞口封住的时候，柴却自己落入了洞穴里面。这两个故事中，都出现了薪柴一捆接一捆全部落入"水中"或是"洞中"并消失的情节。最终有人从洞穴中走出并说道："谢谢你给我这么多好柴，为了表达我的谢意，请您一定前来做客。"于是这个人带领老爷爷从洞口走了进去。洞穴里有宽阔而气派的房屋，进入大门后，老爷爷看到有堆得整整齐齐的一捆一捆的门松和柴火。里面还备有丰盛的美食，在返回时还被赐予一名儿童作为礼物。这名儿童就是福神，他立刻就使老爷爷家财万贯。到此为止尚有许多类似的故事，然而三个故事的始末却有所不同。将木头献于海神令其十分愉悦，于是被给予丰厚的报酬，这一昔话由北到南、到沿海地带都有广泛的流传，关于前往的目的地，日本内地称其为"龙宫"，而南方诸岛则称其为"nirai"或者是"neriya""niruya"，不论哪种称呼，那也只是闭上双眼乘在前来迎接的使者背上就能到达的地方罢了。由此一来，只有距离大海十分遥远的山间的传说，通过旋涡及小洞，指出了通向目的地的道路的入口。这也可以看作在关注并观察老鼠的生态以前，居住于内陆的人们就已抱有关于这条路线的某种观念上的要求，然而如此一来前往目的地的过程又成为一个新的问题。一方面，老鼠与"根之国"之间的关系开始于很早以前。我认为，这就是原本被认为位于海上遥远彼岸的梦之故乡，却渐渐被引至我们所踩踏的土地底下，且被描述为一个阴冷黑暗的地方的原因所在。然而若要证明这一点，还需要花费一些时间。总之，在如今的岛屿文化特征的形成过程中，老鼠也贡献了一份力量。因此从这个方面入手，我们的研究还将持续下去。

关于"宝贝"

一

这个问题或许已经是"omoro"研究会的研究对象，然而我还有些许不明之处想要向各位请教。在《草纸》的第十三卷第二二四里，有这样一段：

用久米岛的金粒(tsushiyakokane)哟充实船只

贡于首里城之社哟献于国王

用金之岛的金粒哟充实船只

贡于首里城之社哟献于国王

其中，第一行的"tsushiya"究竟是何意？"tsushiyakokane"是否

并非另一事物，而是与"tsushiya"是同一物？我首先希望久米岛的学者们能够思考这个问题。这里的"tsushiya"一词明显不是笔误，它在《omoro》中至少出现了四次，因此应该是原本就存在的词。在同一卷的第二一三里，还有这样一段：

> 将要踏上旅程的我哟
>
> 身着夏日之"晴服"
>
> 将"tsushiya"①之珠哟
>
> 挂于脖颈之上

虽然不能肯定是否完全理解了这段文字的意思，然而"tanashi"意为贴身衣物，这一点古今南北皆无不同，且应该可以想象，"tsushiya"意为挂在颈部的装饰品。我们将之看作南北共同的民俗学今后能够为远东古代史的研究做出贡献的关键所在，因此我想要对这一激发无限求知欲的问题进行论述。

同样在《omoro草纸》的第十五卷第六中，有这样一段：

---

① 柳田国男认为"tsushiya"指的是"宝贝"。

泽岷（浦添市）的按司大人

若如磁石与铁相吸引（shiitsukawa）般

拥有太阳之灵力

则大人必将统治此世（tonosu）

虽然这也是一个十分简单的结构，然而第二行的"shiitsukawa"难以理解，而且"tonosu 世"的意思也不明确，人们究竟在咏叹什么也不得而知，但姑且可以认为它们与"tsushiya"这种石头或金属之间有着某种联系。或许恰好在人们喜欢将这种物品用绳子穿起并挂在颈部并将它们称为"tsushiya"或是"tsushiyako"的时代里，《omoro》诞生了。

那么，"tsushiya"一词最初起源于哪里，又是从哪里被带入岛屿，关于这些问题的任何观点都仅止步于假说，然而这里我们应该思考的另一个问题是该词含义发生变化的中间阶段。在岛屿社会人情的不断影响下，这个词语也无法超然世外吧。与久米岛相关的《omoro》第十一卷第八十二的《shinokuri 神女乃通晓世间之神女》中，这样写道：

（……神女啊）

你为何踏上大和之旅

你要前往购买何物

你为何踏上山城之旅

你要前往购买何物

是要前往购买碧绿（aoshi）的勾玉（teutama）否

是要前往购买上等（fukushi）的勾玉（teutsushiya）否

　　在选篇中已经有人尝试着进行解释，"aoshi""fukushi"两词意为"美丽"，是形容词，而"teutama"是装饰于颈部的珠子，但"teutsushiya"的意思却不明确。然而既然是作为"珠子"一句的对句，即使不是同一物品，也应该是十分相似的东西吧。如果当时确有必要为买取这一物件而踏上旅程前往大和国，那么应该可以判断，它指的是在冲绳各岛大量出产且极度华美、光彩照人的"宝贝"。也就是说，"tsushiya"一词的含义有所偏移，后来成为颈部装饰品的名称之时，也正是《omoro》诞生之时。若非如此，则我接下来提出的假说将无法成立。

　　如今，将"宝贝"也就是我们所说的"子安贝"称为"tsushiya"或者是与之相近的词的岛屿或人群已经不复存在。然而，东方的大海和陆地的语言千差万别，虽然最近的调查进展顺利，我们却依旧无法自由使用它们，尤其是关于某个词语的重要程度，一般情况下，如果不指出来就不会给予关注。因此，首先要从我们这些调查者开始，说明不得不弄清这一问题的理由。

二

我认为"tsushiya"最初并不是"宝贝"的意思，而这一想象着实只是建立在一些微弱的提示之上的。在日本的古语中，如果寻找与之发音相近的词，则还有"tsushitama"一词。甚至也有写作"tsushi"或者"tsusu"的情况，汉字写为"薏苡"，是一种野生的禾本植物。其谷粒比小麦等其他谷物大很多，表皮坚硬且有光泽，儿童经常收集它们并用绳子穿起挂在颈部玩耍，它们确实是与人类十分亲近的植物。在我出生地附近的竹林之下，这种植物每年都会生长，因此至今我仍对此保留着新鲜的记忆。到了近世，许多人称之为"zuzu-dama"，我也曾经将其用绳子穿起，丈量长度，挂在颈部或拿在手上玩耍，因此，我确信无疑地认为它就是所谓的"数珠玉"。虽然有两三本词典对这一植物进行了解释，然而在早期的《倭名抄》中，这一植物却被写作"豆之太万"，因此，"数珠玉"的写法明显是后世之人的误解。

同样的植物在冲绳各岛也有分布，然而现在各地的人们又是如何称呼它们的呢？先对文献进行考察，或许能得到线索。我们应该注意到，伊波普猷先生的"选释"中提到，至今还留存着将"susuta-ma"这一植物的果实用绳子穿起并挂在颈部辟邪的风俗，然而这种植物在冲绳本岛是否被称为"susudama"，人们是否只是单纯地援引了其正式的名称，这些问题必须弄清。宫良氏的《南岛丛考》中提到，在八重山将"薏苡仁"称为"chidama"，而人们将之做成项链的风俗是否是直到最近还依然存在的现象呢？不管怎样，这种在日本本土只是年幼的孩子们采来玩耍的植物，在冲绳则是很久以后才开始被当地人使用，这一点意味深长。于是我认为，"tsushiya"原本应该是人们将"宝贝"用绳子穿起挂在颈部这一风俗出现的时代的名称。虽然两种"珠子"的大小相差很远，但是植物"tsushitama"也呈曲线状且色泽鲜艳，这些都与"宝贝"十分相似。当到了植物的成熟期，即使是长在同一根穗上的果实也会呈现出不同的颜色。如果颜色的搭配是制作这些海贝装饰品的一种乐趣的话，那么其代用品虽然让人感觉不能尽兴，却也暂且能够满足人们的需求。或许这样就可以厘清"tsushiya"这一名称的所指由贝类向植物果实演变的过程了。

三

虽然这并不是我们所说的"一国民俗学"所关注的问题，然而像冲绳诸岛那样的颈部装饰品的风俗由来已久，在对宗教的关注逐渐增多的社会中，他们为什么会刻意回避那样唾手可得且产量丰富又如此光彩照人、变化多端的"宝贝"，且将它们置于日常使用的对象之外呢？这一点必须进行说明。有人认为或许是因为"物以稀为贵"，产量过于丰富因此不被珍惜。然而岛民们选择将更加随处可见的草木果实穿成珠串又如何解释？正如古代的谚语"织者无着，耕者无食"所说的那样，对于分散居住在各个岛屿的贫穷弱小的人们来说，因为是自己爱不释手的珍贵"宝贝"，因此长久以来他们认为将其用作颈部装饰有些大材小用吧。如今回顾起来，虽然可以说同属于上代的物品，在当时人们还未铸造金银，甚至连山间闪耀光辉的石头都还未被挖掘的时代，在随处可见、唾手可得的物件中，没有比"宝贝"更加耀眼、更加艳丽的了。换言之，强大的中原王者用尽一切方法从遥远的海之尽头为追寻"宝贝"而来，或者将其作为无形的武器来征服广阔的地域，这也已经是三千多年前的往事了。这一财宝的第一原产地在世界上究竟存在多少，我们无法得知，但至少中国的"东夷"①，正是冲绳诸岛永久留存着（作为第一原产地）最为清晰的痕迹之地。其运送不仅限于江淮之间，直到其供给变得愈加丰富之后，虽然人们终于意识到它的价值并不高昂，却依然保持大量输出的，也正是这个海上的小小王国。久高岛的"minagurukanai"也在伊波普猷先生的论文中得到详细的说明。如此获取的"宝贝"在很长一段时间内都被用来达到官方的目的，因此其原本的用途逐渐被人忘却。然而事实是否如此呢？无论谁都不能断言在颈部装饰珠子的风俗在这个岛上开始流行是在获得那些色彩斑斓的珍贵宝石之后，如果这个风俗当时并未出现，那么世人广泛了解到"宝贝"的珍贵与美丽恐怕也要晚很多吧。这正是我相信这种贝类一定还有其他的古老名称，且无论如何都想去探寻的理由。

四

众所周知，在国外，研究人们珍爱"宝贝"之历史的学问很早以前就已经开始。从生活在遥远大陆、拥有罕见名字的未开化的人们

---

① 古代中国东方的民族的总称，四夷之一。

那里收集使用这种贝类的种种神像和崇拜物，并将之陈列在各国的博物馆中，观看这些展品的人们恐怕只会感到不可思议：究竟是谁，又是为何将这些贝类搬运至如此偏远的地方呢？在我看来，至今没有人能够明确地回答这个问题。或许也可能存在几个中心，它们之间也会偶然呈现出一致性，但如果这样解释的话，它们的发展路径和方向之间就显得过于接近了。因此，这虽然是考古学研究的领域，但是在这一风俗的流传过程中，每个地域之间有非常显著的年代差，因此由甲向乙、再向丙移动的痕迹基本上可以被把握。如果正如我们所假设的那样，出现大量上世遗留物的中原古代文化地带如果是其发源地中最重要的部分，则即使海上的痕迹就此湮灭，我们也需要结合这些产出无数美丽"宝贝"品种的南方岛屿之间的交通状况来思考。我在三十年前曾经一度造访冲绳，当时有幸观赏了已故尚顺男爵收藏的"宝贝"。虽然这些都是男爵在位于首里附近的别墅前的海边徒手捕捞的"宝贝"，却多达几百种，甚至连名字都来不及起。比起形状，其颜色和花纹尤其耀眼夺目，至今我也无法忘却当时的激动之情。"冲绳是世界上罕有的'宝贝'产地"这种说法，是根据只言片语的材料就能够得出的结论，然而最终结果究竟如何，对于我们来说，这一答案与尚顺男爵一家悲惨的遇难始末共同成为了未解之谜。岛屿的历史难以追溯，那些仅存的线索也终究被埋没。我对于这样的遭遇究竟还要忍耐多久？如今我已风烛残年，尤感落寞。

<h1 style="text-align:center">五</h1>

语言无疑是松散且无力的资料。然而由于"宝贝"的传播与保存在无意识中进行，因而或许能够偶然追溯到其在过去的变迁轨迹。例如，现在被概括为"takarabihi"的那个出产小巧而美丽的贝壳的地方，在整个冲绳南北诸岛通常被称为"shibi"。虽有值得注意的两三个例外情况，但大体上"shibi"或者"shipi"的叫法较为广泛，在喜界岛则被称为"subi"，而也有人将较大的那一种贝类称为"yunasubi"。"yunasubi"的"yuna"大概是指大海，应该与《新撰字镜》中的"螧""海豆比（umitsubi）"一词相对照。

在《倭名抄》中，"都比（tubi）"下的汉字是"甲赢子"或者"海赢"，由于它被解释为螺类的总称，因此有人将其与田螺的"tsubu"或者是蝾螺的"tsubo 烧"联系起来。若与上述南方诸岛的"shibi""subi"加以对照来看，则这个解释或许有误。"tsu"与"su"音共通有很多实例，例如本土将"唇"称为"tsuba"，而南部岛屿则称之为"shiba"或者"suba"，前述的"薏苡"的"tsushidama"，诸位既说

"susudama"也说"shishidama"，因此并不足以为怪。如今或许很多人已经忘却，然而这里的"tsubi"或者"subi"实际上是相当可笑的戏称。

或许京都的上流阶层并未意识到这一点。人们之所以开始相信"宝贝"拥有禁咒巫术的力量，一定另有一般性的心理活动发挥作用。尤其是将其作为安产的守护神而抱以敬畏之心的时候，恐怕人们已经开始注意到那种贝类的罕见外形了。"燕之子安贝"一词在日本产生的时间较早，我们可以发现，我国曾经有过小鸟衔着贝壳从遥远的"常世国"飞来这一传说。然而那只贝壳呈现出怎样的形状，却没有详细交代。《竹取物语》中的那一段描写却稍稍含有一些下流的谐谑的目的①，由于"子安"一词并不含有其他内容，因此可以看出，与今日相同的联想与俗信从那个时候就已经存在。根据畔田翠山的《古名录》②，无论是"soso贝"还是"beibei贝"，在室町时代的医书中就已经开始被使用，因而至今坊间依然流传着更加不堪入耳的别名也是可以想见的。然而，这些名称似乎都属于忘却贝壳给予人类帮助的力量、而只是被其珍奇的形状所吸引的人们的联想，而

---

① 参见《竹取物语》中有关"燕之子安贝"的部分。

② 《古名录》，江户时代后期纪州藩的本草学者、博物学者畔天翠山（源伴存）编写的词典，成书年代不详。

更早以前的朴素的人们则为这一自然界的不可思议感到震惊，并试图承认其背后隐藏的灵力的场景，如果与他们的记忆之间哪怕存在极其微弱的关联，则人们为它们命名时的态度恐怕也会完全不同吧。也就是说，那个时候的人们既不轻易将其挂在嘴边，也不会将其作为玩乐的工具。其痕迹在"shibi""subi""tsubi"等词语中依然有所留存。我之所以将其看作一种"二次加工"，且认为必定另有一个最初的名称，其理由就在这里。在南方诸岛，最初将这美丽的"宝贝"用绳子穿起挂在颈部的，是那些虔诚庄重的宗教女性。因此可以说，它并没有仅仅作为安产的守护神或对子女平安降生有特殊效果的存在而接受人们的信仰。

六

宝贝流传至大陆的每个角落，在数千年的岁月中，或许在刚刚被采集时，其美丽已经褪色，因此住在远离大海的陆地上的人们逐渐开始不能理解"宝贝"的价值所在。对于过去的人来说，很难将上述变化单纯地解释为社会的某种规定，因此，随之而来的就是有关禁咒的力量——将其持于手中遏制敌人，甚至能够给自己带来一生平安喜乐的生活，诸如此类的信仰。或许已有人开展有关在世界的各个角落出现的此种观念变迁的研究，而我暂时还不得而知。至少关于日本的情况还需我们今后继续思考。虽然日本大大小小的岛屿海岸广阔的地域上都有同样的贝类产出，然而其种类却少得多，颜色与光泽也与南邻的列岛无法相提并论。在这种情况下，"takara贝"或者"nishiki贝"这样的词语不知从何时开始流传开来。或许人们是在知晓震旦上代的"宝贝"名称之后将其直译过来，然而我们语言中的"takara"与对方语言中的"宝"是否能够完全对应，还需要更深入的思考。另一方面，长久以来人们也将南方的某些岛屿唤作"tokara（都货逻）"。是否在遥远的过去也恰好有人曾经体验过我观赏到已故尚顺男爵的收藏品时而感到的那种巨大的震惊呢？然而，我也曾经对这一美丽的物件爱不释手，即使后来却终究去往寒冷的巨大岛屿①，是否也逃不过目光被陆地上的绚丽色彩所吸引的宿命呢？问题的归结点在于，所谓的"曲玉"②的艺术文化，究竟是由外部传入的，还是由内部的事物演变而来的。就算取得那种材料的石头易如反掌，是否在研磨并用作凿洞工具的技术具备以前，将其穿串挂在颈部的风俗并未开始，而人们一直在默默等待呢？还是人们

---

① 这里是指日本本土，与冲绳诸岛相区别。

② 曲玉，也写作勾玉，是古代日本的一种随身携带的饰品，一说用于祭祀活动。

在最初从海里捕捞的各色贝壳中，选用一些最为艳丽的贝壳这一爱好已经普及，且这一爱好同时也促使人们产生了对南方诸岛上那种稀有石头的憧憬呢？在研究有关海上的南北各岛时，这都是我们日本人今后应该比较并参照的问题。穿戴珠子这种习惯最近被人们认为是从"毛皮民族"那里效仿而来的做法，然而无论如何，它应该是起源于"裸体国家"，起源于被温暖海水所滋润的社会的。在《万叶集》卷九中，有这样几句：

拾珠与吾妻，

（远海的波浪啊）

请将宝珠带至此岸吧！

这类的辞章，现在的人们如何注释我不得而知，然而那一定不是小石头，也当然不会是珍珠。我想不会有人面向群山高呼"请将宝珠带给我吧"，然而即便如此，为何日本人依然不得不从北部大陆的"tsungusu"方向渡海而来呢？

我认为《omoro》中的"tsushiya"就是"宝贝"的理由，仅来源于短暂的年少时期对那令人怀念的野草种子的记忆，然而"tsushiya"一词本身正是问题的关键。我盼望有一天，我们能够怀着忐忑的心情打开那扇未知世界的大门，知悉被忘却已久的过去的旅人们的消息，展示出凭着东洋人的直觉也能够知道学问前进的方向这一态度。

人与“zuzudama”

一

有一种草的种子拥有非常稀罕的名字，即“Coix Lachryma Jo-bi”，意思是“乔布的眼泪”。这种种子已被证明在日本存在了一千年以上。我与它尤其有缘，记得幼时曾几度被它的神奇所吸引，并抱有强烈的好奇心。虽然我的一知半解并不能使之成为一种学问，然而如果能够留下只言片语，则也为后世之人省去了一些查找的辛劳，更或许有幸在今生得此机会，找到重要问题一二之线索。自然史学会诸位的热情与善意，对我来说则是最大的希望。

最初我认为，这种植物之所以分布广泛，尤其在南北大小诸岛都拥有同样的名称是由于人为的传播，而并非是因为它原本就生长在日本国土。这本身就是一个值得探讨的问题。目前看来，在中古以前丝毫没有人们食用该植物的记载，该植物其他的用途也逐渐失去了重要性，如今，即使在田野乡间也鲜少有人注意到它，我只能去翻看那些残存的文献，却无法以现实经验为基础将其作为一个人生问题去探寻真相。若将来此问题的解决变得十分必要，则不可见的眼前的变迁将成为不幸之事，于是在意见难以统一的过程中，又有人跳出来倚老卖老也不足为怪了。

二

如今的国语教育中，若对汉字进行彻底的限制，则大部分古书将成为无用之物。而其中最受冲击的则是本草之学问。此学问原本是在邻国开展的研究，日本做此研究的目的只是理解并应用，且邻国幅员辽阔，各地物产及名称也不计其数，其使用的汉字中也有许多十分生僻的，记忆这些汉字就要花费大量精力。因此，虽然我并不想对功劳大小锱铢必较，然而作为间接的效果，其（指本草的学问）观察的意义、比较的价值以及赋予每种草药适当名称的语言能力，甚至是可以享受到的记忆的乐趣，最终帮助日本人成长为我们现在所看到的那样，这个功劳绝非可以小觑。一般来说，一旦记载远离世间则必须想出其他的方式，填补这些原本存在后来却消失的知识的空洞。我认为，这一必要性如今已经在我们面前。虽然我的某个记忆无法起到任何作用，然而正因为它在这七十多年间偶然地若隐若现地存续下来，或许存在着能够带领我们探寻日本最根本问题的美好希望。如果这终归是一个无法实现的梦想，则对诸位来说是无比愧疚之事。此时，仅对我能力范围内之事做一简略叙述。我的出生地位于中部播磨，即离姬路大约四千米的河流上游附近，零零星星散落的山丘南面的缓坡上，坐落着几个古老的村庄。穿过我家的房子，朝着神宫的方向走去，就会看到一条名为"上阪"的小径，与之相隔的西面的田野中，每年都会有三四株这种值得纪念的植物在独自生长。此后，那里建起了被用作登记所之类的建筑，周围也变得面目全非，已看不出一丝过去的光景。然而在其背后，却有一小块被竹林所包围的湿地。我有一位长寿的友人，或许他还能够回忆起这些风景。总之在我的记忆中，有四五年的时间，每年当那些植物的果实成熟之时，我们就会因为草鞋沾满了泥巴而受到训斥。

三

我的父母将那种植物称为"zuzudama"，我以为"zuzudama"与前往寺庙拜佛的老爷爷老奶奶手腕上戴的数珠是同一种东西，于是它们都被唤作"juzudama"。想要去采集那些果实的原本目的是将它们穿在线上玩耍，没曾想因为珠子多绳子长，根本挂不到手腕上，绕了两三圈戴在脖子上之后，还能一直垂到腰带的位置。虽然有法华行者①和山伏②将念珠挂在脖颈之上，但这一打扮在当时并不多见。此后，东北的"itako"的数珠、阿依努的脖颈挂饰等也开始出现，虽然称它们为"juzu"，但我们所模仿的依然是更加古朴的、更具日本风格的装扮。

我能将这一小儿科的游戏记一辈子，还有另一个原因。它应该是发生在我九岁时候的事——因为在九岁的第二年举家搬迁，因此不可能比那时更晚。当时我从脸部到手脚长满了疣，已严重到不能坐视不管的程度。虽然如今我家族的医术已经荒废，但父亲毕竟曾是中医，于是他在纸上写下了三个汉字，并去附近的药店抓了药，磨成粉让我服下。我觉得味道十分难以接受，分量又多，因此拒绝服用。比起吃药，我更感兴趣的是纸上的三个汉字"薏苡仁"，虽然迅速就记住了字形，却无法理解它们的意思。而我最感到好奇的，

---

① 法华宗的僧人。
② 在山中修行的修验道的行者。

是这三个汉字的读音。对于一个刚刚开始学习汉字的少年来讲，这是比任何教材都要合适的方式。靠着需要处理自己困惑的一种力量，我才能面对三个完全未知的文字，因此，如果没有产生立即将它们"据为己有"的这种欲望，那我一定是心智不全。而父亲的讲解堪称完美。他说："这三个字读作 yokuinin，就是你们这些家伙每年采来的那些 juzudama 剥了皮之后的东西。"距离父亲的这番话恰好过去了 70 年，这些话仿佛是"宿根"①留存下来的结果，时至今日，我想要让它们再次活跃起来并持续下去。虽然我身上的疣已经痊愈，然而因为有此因缘，故而这些话时常回到我的记忆中来。

四

我年幼岁月的记忆中，不断有新的体验渐渐积累。最初或许是段失败且狼狈的经历，然而却以此为契机，我得以邂逅了许多不曾预料的新问题。大概在我罹患疣病四年之后，我阔别父母，踏上了关东的土地，在茨城县西南角的一座叫作布川的小镇暂时栖身。当时，恰逢一种叫作"鸠麦煎饼"的食物十分流行，它是一种放在纸筒

---

① 佛教语言，指从前世带来的能力和素质。

里的圆形的煎饼，制作煎饼的地方在距我的居住地五六里的一个叫作"鸠崎"的小城。"hatomugi"这个名称如今在植物图谱中也被认可，是与"zuzudama"最为接近的可食用的 coix 类植物的本名。然而实际上，没有人知道，究竟是何时，又是何许人为其命名。虽然我的说法没有任何确切的证据，但是从这种煎饼的商标上来看，有两只面对面的山鸠，能够使人联想到中古时代男山①神号②的文字，抑或是熊谷家③的纹章，从而使人感到愉悦，并成为煎饼受人欢迎的重要原因。煎饼也因此一直被贩卖到东京及东京以西的地方，自然而然地，越来越多的人认为"zuzudama"就是煎饼的原料。如果有人还保存着当时的广告宣传单，则应该就能一目了然。总之，我当时并不知道还有着某种我从未尝过的"juzudama"，只是从医治疣病这一有限的经验中，想当然地认为它是由砂糖与鸡蛋等混合在一起，主要面向病人及儿童的休闲小点心而已。因此，我对自己曾经将"yokuinin"的文字写在榻榻米上并向人炫耀，以此获得大人的称赞的这种行为感到有些羞愧。

由于有了上述经历，过了很久以后，我开始认为《本草纲目》等

---

① 男山，位于岩手县北上市的山。
② 神灵的称呼。
③ 熊谷氏是日本的一大氏族，熊谷家位于岛根县大田市。

文献必须引起我们的重视。近世的植物学的记述非常精确，即使将每一种草药与书中的表述对应起来一字一句推敲也难以发现错误，然而代价却是这种文献对于门外汉来说毫无趣味，并难以留下深刻的印象。另一方面，记述的语言非常精练并能够切中要害，因此如果有误则一目了然。尤其是小野氏的《本草启蒙》等，因为是"启蒙"所以能够毫无顾虑地接近探寻的对象。而此类著作却与国民的距离越来越远，这不得不说是一种无奈。

五

总之，日本的上一代学者们从一百多年前就已经深知两种植物的差异，并进行了通俗易懂的说明。只是他们像最近的分类学专家一样，不再急于为它们命名。例如，兰山先生此前出版的书籍中记载，目前"薏苡"有可食用者不可食用者两种，后者属于宿根草类并自生于荒野，果实硕大且皮硬，果实正中有孔，可穿入绳子做成贯珠。也就是说，该书中明确指出，作为"juzudama"等被广为人知的正是书中描写的"薏苡"。由此，我们可以重新提出三个问题。首先，为何可以认定列举出的在享保年间传入我国的可食用的，并且尚未出现在药铺中的植物就是真正的"薏苡"呢？《延喜式》的典药寮式中记载的来自大和、近江等地的原料的杂药中也出现过这个名字，此外，在其前后问世的一些文献中，也仅有用法完全相同的文字，其主要的用途是入药或者作法，偶尔也会作为食物疗法的原料。也就是说，当初这一汉字名称传到日本之时，在其原产地它也尚未被详细分类，也有很多地方上的叫法还不为人知。

下面一个问题是有关可食用类的"薏苡"。自古以来，这种植物在京都周边的农村就一直有人栽培，它拥有"toumugi"以及"朝鲜mugi"等名称，或许随着时代的变迁，植物的外形有所改变，这种植物无论是果实的形状还是外皮的硬度都与当地的"zuzudama"非常接近，只是其苗与根茎在秋后会一同枯萎，这一点与现在所谓的"hatomugi"相同。在这里我尤其想要了解的是，这两种特质是与生俱来的，还是在播种人的保护下，其根茎的自我生存能力逐渐衰退了的结果。这一点对于了解水稻普及的历史也是非常重要的参考，然而目前还毫无头绪。能否断定最初这种植物与人类有了交集后，其首要用途依然是食用，做法用、药用以及装饰用是之后的事，这也是一个尚待解决的问题。其作用开始的顺序是否依每座岛屿而不同，或者人们是否将其中某一种作用视为首选，说到底，我们还是应该去探寻已经被埋没的人种迁移的足迹，因为这是一个不可忽视的目标。虽然我并未见过实物，却依然想要尝试叙述小野氏用汉名

"竿珠"称之的第四种不可食用类，即山伏修验的教徒用来制作
"irataka"数珠的"onijuzudama"，尤其想要记录有关产地的保存状况
以及传承的情况。

六

　　在任何一个时代，孩童的所作所为都容易被忽视，然而很多例
子表明，前代生活的痕迹恰恰在孩童的行为中被无意识地传承、保
留了下来。用绳子将珠子穿成一串并挂于颈部这种风俗，在远古的
上代已经脱离了官方的服制，在绘画与和歌中也消失了踪影，经过
一千多年的岁月，如今只能看到外国妇女的效仿。然而如果我们稍
加注意的话，会发现这一传统依然有一丝痕迹被留存了下来。例如
松尾芭蕉在作于贞享四年（1687）的俳谐中写道：

　　　　天气刚转凉，

　　　　刚力①钱入账，

　　　　成串挂胸前，

_____

　　①　指的是为山伏搬运行李的脚夫。

乱发黑又亮。

　　这几句看起来像是写生。在钱包普及之前，曾有将货币穿上绳子挂在衣襟上的习俗，这一点可以清楚地说明自古以来为何货币中间会钻有小孔。此外，到了每年二月八日，人们会将几块年糕用绳子穿起并戴在七岁儿童的脖子上，祈祷他们茁壮成长。这种年糕被称为"襟挂饼"（戴在衣领上的年糕）。这一习俗在关东的部分地区直到今天还有所保留，也可以看作同一系统的习俗。

　　距今一千多年前，日本是颈饰最为普及的国家。然而这一习俗彻底消失，甚至是颠覆了我上述推测的原因究竟何在呢，这正是我们必须首先面对的问题。我们即将涉及的西南诸岛上，与本土相比，还较多地保留着一些古代的习俗。在冲绳，奉仕神灵的妇人家中，代代相传着水晶以及其他的曲玉、管玉等，这些藏品让近年来的到访者大为震惊，然而它们却并非产自海中。也就是说，这是在旧有习俗的基础上重新构筑起来的外来文化。"zuzudama"看起来只是小孩子采来玩耍的对象，然而最近在岛上各个村庄，人们开始看到小姑娘们把它用作装饰。也就是说，从顺序来看，有一种比曲玉历史更久远的东西被保存下来了。我尤其感到怀念的是，将与那国岛称为"bigiriyadama"以及黑岛称为"anbita"的产于干濑①的小贝壳与各种树木的果实一起用绳子穿起挂在脖子上，或者当作礼物送给自己心仪的人，这或许就是在《万叶集》中被称为"watatsumi 的 tamaki 玉"或者是"拾珠与吾妻，（远海的波浪啊）请将宝珠带至此岸吧！"的时代的珠子。这些偶然从海中被捞起的物件几乎不可能是珊瑚或珍珠，那么更不可能是来自群山深处的硬玉了。

七

迄今为止，植物学家大概都会众口一词，认为"zuzudama"这一名称的起源是佛教的数珠，孩子们只是采来果实并模仿佛教教徒的做法将其穿成串玩耍。实际上，我们大多数人都是抱着这样的认识长大成人的。然而，其实它只是一种"forukusuetetimorogii"之类的东西。首先，佛教的数珠是否从一开始就随其汉语发音一同传入日本这一点就值得怀疑，在它普及开来以前，我国的人们就已经知道这种植物的存在，我国也出现了与之相近的另一种名称。只是两种名称逐渐相互靠近，最终这一叫法广为人知而已。如果从近世时期各

---

① 此处应指的是八重干濑，地名。

地的方言来看，四国地方有"susutama""suzutama"等清音的发音，可能使人联想到"铃（suzu）"或者"笹（sasa）"的发音，如果再往前追溯的话，《倭名抄》中的其他名称中有"tsushitama"，《新撰字镜》中有"tamatsushi"，可以看出，无论哪种名称都说明人们是将其看作"珠子"的。传说成书于大同三年（808）的《古语拾遗》①的最后一节中说道，大地主神耕耘田地，并把牛肉赐予耕田人食用，作为惩罚，庄稼遭受了蝗虫之灾，枝叶在瞬间尽数枯萎。这个部分记录了将三种植物置于田边并施法这一内容，其中有一种被称为"薏子"的植物，古语中注解道"被称为堵须"，显然与豆之太末（tsushitama）是同一种东西。然而，如今流传下来的版本已经有许多不实之处，将此论解作为年代变化的证据，还不够严谨。但是，我推测，至少在这种植物被作为药品进贡的《延喜式》的时代，"tsusu"或者是"tsushitama"的称呼广为人知，这些称呼与数珠并无关系，更多是作为某种谷物的名称而被人援引。

八

仅仅根据某个单词如今被普遍认可的写法来对其所表述的物品

---

① 《古语拾遗》，官人斋部广成于807年编纂的平安时代的神道资料。

由来进行解释，这种做法我一向无法苟同。但是，在其他更有效的方法尚未出现之前，也不妨一试。在冲绳，佛教的渗透尚浅，许多人不知念珠为何物，然而，这种球子作为某种植物的果实却广为人知，将它用绳子穿起挂于颈部的风俗也随之普及。在现在的某些地方称呼中，"shishitama"这种叫法最为普遍，在先岛地方被称为"shidama""sudama"，有时也被称为"chidama"，从中可以看出，过去的称呼比现在更接近"tsusu"和"tsushitama"。整体来看，在南岛，"shi"和"su"音与"chi"和"tsu"音在大多数情况下可以互换使用，表明"唇"字的"tsuba"也可以读作"suba"，表明"尻"字的"tsubi"有时会读作"subi"。津坚岛的"shinugu"歌词中有"tsuzumunu""yurimunu"等，它们或许指的是颗粒状的东西，也就是谷物或"寄物"等在海滩被拾到的东西，在宫古岛的"改世节"中，这种颗粒状的东西也被读作"suzu"。在东条氏的《方言词典》中，在关西地方将颗粒读作"su-zu"的例子也多次出现。

我推测，由于"tsusu"在所有的谷物颗粒中是体积最大且最为坚硬的，因此，有时会在祈祷水稻丰收的法事中被使用，但是还无法断定这一说法是准确的。总之，依据研读古代史的学者的长年经验，将这种颗粒作为项链而珍藏的动机不仅仅是为了装饰容貌，其背后一定还隐藏着某种看不见的力量。最近，根据宫本演彦①和吉田久②两人的愿望而重新收集的川平的"mayunnganashi"的神词中也有几个值得注意的地方。川平是很久以前在八重山郡石垣岛西岸形成的村落。每年旧历八月的"节之日"的深夜，"mayo"之神或者"mayunganashi"之神从大海的彼方之国远道而来，祝福人们五谷丰登、生活繁荣。我认为，这里的"mayo"与冲绳本岛所称的"amanyu"或者"amamiya 世"是同一神，大海的彼方之国与海之彼方的神灵世界，抑或是我们所说的"常世乡"是同一地方。根据远古时代的规定，只有具备一定条件的人才能够扮演这个角色，其语言原本也是保密的，如今外传开来也并非本意。然而正因为如此，长期居住于岛上的人们的信仰也渐渐被人们所理解了。

九

如今，"suzudama"——在八重山被称为"shidama"或者"chidama"——出现在辞章中的例子至少有三个以上。它们皆作为某物

---

① 宫本演彦(1911—1973)，作家北村薰的父亲。
② 吉田久(1884—1971)，日本的法官、贵族院议员、大学教授。

的比喻而被引用，将其放在一起进行对照则能有些有趣的发现，然而在解释之时却充满疑点，每个部落对它们的理解也存在差异，故此处不再赘述。其中有一个较易理解且构思十分新奇，同时也具备文学鉴赏价值的例子，出现在祈祷牛马等牲畜健康的"神口"中：

> 广阔草原，
>
> 家畜万匹。
>
> 成群结队，
>
> 竞相追逐。
>
> 连接成串，
>
> 好似珍珠。
>
> 真世之神，
>
> 恩德无量。

就我目前的理解，家畜万匹，它们在广阔的草原上成群结队，在狭窄的小径上互相追逐，就好像过去看到的"shidama"一样，连接成串，聚集成群。如果将这一兴旺的繁殖状况寄希望于真世之神的恩德，则在这个意义上，将排成一长列行走在狭窄小径的牛群比作用细绳穿起的"shidama"珠串，可想而知，这是作者试图在心中勾勒一幅趣味盎然的理想图景。

　　"古老之……"这一句尤其值得注意。在另一个提到水稻成熟的章节中，仅仅写到了"山shidamashishi"，而与之相对，这里却添加了"古老"一词，这是有特殊意义的。或许在过去除了"薏苡"的谷粒之外，还有另一种被称为"shidama"的珠子也同样被人用细线穿起来装饰颈部。八重山的牲畜有牛和马，且以牛为主。于是与那国有"mbwo"，鸠间岛有"mboma"，新城岛有"mbosa"这样的以牛命名的贝类，在某个时代，这些贝类也曾被当作贯珠使用。"mbo"一词的起源是模仿牛的叫声，之所以成为了贝类的名字，是因为外形相似，也就是背部呈圆形以及有斑斓的色彩，能够使人联想起牛。如果将沿着小路跋涉的牛的队列比作颈部装饰的话，那么这又是比"神口"更加奇拔的某种想象了。

一〇

　　即使是只留下淡淡痕迹的某种植物的分布和存续，如果有缘，通过细致的考察，也能从中看出人类发展过程中的逻辑。我想要论述的正是这一点。最初，我们的祖先选择它们作为装饰颈部的珠子，仅仅是因为它们赏心悦目，又或者是因为想要表达一种对于闪耀着美丽光芒的物件的喜爱之情，很难有个定论。然而几乎可以肯定的是，那个时候的人们还是拘泥于那些唾手可得的大自然的产物。此后，人们开始分散于各个岛屿居住，周围的条件也发生了变化，人们开始知难而上，不惜千里迢迢前往不可预测的群山深处，又或者是大海彼岸的某个国度，认为那里存在着美丽至极的珍宝，历尽千辛万苦也要将其据为己有的这种心理不得不说是一种进化。在几个面积稍大的日本岛屿，地下数千年的遗迹中，曾有闪耀着奇异光芒的彩色宝石穿成的颈部装饰物出土。我们虽会为这来自遥远地方而聚集一处的人类的强大意念而感动，然而将之视为远古时代的世间常有之事，并将如今偏远小岛的竹玉、"tsushi 玉"、贝类以及树木果实穿成串的这种做法视为一种倒退或是某种令人悲悯的拙劣模仿，不仅不是审视古代史的正确方式，甚至对国家从今往后的生存方式都是一种非常有害的文化史观。明知不可及却依然去做没有意义的模仿，这何尝不是现世中最大的悲哀。

翻阅上代的文艺史我们可以发现，古人时常面向大海，咏唱"请赐予我那些珍珠"这样的歌谣。所谓的"yura"以及"yurugi"等许多地名，指的就是时不时有"tamaki"珍珠漂流而来的令人心驰神往的海滨之地。过去，传说有人在海底捕捞了直径一寸多长的鲍鱼珍珠，但是这一事实还没有经过考古学家的证实，也不会是时常发生的事。一般情况下，人们最喜爱的都是多姿多彩的贝壳，其中也有一些驰名世界的"宝贝"。

有关珍贝的分布及其效果，大多数人寄希望于自然史学会未来的研究。关于这个问题，我个人还没有开展任何的考察，此处仅援引受教于黑田德米①的有限知识做一说明。在远东的岛屿中，中部以北的海岸一直受到黑潮的影响，虽然这种贝类时有出现，但是种类很少，其外观也并不起眼，这或许是因为此处是与各种石头混杂的地方。与此不同的是，西南各岛的边缘是十分稀有的产地，其中，尤其是叫作"moneta"的子安贝数目巨大，我自己也曾听说过几个产量尤其丰富的地域。从三千多年前开始，一直都极其珍视这种"宝贝"的中原之地且拥有最短半径的地方就是这个群岛。我也精读过江上波夫②等人的有关子安贝的观点，其中，将中国的南海想当然地看作"宝贝"的产地这种说法还缺乏有力的证据，这一点令我稍有不安。

———

谈到这里，我们不得不回头重新审视"tsushitama"的古名。如

---

① 黑田德米（1886—1987），日本的博物学者、贝类学者。
② 江上波夫（1906—2002），日本的考古学家。

果说可以断定那并不是借用了佛教念珠之名，那么有关其由来的解释则又成为今后的一项工作了。在古日本，其各处地名除了还残存着一些模糊的痕迹，其词语本身已经不再使用，与之相反，在冲绳的岛屿，与之相近的语言在《omoro》等歌谣中被保存了下来。虽然《omoro》原本既是歌曲也是舞蹈，然而经过遥远记忆的传承，由于收集的时间稍稍滞后，其历史沿革和形成过程变得模糊不清，如今依然存在着许多无法确证的说法。虽然我们将其译为"神歌"，但实际上现在以祭祀之外为目的而创作的作品也不在少数，由于用词方法与现代稍稍有些不同，也出现了一些现如今难以理解的词语。其中，至少有四五个地方使用了"tsushiya"这个名词，对于想要了解"tsushitama"之根源的人们来说，这是不得不注意的事实。

可以确定的是，《omoro 草纸》中的"tsushiya"与之前提到的"薏苡"，也就是现在我们所说的"zuzudama"这种果实并非一物。在第十一卷第八十二的一节中，有如下段落：

（……神女啊）

你为何踏上大和之旅

你要前往购买何物

你为何踏上山城之旅

你要前往购买何物

是要前往购买碧绿(aoshi)的勾玉(teutama)否

是要前往购买上等(fukushi)的勾玉(teutsushiya)否

第四句分别形成了对句的反复，前者是询问前往大和是要购买何物，而"aoshiya"应该是个形容词，回答中提到是要去购买"teutama"。之后的"teutsushiya"是前面一句的对句，但是其中的"teu"一词连伊波普猷君们也无法理解，只是知道"tsushiya"一词是作为珠子的同位语使用的。显然，曾被称为"shidama""chidama"的"shishidama"并不是值得专门前往购买的珍奇之物。《omoro》第十一卷提到人们收集了从久米岛传来之物，而在第十三卷，则说道：

久米岛、金之岛的铁矿哟

充实我们的船只

贡于首里之社哟

献于吾之国王

"mioyase"指的是"请献上"，而"ajiosoi"是统御按司之人，也就是国王，这证明这个岛已经有了"tsushiya"的存在。如此一来，是否可以说不远千里前往大和国寻求的"teutsushiya"是一种十分特别的物件呢？又或者是这座岛屿通过船只往来一直在不断输入这种物件并不断储存起来呢？答案就在这两者之间。《草纸》的第十五卷第六中写道：

> 泽岷（浦添市）的按司大人
>
> 若如磁石（tsushiyako）与铁相吸引般
>
> 拥有太阳（teda）之灵力
>
> 则大人必将统治此世

有人说这里的"tsushiyako"指的是磁石，但是整体看来，这一段的意思难以理解。可以判断的是虽然"teda"指的是太阳，但是在这里的意思是一种叫作"takushi"的土地首领，为了象征其权力长久而将其比作石头和金属。恐怕这意味着在《omoro》的时代，已经有将石头打磨钻孔，或者将金银打磨而制成的颈部装饰品传入，而这一类的物件被统一称为"tsushiya"。这个问题也还有许多不明确的地方，《草纸》的第十三卷第二百一十三的一章中写道：

将要踏上旅程的我哟

身着（sawaran）夏日之"晴服"（tanashi）

将"tsushiya"之珠哟

挂于脖颈之上

这里的"sawaran"如果解释为本土语言的"不要紧、不碍事"则意思不通，而"夏 tanashi"在这里只是单纯表示"帷子"①的意思，因此大概可以将"saharan"理解为"习惯""安心"等意。

也就是说，"tsushiya"是颈部装饰，与其说"tsushiya"是"tama"被穿起来再制作而成的，不如说穿制而成的珠串被称为"tama"。这种说法不仅在我幼年时代的游戏中是如此，同时在南方诸岛的风俗中也是如此。

一二

在即将结束之前我还要补充的一点是，我最初曾试图根据《omoro 草纸》中"tsushiya"一词来断定日本所谓的"子安贝"就是"海

---

① 夏天穿的麻制的和服。

巴"或者"宝贝"，而这一想法最终还是止步于被证实有可能性的一种假设。然而，此前叙述的川平的"mayunganashi"的神词中自古以来存在"shidama"一词，与"山 shidama"这一名称形成对立，可以说这是最新发现的有力的暗线索。在日本，如今存在的"zuzudama"这一旧称，实际上就是"tsusu""tsushitama"或者是"tamatsushi"。如果能够牢记这一点，或许有一天，能够从某个不曾预料的角度证明单词之间的一致性或者类似性。而如果像为了寻找数千年前就已断绝关系的表兄弟一样，将已经变得面目全非的语言当作线索，则是大错特错的做法。

最后我要提出另一个重要的问题。如此珍贵稀有、光彩照人的"宝贝"，为何在近世漫长的岁月里，并没有人将其用细线穿起用作颈部装饰呢？是因为它太过迷人，产量过大吗？如此断言或许也能成为一种作为权宜之计的答案。虽然这是一个令人遗憾的事实，但是那种使人变得如此美丽又如此愉悦人心的物件在过去一直被束之高阁，这是一个必须要去面对的重要事实。伊波普猷撰写的《以子安贝的琉球语为中心》一文中，举出了仅有的一个例子。宣德九年（1434），进贡给明朝的琉球贡品目录中，有"海巴五百五十万个"这一令人惊叹的记录。恐怕这并非某年的特殊情况。直白点讲，冲绳除了海巴之外，再也不能拿出另一个明朝没有的珍奇之物了。在所谓的"仲次贸易"开始的最初阶段，虽然文书中仅列出了苏木、胡椒等南方的特产，但是为了收集这些东西，也要先将大量的"宝贝"装船运往西南诸国进行交易才能做到。当然，经过漫长岁月中数量的不断积累，"宝贝"的价值也渐渐打了折扣，而将其作为辅助货物使用的时间也相应变得更久。有关马可·波罗时代云南的贝类货币，杉本教授进行了详细的研究。马尔代夫产的"宝贝"经由孟加拉国、缅甸供给各国，而在位于更南方的海域附近的地区，恐怕冲绳产的"宝贝"最终拥有了更强的竞争力。因此，中世后半期的唐南蛮的通商或许就是依靠冲绳岛内对"宝贝"项链的禁止，才能够愈加繁盛吧。如此一来，其起源依然毫无头绪，或者说依然处在我们目不可及的遥远的地方。

所谓的"mnagurukanai"，也就是将海螺作为百姓课税的对象这种制度，伊波普猷只举出了一个例子。而这种物件的国际价值逐渐变低，只能通过数量来弥补其价值的缺憾。正如最近的盐、烟草等，由于全岛普遍禁止私自使用，其处境也随之变得严峻。当然这种做法很早以前就没有必要了，而文献记录在岛津藩入侵琉球后或许就已被烧毁，但是五代、七代的人们都持续坚定地认为将"宝贝"作为颈部装饰品是不可取的做法，这样一来，某种生活方式就此中断，或许连东山再起的力量也不再有。尤其是在这些岛屿上，政治与信仰的功能密切相连，或者说，某种禁忌在此之上发挥着重要作用。总之，以珠子装饰身体这一习俗如此根深蒂固的这个种族，对美丽非凡且颇有来头的"宝贝"置之不理，很难说是一种偶然现象。

可以说，总有许多被深深埋藏、无人记录的历史存在于世间。正如在佐渡的"蚯蚓在粪便上排便"这样的近代俗谣中描述的那样，在东方的珊瑚礁中的岛屿上，仅穿一条草裙行走的自由奔放的人们在闲暇时便会在早上和傍晚采集"宝贝"，并穿成链子挂在脖子上、手腕和脚腕上，这些"宝贝"漂洋过海被运送到大陆内部，不仅立刻被作为珍奇之物受到青睐，它们的魅力也逐渐扩散，让人不惜舍命相求，连所谓的"九鼎大吕"①也难以与之交换，这样的时代确实曾经存在过。虽然这并非是岛民所期望的状态，但是一旦出现在世间，且其价值受到广泛认可，他们则必须在风浪之中艰辛劳动，且最终带着来自遥远过去的自然的乐趣，将之送去记忆的角落，就此忘却。

我所讨论的主题——"zuzudama"这种植物的分布与存续以及人

_____

① 原指中国夏王朝九州（整个中国）献于开祖禹王的青铜鼎，此处比喻十分贵重的物品或重要的地位与名声。

类对它的认可，在我们这个远东群岛上与被埋没的宏大的历史有着密切的关系。我们对生活上的渴望并没有停留在那片布满了"宝贝"的海滩，还有许许多多其他方面。我们逐渐将船只停靠在寒冷的北部海边，此后又越过千山万水，最终我们的生活足迹不得不延伸至看不见海的内陆。如此一来，若想要继续保留过去曾经拥有的嗜好，首先要把目光聚集在这种叫作"suzudama"的植物上。就算不能取壳食用，将其移植并广泛播种，这是我们的父辈们都可以想到的做法。此外，这种植物存在于居民身边，大概在榎木、鸭脚树附近可以看到它们的踪影。而更为重要的是，当雌蕊脱落，种子的正中间会开出一个小孔，恰好能够让细绳穿过。此外，它们色彩斑斓，闪闪发光而且呈圆形，与"子安贝"非常接近。在冲绳的古语中它们被称为"tsushiya"，如果它们就意味着项链上的珠子，或者主要意味着那些"宝贝"的话，那么"zuzudama"与其词源"tsushitama"就肯定是指同一物。只是要想确证这一点，必须从日本人的起点——最初的海岸寻找证据。

附　记

　　如果采用最初的讲述方式则文章会变得冗长乏味，因此从中间开始我做了大量的省略。我想要与此后发现的资料结合在一起重新撰写。关于"zuzudama"，并没有像样的参考文献。除了两个植物图鉴之外，我首先阅读了《古事类苑》①关于植物的部分，并抄录其中内容，以防万一我仅翻看了家中收藏的那一部分。虽然畦田氏的《古名录》中并没有直接的记载，却也提供了几个暗示。然而主要的资料终究只是我幼年时代的记忆，因此必然有许多不周到之处。关于"宝贝"，贝塚氏的《中国古代史学的发展》一书拥有巨大的感化力量，这本书也成为了此文的出发点。除此之外，我此前还两度阅读了杰克逊的《作为文化传播证据的贝类》一书。黑田德米氏的论点虽然不能成为某种定论，然而我受教于先生的若干著作摘抄，当时想，如果出现与自己相悖的观点，我将撤回自己的主张。幸运的是并没有出现针锋相对的矛盾，然而以防万一，我打算在此文发表后祈求先生不吝赐教。此外，我两年前拜读了《东洋学报》第二卷中的已故滨田教授的两篇论文，而在撰写此文之前却未有机会一睹为快。我还得到了《人类学杂志》四十七卷九号的摘录版，并两次拜读了江上波夫君的《远东的"子安贝"传说》一文，它们至今依然伴随我左右。已故伊波普猷君的《以"子安贝"的琉球语为中心》登载在

---

① 明治政府时期开始编纂的类书（相当于一种百科事典），1896—1914 年刊行。

杂志《方言》五卷十一号上，我也再次拜读。杉本教授的《中世时期的云南贝类货币》登载于广岛史学会主办的杂志《史学研究》第三辑第十一号，这是我最近拜读的文章。最近，关于《马可·波罗游记》的研究取得了巨大的进展，虽然我认为从中还可以获取有关那个年代的其他资料，但已是我力不能及之事。最近即将完成的《南方熊楠全集》中有两三处有关印度"宝贝"流通的记载，我已将之摘抄下来。然而由于我在这个方面的知识极其匮乏，因此希望能够尽可能地参照《溜山诸岛志》来收集更多的事例。而有关埃及以西的"宝贝"分布，除了前述杰克逊的著作以外我还并未涉猎其他研究成果。

"稻之产屋"

初　始

　　"新尝"的"尝"字借用于中国汉朝的"'尝'秋祭"之"尝"。伴信友在其《神社私考》①中，做出了这一明确的判断。之前的学者对此判断也基本持认可的态度。而我想要提出的新的问题是，那是否仅仅涉及一个汉字的知识呢？或许这是在意识到他们的"尝"这种祭祀与我国现在被称为"niiname"的神圣仪式之间存在相同之处的基础上的一种用法呢？就像鹤与马，如果确有其物且具有名称的话，那么汉字意思的差别不会太大。而说到"尝"，那完全是书本知识，是

---

　　①　《神社私考》，江户时代国学家伴信友（1773—1846）著，共6卷，1841年完成。

人通过学问才习得的前代的事实。我非行家因此不敢断言，然而从汉和两朝之间的交通开始的那一刻起，这种被称为"尝"的收割后的祭祀活动，汉朝至少是没有以官方的名义举办过的。即便是弄清这一词的使用方法，也需要涉猎上古的文献。可以想见此时会有来自汉人之中有识之士的"援助"和"劝说"，且在兴国期的文物制度中，他们将"名"与"实"等同对待的例子也不少。然而至少用"尝"表示我国的这一仪式是我邦固有的，从遥远的神代开始一直到记纪律令时代①，这一点已经被广泛承认。为了弄清究竟是否借用了来自古老大国的"尝"字，必须将之与我们的传统相互比较，也就是说，我们必须尝试迄今为止日本知识分子尚未能够触及的深入探讨。然而正如我想象的那样，如果所谓的"尝之祭"在彼国绝迹已久，而在我国却依然繁盛的话，那么决定究竟能否用二者原本使用的同一词语来处理这一问题，对于从大陆来的移民来说，至少是一种过于沉重的负担。

从这个意义上来讲，大家的"新尝"研究首先需要迈出的一步是对"尝"这一汉语的推定，它与我国现在所说的"niiname"之间有何种程度的相似，又在哪一点上不同。如果仅凭简单的思考就断定并

---

① 指奈良时代前后，即编纂《古事记》《日本书纪》并实施律令制的时代。

无值得关注的共通点，则问题并不复杂，然而如果双方都发现不可忽视的一致性的话，随之而来的就是对其原因的追问。例如尽管对季节的十月和十一月的看法有所差异，在殷周的文化中心地带，水稻也必定是从很早以前就开始被少量栽培的谷物。从收割期来看，十月更加符合自然规律，而将之推迟一个月，则应该归结于日本独有的特殊情况。最近十几年的中国古代研究的成果还未来到我们身边，因而无法知晓现在的普遍说法，然而，"尝"是人们专门为了水稻而举办的祭祀这一点已经确信无疑。"稻人"或者"稻米使者"等名称存在已久，虽然其产量还不足以使其成为"主食""常食"，然而可以想象，将其当作一种在仪式上不可或缺的农作物这一点，也与我国长久以来的现实情况相似。如今，我们只能等待来自邻国的这一领域的研究不断地公之于众吧。

日语"niiname"

关于"niiname"，首先在"尝"这一汉字被采用之前或者之后在俗家人之间，人们究竟用怎样的日语词去表示这个祭祀呢？这个问题我们必须更加明确。《万叶集》中有名的例子正是所谓的"东歌"，然而其中只有"请将我遣往 nifunami"，而并没有"niiname"。《日本书纪》的《神代卷》同样在使用"新尝"这一文字的同时，将"天照大神当新尝时"训读为"hanahekikosimesu 时"，而将"新宫"训读为"niwanaenomiya"。《古事记传》卷八中，列举并记录了《日本书纪》全篇出现的"尔波那比""尔波能阿比""尔波那闭""尔波比""尔比闭"等字的读法，同时认为只有"尔比那闭"是正确的，其他都是错误的。这样下结论似乎有专断之嫌。当然，《日本书纪》中的"振假名"①并非一次形成，而是经过历代教师们的口传逐渐积累并保存下来的。然而正是数量繁多的不一致性具有特殊的意味，不久之后，"shinjau"这一音读也受到官方的承认，这或许也是语言的本意早已消失，家家户户的传承变得各不相同的结果吧。也就是说本居氏将其统一于"niiname"一词的做法毫无价值，反而为后世的研究者们留下了重新发现的喜悦吧。

《释日本纪》卷七中引用的私记中，有"尔波奈比为尝也，也称尔波。如今追加奈比一词乃师说是也"的说法。也就是说，"奈比"是"会"之意，因此"尔波奈比"的意思是"新尝之会"。这一说法不知何时出自何人之口，总之作"会"之意解释的这一谬误，正与本居氏的说法相同。然而连前段的"niwa"被解释为"尝"这种说法也不屑

---

① 标注在汉字上面的假名读音。

一顾的话，就显得有失公平了。文字上将之写作"新尝"虽说是很久以前的习惯，却没必要将其看作只是为了表达新的含义而采用的词语。现在《古事记》也好《常陆风土记》也罢，都采用"尝"字来表示我们所说的"niiname"，而"尝"最初的意思则是"尝试食用新的谷物"。本居宣长认为，如果"nii"只是像其汉字所表示的那样，是单纯的形容词的词根的话，那么在其后加上"no"变为"niinoae"，再将其中间的发音合并变为"niinahe"，最后变成"niiname"。然而我认为，这一说法终将会令人感到不安吧。不知是否是《日本书纪》进行了最初的尝试，但采用了"新"一字所带来的结果影响巨大。例如，正如"namu(nameru)"这一动词对应的文字是"舐"，原本这一词指的是"用舌头舐舐"，就因为后来像"尝百草而知医药"所说的那样，表示"试吃"这一意思的汉语也被赋予了同样的训读音，后世的神农像均呈现出口中含草的姿态。《左传》以及其他书籍的训点中也有很多这样的例子，在《日本书纪》的神武天皇纪里，"天皇尝其严瓮之粮"的"尝"字被注上了"nametamaite"的训读发音。也就是说，同一个发音表示不同的动词，而且这两个动词非常容易混淆。所以我们无法做出"新尝"就是"niinoae"的这一牵强附会的推理，而且"新尝"的"新"字也不必解释为形容之词。如果只是古人也时常遗忘、误解的话，那么没有特意去证明的任何必要。然而如果像《释日本纪》中引用的私记中的这一说法，即"nii""niwa""niu"另有别的含义的话，仅仅将其解释为形容词，则我们永远也无法接近真相。因此我们必须辩论并说服对方。

"nio"之名的起源

距今约四十年前，《乡土研究》这一杂志收集了"稻村（inamura）"或者是"稻积（inatumi）"在各地的方言，折口君认为，在日本中部以东广阔的地域中，现在人们仍在使用的"nio""nyo"以及其他类似的各种名称，或许就是"新尝"的"ni"。这个出乎意料的观点在当时并未受到任何人的关注，然而现在，观点中提到的事件却一个接一个地发生。对于我来说其中一个启示，就是近年来印刷出版的安原贞室的《katakoto》，这本书收集了京城附近的俚语，其中的一句谚语"献稻于myo（稻积）"与"对佛讲经"应该属于一类的比喻，是一种讽刺毫无必要的"好心"的警句。从中我们可以得知，一直到江户时代初期，近畿地方也有近似"nyo"的"稻积"的称呼，除此之外，"myo"似乎是一种供人们参拜的野外的祭祀场。现在的"nio场"离田地较近而离房屋较远，其形式、配置都体现了每片土地上长久以来的习俗，然而由于近年来社会动荡不安，不能将稻穗长期堆在房屋之外，因为在很短的时间稻穗内就会枯萎而只剩下秸秆，因而这种做法在这个时期逐渐销声匿迹。古老生活的痕迹消失并没有很久，直到我旅行的时候，即使不是像三河的作手那样安静的山村，四国九州的海边、铁道沿线等地，也都有将稻穗直接堆积起来的习俗。在日本东北地方，一般"nio"的个头较大，且由于技术上比较细致，近年来，不仅仅是秸秆，连柴火、枯草也都能巧妙地被堆积成"nio"。许多村庄尚存有"穗 nio"和"本 nio"这样的名称，由此看来，"nio"原本是堆积刚刚收割的稻子的场所，这一点依然停留在人们的意识中。现在，各处都有人将"nio"解释为"新穗"。岩木山的山谷深处有"niibo"瀑布，到了严冬时期，瀑布的水会结冰，人们根据冰的形状来占卜来年的收成，因此在过去，很多农夫都会扒开厚厚的雪层去看个究竟。也有认为汉字写作"乳穗"的是指形状仿佛人类乳房的冰块，但这恐怕仅限于具有文字知识的人们的想象，一般情况下人们都会认为是"nio"。羽后仙北境内的深山中，有一座从很远处就能够眺望到的山峰，叫作"niutsumuri"，其汉字也写作"乳头山"，形状也与"稻 nio"非常相似，而且人们眺望消融在某个季节的残雪的形状，并用来占卜来年秋天的收成这一点与人们关于津轻山中的瀑布的做法相似。

在京都以西的村庄里，应该也能够搜寻到与之属于同一系统的古名，至少现在各地的各种方言都是互相孤立的且几乎都拥有各自的来由。我出生的故乡有一个词叫作"tsuboki"，它是所有与"nio"形状相似的东西所共有的名称。濑户内海周边逐渐向西，有很多叫作"guro"的地方，其中有些地方将其汉字写作土字旁右边一个"丸"字，表示"塚"的意思，因此"guro"应该只是堆积的意思。如果到了山阴地方，则变成了"kuma"，将正月禁忌语的"inetsumu"称为"大guma wotsumu"等例子也能看到。或许这与米的别称"kuma"之间也有某种关系，但总之那应该是某种略称，而并非最初的原名。

"稻积"方式的特色

从九州北端的某个区域一直到对岸的长门、周防，这片土地上都分布着"toshaku"或者"toushaku"这一名称，这无疑是"稻积"的音读。而西南一带的"kozumi"一词则相当于日本东部的"nio"，现在"kozumu"这个动词的使用也非常频繁，而且也被应用于稻子之外的其他东西的堆积，这些也是"稻积"这一古名发生变化的结果。过去的"H""K"两个辅音比现在更加接近，这一点从很多例子中都能够看出。

这一点由于非常细微因此容易被忽略，但是我想对那些认为各地的名称从一开始就互不相同，物品和用法也千差万别的人们指出的是，这种稻子的堆积有一个形式上的共通点。直到现在，大多数人在将一捆一捆稻子的稻穗部分置于里侧堆积成圆锥体之后，只将最后一捆的稻穗朝向外侧覆盖上去，好像一顶箬笠一样。如今，也还能见到在最上方放置呈特殊形状的秸秆加工物这种风格。将来如果有人能够进行细致比较的话，或许能够发现这一点在全国各地都存在惊人的一致，甚至也能够牵引出与海外的水稻种植民族之间的若干联系。现在，它确实是近乎于梦境的微弱的线索，然而只是作为一种尝试来讲述的话，那么在宫崎县西端的雾岛山山麓的日向真幸乡里的一个小小的部落中，人们会将收割的稻子放在田里晒干，然后扎成捆并堆积成"kozumi"，最后会制作一个叫作"towwara"的草帽并将它覆盖在最上方。"towwara"在北九州各地相当于"tobi"，或许与《万叶集》中的"足柄山的 tobusa"等属于同一个词，与装在"种俵"①前后的"栈俵"②一样，原本是昭示某种物品十分珍贵的标志。如今，每个地域之间的细致程度都有差别，然而根据楢木范行君的《日向马关田之传承》③中所说，这里的"towwara"的制作方法

---

① 装水稻种子的草袋。
② 装在"种俵"前后的用草编织的圆形盖子。
③ 《日向马关田之传承》，楢木范行著，出版于 1937 年。

非常复杂，不是一般人能够承担的，很多人会提前备好以作来年之用。然而与之相似的事情，我也曾偶然在遥远的福岛县会津有所耳闻。据山口弥一郎先生所说，在他的故乡大沼郡新鹤村，人们将"稻积"称为"nyu"，也会在最上端盖上秸秆做的小盖子，但一般将其称为"botchi"。这里"botchi"的制作方法也很复杂，没有老人的家庭一般会拜托别人制作，有人会在使用完毕之后，一直仔细地保存到来年。这两个例子都是最近的事，因此现在请人制作样品并拿来比较也并非难事。而"俵 bayashi"即"san 俵"也是一样的，就算不是秘传之术，也有着从右到左或者从左到右等固定的顺序，一旦弄错，其结果会让人懊恼无比，在制作技艺变得娴熟之前需要专门的指导。而在已经开放的村落里，人们不重视古老的制作方法，却同时无意识地延续着以前的习惯。我们所称的"民间传承"中，有许多恰好处于这种灭绝边缘的习俗。可以说，现在正是将各地情况加以比较的尤为重要的时期。近畿地方广泛存在的用来称呼"稻村"的"boto"这一词语，或许就是这种草帽的名称。我听说与之相接的纪伊、伊势、尾张等地方言中的"suzuki""suzumi""suzushi"等，原本也是由放置在"稻积"之上的崇拜物而来的词语，然而这种说法是否正确呢？他日还需进一步考量。

将"产屋"称为"nibu"

我们经常听到,"铃木"这一姓氏的本姓应该是"穗积","铃木"指的就是稻穗,然而目前还未见确凿的依据。总之,如果"nio"确实指的是将稻子以稻穗的形式在某个期间存放的场所的话,那么我们可以推断,它在农民心中所占据的地位要比现在重要得多。然而在现在数量繁多的地名之中,只有覆盖区域最广的"nio"或者"myo"等名称的词源还无从探寻。我曾经依据 Fureeza 教授的书籍,得知"谷灵相续"的信仰曾在北欧以及其他小麦种植地带广泛流传,最近更是在宇野圆空博士的《马来西亚的稻米礼仪》①中读到,在亚洲东南各岛的水稻种植种族之间,"谷母"生育"谷童"这一信仰仪式至今仍在许多地方持续举行。这一东西两地的共同点中,一定有着某种并非偶然的起因。因此,虽然不能说完全没有迎合之倾向,然而大致上我们可以说,"nio"或者"niu""nyu"等词语指的就是"产屋"。现在,人们一般会使用"ubuya"或者"obuya"等词,但是在近

---

① 《马来西亚的稻米礼仪》,日本宗教学家、民族学家宇野圆空编著的讲述马来西亚稻米仪礼特征的书籍,1966 年出版。

畿及其周边地区，只有"nibuiri"这一词还依然存活，其背后存在着丈夫在妻子第一次分娩之时需要从外地回到故乡的习俗，然而当这种风俗逐渐衰退，无论是为了庆祝产妇的顺利分娩，还是为了让父母见到新生儿而回到他们身边，根据地域不同或许有不同的做法，但是它们都被称为"nibuiri"。如果注意方言中的一些表达就能够发现，在山阴、山阳等养牛的地方，人们会将母牛的临盆称为"nyuu-niiru"或者"nyuunitsuku"。

我们下一个要解决的问题是，在古代日语中，类似的痕迹究竟在何种程度上被保存了下来。首先浮现在脑海的是在最早的记录中零零散散出现的"御名代的壬生部"一词，偶尔也会被写作"乳部"一词，"壬"和"乳"的辅音现在都是"N"，然而很长一段时间都被训读为"mibu"或者"mibube"音。一般认为，这是为那些没有继承尊贵血统的人们成立的、由曾经服务于"御产屋"的人们以及与之有着某种因缘的人们组成的"部曲"，他们想要通过这一组织永远留名于世。然而，将各州无数的乡名、村名悉数看作某个"壬生部"所属的地区却有些牵强。贺茂真渊将其与存在于东西各地的"丹生（niu）"这一地名归入同一个例子中，而本居宣长首先对此表示反对。后者认为，如今在地图上观察它们的位置就能够发现，其中的许多地域都在极其隐蔽的山间，而新设的"部曲"不可能如此分散。这看似是一个理由，但即使从现有的地方"壬生"所在地点来看，上述观点也只是五十步笑百步。有一种广为人知的解释是，只有丹生从很早以前就是丹土的采掘地，如今也像伊势的南部那样持续着实地的采掘工作，而这样的事例依然不足以解释全国如此数量繁多的地名。给地名赋予某个汉字是后来的事情，其中也有某种统合的力量在发挥作用。我认为，一定有某种曾经被隐藏的理由，使得这种类似性被事先留存，而我尤其注意到在东国大量存在的"丹生的山田"这一古名。

各岛的一致性

自古以来众多种植水稻的民族之间，有着某种毫无疑问的一致性。我们也另有一些方法去证明，其中的某些一致性已经被保存到这个世纪，因此不一定需要依据语言的细枝末节去进行推断。因此，就算我们断言"稻村＝nio"等词的来源与"谷灵"的诞生毫无关系，这对于我们的研究来说并没有什么特别的影响。然而我不得不指出的是，首先，现在被推断为"尝"字的"ae"或者"nie"等日语单纯意味着食物的供奉，并且是伴随着我国祭祀全部内容的重要环节。作为收割尤其重要的谷物——水稻之时，人们用最为庄重的仪式来举办某种祭祀的名称，似乎不甚精确。比如，《古事记》中即使只有一个"尝"字，也会有"niwanae""niwai""niiname"等多种读法，而有时仅仅是因为"周到"地在前面加上一个"新"字，其原本的意思却变得更加模糊不清了。

其次，与日本人同出一处，在中世经历了数次政治变革，至今依然持续着与世隔绝的生活，却依然与我们在语言信仰的各种古代风潮上保持着无可争议的一致性的西南诸岛人之间，表示"稻之产屋"的语言还留存着古时明显的痕迹。能够一眼看透双方文化特征的人现在已经为数不多，因此，我愿斗胆卖弄一些微不足道的知识，目的仅在于向年轻的学生们说明这一研究的不可或缺性。在南九州的海边都广泛分布的所谓的"稻kozumi"的风俗越过海洋进入奄美诸岛之后，却一度变得十分微弱。虽然水稻栽培在各个岛屿从未间断，也一直受到重视，然而，相当于日本东部的"nio"的事物究竟以怎样的名称和形态被保存下来了呢？这一点依然无法确认。在各个村庄的街口，人们架起高仓储存稻米，其中一部分村庄还会在"八月节"的时候搭建"shichiyagama（节小屋）"，这个祭祀活动迎接的是"新稻ganasi"，虽然我只知道日本东西地区都有礼赞"稻灵"的语言，但我想在后文中将其与"仓稻魂""uganomitama"等结合起来论述。虽然我听说冲绳本岛过去也曾有同样的"高仓"，但是我并未亲眼见到。我在国头地方所见到的，是被称为"inimajin（稻真积）"的，形状与本土的"nio""稻积"相近的东西。然而它并不在田间，而是位于离人类居所最近的地方。现在还无法确认这里是否曾经举行过仪式。冲永良部岛也有与之相似的名称，即"majin"，此外《八重山语汇》①也出现了"majin"一词。之所以认为它们并不是在后世才统一起来的，是因为八重山诸岛另有"shira"一词，且在当地人之间广为流传，其结构和样式与古日本的风格非常接近。不仅如此，"shira"同时也是表示人类产屋生活的名词。四十年前，作为"炉边丛书"②的其中一册而出版的本山桂川③氏的《与那国岛图志》也登载了与那国岛的"shira"的照片，以主岛石垣岛为首，其他各岛也处处可见类似的例子。因此"shira"不仅只留下了某种痕迹，与之相伴的季节仪式至今仍在有序地进行着。对这个问题进行详细的比较研究乃是我自己的迫切愿望，然而如今力所不及之处仍然很多。

---

① 《八重山语汇》，八重山出身的语言学家宫良当壮（1893—1964）于 1930 年撰写的有关八重山方言的著作。

② "炉边丛书"是从 1921 年到 1929 年，在柳田国男的指导下，由民俗学者们共同编著的日本民俗学史上规模最大的古典名著的复刻版。

③ 本山桂川（1888—1974），日本的民俗学家、文学碑研究家。

"shira"一词的分布

或许是由于宫古群岛近世曾经历过数次地质变动，当地居民之间的斗争、岛屿的盛衰起伏也异常剧烈，因此居所和耕田不断迁移，且由于水稻种植稍显衰颓，其文献与口传都很少再触及这个方面。如果前往此地仔细寻找的话，或许能发现将"稻积"读作"shira"的痕迹还尚有留存，然而至少现在还无法得到任何线索。

在冲绳本岛以北的水稻种植地带，水稻的"shira"一词事实上已经完全无人知晓。这是因为重视谷物储藏和管理的"majin"这一方式已经非常普及，且以信仰为根基的旧式水稻栽培渐渐从主要的城邑周围消失了。然而另一方面，表示人类"产屋"的"shira"这一罕见的词语至今仍几乎在日本全部的岛屿上分布和使用。虽然偶尔也有人用"ubuya"来替换"shira"，例如孕妇被称为"shirapitou"，产妇被称为"wakajiraa"等，此类复合词的叫法在各处都会充斥着外来者的耳朵。

我认为，过去日本西南一带的地区也有将"产屋"称为"shira"的时代。有一个确切的例证就是"shirafujo"这一用来表示所谓的"产屋"的污秽的地方语言在我们这边也并不罕见。也有人基于将"丧"

称为"黑不净"、将月事称为"赤不净"的叫法，而若无其事地将"产屋"称为"白不净"，然而"产屋"的忌讳明明与"白"没有任何联系。"黑"与"赤"两个说法是被这一误解诱导而后才出现的，也就是说，这也是"shira"一词原本的意思被人们逐渐忘却的一个过程。关于这个问题我想到的另一个事例是，爱知县东北角的三州北设乐的山村里直到最近都一直举办的"霜月神乐"①中，有被称为"shira 山"的这一奇特的仪式。用许多树枝和其他材料临时堆成一座假山，在前后留出出入口，在内部悬挂栈道，让有意愿的人们从中通过。同样的仪式还有"胎内 kuguri"，能够毫无障碍地顺利通过则被称为"umarekiyomawari"（脱胎重生）。这看起来是我国山岳信仰的一般类型，然而将其称为"shira 山"的说法则可能存在着被埋藏的古老意味。加贺的名山很久以前就按照其字音被称为"白山"，也很早就有神道家将这一现象与"菊理媛神"②的故事结合起来。迄今为止的有识之人或许会联想起深春时节高山上残留的即将消融的雪，因而并不感到一丝怪异。然而这一观点过于轻率，且毫无命名的根据。

---

① 指的是旧历 11 月举办的"神乐"。"神乐"指的是日本神道仪式中献于神灵的歌舞。

② 日本的某个神灵，被认为与加贺国白山以及全国的白山神社中供奉的白山比咩神是同一神。

最近，我的《大白神考》①一书出版了，在书中，我尝试着结合日本东北地方广泛流传的"oshirasama"信仰，叙述了迄今为止思考的一些问题。在关东各地普及的"oshira讲"所祭祀的神灵是一幅挂轴中画的骑在马背上、手持桑枝的女人，她受到名马指引而升上天空，化作一种可以吐丝的虫子之后又再次降临世间。不仅这种《搜神记》之流的故事在这里流传，将蚕称为"osirasama"这一方言的现象也很普遍，包括蚕、蛾、蛹在内，都与"比流（hiru）"或者"比比流"等古语在音韵上相通，因此，我们可以推断，就算不是同一传承的分支，奥羽地方的"oshirasama"这一名称至少是从关东照搬过去的。然而如今我不得不反省，这并不是一个能够操之过急妄下定论的问题。

稻与白山神

日本东北的"oshirasama"现在在各个地区的变化尤其显著。虽然或许可以说它们拥有相同的起源，然而这十分难以证明，其变化的顺序更加难以明确。只是在这里必须要注意的是，美女与名马的

---

① 1951 年出版。

恋爱故事虽说还在流传，以前自不必说，但现在在许多村庄，养蚕业并不繁盛，因此并无祈祷丰产的仪式，只有每年在固定的日子里叫作"idako"的盲人巫女会上门来进行"语物"①，号称可以让各家的"oshira"感到愉悦放松，这也被称为"horogu"（原文注：将其展开？）。八户市的乡土史学家小井川润次郎②君等人长久以来关注这个问题，在外南部一带相当广阔的区域里，这种"oshiraasobi"仪式每年要举行三次，一次是在正月，另外两次是在三月和九月的十六日，也就是在这个地方被称为"农神降"和"农神上"的日子，因此，很多人认为"oshira"就是"农神"。在"农神""作神"或者"国之神"降临和归去的日子，各家各户都会举行祭祀活动，这是日本东部的惯常习俗，大多数地方定在二月和十月的同一天，然而在这里，由于冬天较长，因此会选择冬天的起始与结束的月份，也就是三月与九月。根据八户附近老人们的闲谈，"农神"在春秋往返的途中一定会与"雪神"擦肩而过。"雪神"看到九月在田间辛勤劳作疲惫不堪的"农神"，就会嘲笑道"何故如此狼狈"，到了三月的春天"农神"再次出门时，雪神又讥讽道"已无果腹之物否"，而此时"农神"回

---

① "语物"是开始于日本中世时期的口承文艺、音乐或其他艺术类型，与"歌物"相对。

② 小井川润次郎（1888—1974），昭和时代的民俗学家。

答道"其已备年糕白米随候于我"，说完就立刻降临人间。从中可以看出，似乎人们将"农神"想象为一位女性的神灵。也有些人称农神为"oshirasama"或者"shirayama"，农神在许多山的入口处都有很小的石祠，对于没有文字的人们来说，这与"hakusan"并不是同一神灵。人们相信神灵在春耕开始之时带着谷物的种子，从高远的天空降临而下，这一点与接下来将要讨论的南端宫古岛的"munahuka"神信仰颇为相似。

我想在这里稍稍停下脚步，再一次思考为何在琉球列岛的一部分地区，人们将稻谷的放置场与人类的"产屋"都称为"shira"，且这一说法为何得以保留下来。虽然我的观点可能难以得到国语教师的认可，但是与其说这是"D""R"两个辅音的相通的结果，不如说是过去某个"DA"行音与"RA"行音更为接近的时代所遗留下来的影响。一个例子是表示太阳的"teda"，这个词只能被解释为"teru-mono"（发光的东西），根据冲绳的语言习惯，所有行为主体都用"A"这个元音来表示，因而表示"生产者"或"培育者"的意思时，用"shida"或"shira"均可，二者相通。"sodatsu"和"sodatsuru"这两个日语词从很早以前就停止了发展，而西南诸岛的"sudatein（sodatsu-ru）"等词却另有"shidein""shideirun"这一原形，能够表达人类出生和动物孵化等意思，"sudemizu"指的是"产井"之水，"sudegafu"表示巨大的喜悦，且原来还有"suja"一词表示此世的众生。古日本的方言也有些许痕迹可以追寻。例如，代替"sodateru"一词而表示"使其变大"的词语"shitoneru"，以及表示"成长"的"shitonaru"等词，应该是将人用作了动词，然而实际上这与南方的"suderu"属于同一系统。更为明确的是，种子被称为"suji"，在冲绳种子也有"tane"的称呼，但是会在稍稍不同的场合使用。在流经信越两国的信浓川的水域中，人们将为来年提供稻种的"种籽"称为"suji"，也就是说，在那里存在以"suji 俵"为中心的各项正月祭祀活动。在遥远的肥前西彼杵半岛，人们特意只将水稻种子称为"suji"。这种"种神"信仰与人类的血脉家系思想并行发展且相辅相成，并在这一种植水稻的民族之中成长起来。这一点从"新尝"礼仪的民间例子中也能够得到证明。

朝野的两种祭祀

我们可以想象，日本人的"尝"祭从很早以前就已存在，然而它是否一定与其他种植水稻的民族一样，是伴随着"稻之产屋"的信仰发展而来的呢？若要确认这一点，仅凭手边的文献资料还远远不够。这是因为，第一，文字记载的分布偏于上流阶级，且集中于中古时期。第二，"尝"这一来自邻国的文字只在以留下记录为目的的特殊场合才会被使用。第三，皇家的"尝"祭在漫长的岁月里，或有意识地或自然而然地被大幅度地改动过。如果这一千几百年的变迁没有留下些许不可忽视的特征的话，那么这一研究就将毫无归宿，因而多么空洞的论点都能使它成立。然而幸运的是，每个时代都留下了非常忠实的记录。另一方面，即使没有得到文字恩惠的大多数普通人之间，也留下了一些可与之对比和参照的前代生活的痕迹。因此，过去并没有被完全埋没，只是我们需要更多的忍耐与艰辛。

我们必须对古代史的文献进行反复阅读和推敲。例如，皇极元年十一月丁卯（十五日）一条中，有"天皇御新尝（……niwanaiwoki-kosimesu）"句，又有"是日皇太子大臣各自新尝（……niwanaisiki）"一句。这是使用了霜月下卯之日的最古的例子，这一年同时也是天皇即位的第一年，因此，很多人认为这就是后世所谓的"践祚大尝祭"①。然而如果这是《延喜式》第七卷所列举的大规模仪式的话，那么在同一天，大臣们纷纷前往各自家族中举行祭祀活动的情况就不可能发生。而更加重要的问题是，这一天的祭祀仪式是否如其名

---

① 天皇即位时的仪式。

称一样，将民众与"大御门"①一视同仁呢？至少实施律令制以后的官方的"新尝"中，存在一些普通民众无法模仿的特征。其中最明显的差别在于皇室成员并不会亲自进行水稻种植。就算进贡的公田非常充足，播种和收割的也并非皇家之人。尤其是"大新尝"的公田被占卜为"悠纪""主基"②，收割的粮食则用作祭祀中心部分的"御饭"的食材。这一规定从何时开始实施则是政治史领域需要解决的问题，然而有记录表明，在"亿计""弘计"两个王子潜邸③之时，隶属于伊予久米部的一位官员，就为了收集"大尝"的贡物而来到播磨东边的村庄。这终究是在一般地域割据一方的大小农场主所不能企及的。因此，上述观点存在明显错误。

而更加重要的差别在于对这一天迎接并祭拜之神的看法。根据迄今为止的一般的解释，"至尊"之人每年在"试吃（kikoshimesu）"新谷之时，都会举行"御亲"④等祭祀国内主要神祇的仪式，这一点首先无人怀疑。然而如果事实如此，则这一仪式便是朝廷的事业，与每个水稻种植者并无关系，因此也没有探讨"尝"祭共通性的余地

---

① 门的敬称，指皇居之门或者贵族家之门。

② "悠纪""主基"是大尝祭中的概念。悠纪国、主基国的斋田的新谷分别供奉于大尝宫东边的悠纪殿、西边的主基殿。悠纪与主基的国郡是通过占卜确定的。

③ 以非太子身份即位的皇帝登基之前的住所，与太子所住的"东宫"相对。

④ 天皇亲自祭祀神灵并奉上御告文的祭仪。

了。"神祇"一词，至今仍然被人们不加限定地随意使用。而其原本指的是"天神地祇"，与"天社国社"意思相同，也就是说，它是这个国家的所有家庭祭拜供奉的神灵的总称。无论信仰变得多么复杂，这都不是某一个家庭能够实现的事情。此外既无这个必要，也无这个资格。也就是说，皇室的"新尝"明显与普通的"新尝"不同，而我们需要思考的是从何时开始，又是因为怎样的理由而演变成目前的样子。

祭祀与币帛的进献

我国所谓的神祇政策由来已久，《日本书纪》最先对其有所关注并将记录流传下来。皇祖天皇第一次被遣往"中国"①之时，已经有许多此前到来的居住者建立了城邑并拥戴各自的首长。从"大祓"②的祝词中可以窥见，国津神在文化上的地位略低，然而大概是由于语言上大致相通，因此得以相互理解彼此的信仰，也并无必要以激烈斗争的方式获得统一。势力的此消彼长自然不可避免，但是通过

---

① 应指日本神话中的地上世界"苇原中国"，即高天原与黄泉国之间。
② 日本神道仪式中祓的一种。"祓"为净化的仪式，一般在宫中或神社举行，而为祓禊天下万民罪孽污秽的仪式则称为"大祓"。

长久的通婚以及其他的交流方式，自然的感化与同化不断发生，到了《延喜式》的时代，神名以外的对立已然消失，双方都已意识不到这一差别，因此，"天神地祇"这一原本庄重的称呼，却化为了单纯的华丽辞藻了。

然而另一方面，为了取消"天社国社"的差别对待并采取一视同仁的方针，很早以前就制定了几个惯例。在平安迁都前后，频繁出现在记录中的有关"神阶"①的"陛叙"②可以说是某种失政。它们短时间内就到达位分的顶峰并就此停止，滑稽地停在"稻荷正一品"的名义上，甚至产生了许多弊害。然而与之相应的"官知"的特典与社格的等级制，只是稍稍改变了形式就留存了下来，且在明治新政时期得以复活。然而就我们的观察，这无非是币帛进献的方式以及数量品目等的差别而已。神灵降临于世，惯常的临时奉币时常断供，因此代替惯常奉币的祈愿奉币就会竞相登场，很多人将之与"第二宗教法会"③等混同，判断朝廷逐渐开始亲自执行祭祀典礼，但这种想法也无可厚非。"官祭"一词的诞生也不是最近的事，其最初的含义只是"官知"之祭，表明这一祭祀对世间的意义很大，它是

---

① 由朝廷赋予神灵的位分。
② 指升官、晋升，这里指提高神灵的位分，也就是给神灵"升官"。
③ 这里指的是比神道更晚出现在的日本宗教——佛教。

一种在固定的时日派遣由神祇官抑或由各国的国司组成的队伍带着惯常的币帛供品前往进献的规定。"币帛"原本是汉语，也经常在中国的古书中出现。这一词原本多指诸侯间财物的互赠，或许进而由此产生了一种表示尊敬与关心的固定用法。但是这并不足以成为能够将之解释成代替祭主而亲自掌管祭祀仪式的某种巨大转变的原因。

　　然而日本的币帛之所以此后成为了仅用于神事的贡品，除了由于有了这种用法，人们开始在其他场合避讳这一名称之外，应该还有另一个更重要的特殊情况。日本人的"nusa"或者"sasagemono（捧物）"①都尽可能是清净而没有污秽的东西，原本是一直行进至神灵御座最近之处的，有时会将它们系在标示肉眼看不到的灵体所在之处的树枝或"斋串"之木上，至今仍会在乡下见到这样的习俗。虽然用花或芒的叶子等自然物作为标识并非属于这种情况，但使用木棉、麻、帛、白纸等则是将"shide"与"nusa"混同起来的，且有时会兼用。纸张到了近世以后逐渐容易获得，人们将其剪成细长的形状并使之垂下，并用作"shide"供奉于神灵的习惯在形成之前，仍有两个分界点需要明确。而"gohei"这一新的日语词的诞生反而使得

---

　　①　供奉的物品。

识字之人感到迷惑。尤其使人困扰的是，特殊的"mitegura"——系上了币帛的"斋串"——受到人们的重视，也许是因为它被称为"toyomitegura""uzunomitegura"，所以从《日本书纪》中的傍训①将币帛标为"mitegura"开始，到平安初期的许多书言家都一致承认这一对应关系而深信不疑，因此直到近年都一直不断出现令人难以信服的词源说。认为古人不会犯错，他们所写的汉文必定无误，这一点在从《万叶集》到《古今著闻录》再到《后撰》的百余年间是尤其可怕的误解。这一期间与日本最近的一个世纪一样，人们过于倾心于外国文学而冷落了国语的变迁。这次的研讨会计划中或许还有其他内容，但是对这一个新的问题引起重视，对于一般的学问来讲，将会起到有力的警示作用。

未流传世间的古老仪式

若我记忆无误，最初将在朝廷的"大尝"祭祀"天神地祇"之事实公之于众的，应是《令义解》②神祇官一条中的"大尝谓尝新谷以

---

① 指标注在汉字旁边的假名读音。

② 《令义解》，833 年在淳和天皇的命令下，以右大臣清原夏野为总负责人，由文章博士菅原清公等人编写的律令的解说书，共 10 卷。

祭神祇也，朝则诸神之相尝祭，夕则供新谷与至尊也"一句。这里的"神祇"必然是"天神地祇"，而并非特指某个"大神"。在天武天皇五年十月丁酉一条中，有"奉币帛于相尝新尝诸神祇"一句，中间仅隔一百五十余年，祭祀之事就发生了变化，其中至少是"尝"字的语感较之前有所不同。"尝"即"kikosimesu"，也就是天子首尝当年的稻谷，这指以其为中心的前后进行的所有仪式，而此后向国内各神社进献"币帛"则被称为"祭"。"祭"这一汉字在中国，古今一贯指奉祀"地之神"。而它只有在我国自古以来被称为"敬祭"，并适用于所有"matsuri""maturahuwaza"等发音，恐怕也是这一误解导致的。

然而上述"职员令"中的内容原本只是列举神祇官的职位，神祇官原本就是皇祖以来的神祇行政，也就是负责总览并统合国内信仰的人。虽不知后世的"卜部"①何时开始出现，但至少没有任何理由认为他们能够去干涉皇室"御亲"之祭的长久以来的传统。虽然"悠纪""主基"二殿内部的仪式与陈设等并不具有可称为"秘仪"的庄严性，但是，就因为这一祭祀的无上尊贵，普通的庶民因而无从知晓详细情况。因此在政治动乱长期持续的年代，尽管必定有许多来自

---

① 在律令制时代担任神祇官的职员。

外部的影响，然而着实难能可贵的是直到现在，尚有许多古老的形态流传下来，这至少是应该设置特定的方法使学习一国古事的人们深入了解的重要事实。例如，在"大尝"之日的神殿深处迎接的大神只有一位，也为其准备了"御褥""御枕"和"御沓仗"等，应该说这是一种"神"与"君"同为祭祀的中心，同时进行"御食事"的极其单纯朴素的仪式，已经不是能够与将其供在一社又分为数座，并分别向他们进献币帛的所谓"天神地祇"的"敬祭"同日而语的祭祀了。一些颇负盛名的近世学者众口一词，认为这个时候全国各种神灵的祭祀活动都有举行，这种观点起因于某种学风的盛行，即主要依据神祇官系统的文献，而文字以外流传的记录却没有被考虑进去。另外，也由于某种必须同化于制度的统一，换言之，同化于某个国家已经完备的制度这种政治思想的弊端。像《古事类苑》这样的记录虽然体量很大，但大部分属于个人的见闻记忆，也都是为了今后的某种机会而试图将各自扮演角色的体会记录下来的内容。而为何这种罕见的习俗会流传并被保存下来，而且对内外、古今的解释有如此大的变化而感到不可思议并试图去一探究竟的记录或许曾经存在，但如今已经难寻踪影。将没有被忠实记录下来的内容忽略，并助长了后世人们的误解，与其说是官员不如说是学者们的责任。

各国的“相尝祭”

这次新的尝试不仅能让我们的假说更加成熟，还能让人们单纯从文字之中汲取多姿多彩的古老历史，这实属幸福之事。这个民族的“新尝”习俗，先在其中心点经历过几个阶段的变迁。在经历了采纳“唐制”这一有意识的巨大改革之外，“新尝”习俗还曾有过一些未曾震惊于世的各种被省略与追加的内容，这超越了那种“不可能”式的古板的判断，越来越值得我们注意。例如，前述的《令义解》中有“朝则诸神之相尝祭”云云，而后世举行“相尝祭”的日子比记录中早了十二天，延喜的“四时祭祀”仪式中，只有这一日向近国①的七十一座神进献的贡品的名目和数量有特别的规定。这些现象有种种不可思议之处，“相尝”这一名称的意思也难以判断。“相尝”与“相飨”以及“共馔”相同，只能看作神与人同时食用同一种食物的意思。如果像《玉胜间》所说的那样，只是简单的

---

① “近国”是律令制国家等级区分的一种。在国家体制较为完善的古代日本的律令制下，作为地方行政区划的一个环节，以距离畿内的远近划分国家，距离近的国家则被称为“近国”。

"御相伴"①的意思的话，那么"新尝"当日的"亲祭"就成了第二次仪式，因此就不再是（新）"尝"了。然而这样的事情并不可能存在。《神祇令》的条文中有"仲冬上卯相尝祭"一句，在《令义解》中被解释为"大尝"当天的清晨，这或许是一个误解，但如果这样的话，那么结果只有一个。也就是说，虽然晚上的"御馔"才是"尝"，但是，在此之前无论多么尊贵的诸国神灵都不可能提前与之"御相伴"。经观察可以发现，这是由于京畿及其附近的神社，在这个时候也举办同样种类的祭祀活动，而这些祭祀活动或许也被称为"相尝"的这一事实被无心地记录在官方的文书当中而引起的某种混乱。也就是说，上述观点认为当时这种水稻收割之后的信仰仪式在城邑之间已经广泛分布。如果知道用当地的语言如何称呼则会对我们的研究大有帮助，然而至今还无从知晓。总之，就算这一祭祀与皇家祭祀并非在同一季节、同一日举办，也至少在其前后，稍稍将出发的日期提前，则赐予的贡物也能赶上，祭祀也就能成为更加令人感慨且心生愉悦的事情。因此，与之相对的是，或许因为"新尝祭"当日的案上案下的币帛数量少，不足以应付各神社的祭祀，只是专门以让朝廷顾念这件事为目的，因此

---

① 指同神灵一共做某事。

与其他很多"例币"一样，很多人干脆不去领取，使得这种币帛越来越难以处理。

向七十一座神进献的"相尝祭"的贡物，在种类和数量上有些许的异同，这背后应该有各自的理由，但是如今我没有思考这一问题的能力。只有一点必须要注意的是，其中除了布帛、食品、器具之外，还备有酿酒用的稻米五斗或者一石，却从未有人见到用作烹制米饭的那类稻子。也许只有这种稻子是从属于各自神社的"神田"中收割的，并不一定用于祭祀，而扮演"相尝"中尊贵角色的"神主"们原本也一定是来自那些管理田地的、被称为"户主""乡长"或者"人 konokami"的农民当中。虽然将上天赐予人间的所有田地都视为"公田"的这一原则从未动摇，但这一原则的制定也总有个开头。虽然是一个很不确定的推断，但是在一个距离现在非常遥远的时代，"天之长田"这一重要的水稻栽培地曾属于皇室，且每年并不需要占卜吉凶，所谓"大新尝"与后世各地的"相尝"之间的关系也比现在更近。将两种祭祀的社殿并排建造，是朝廷的"大新尝"最为显著的特征，然而如果"悠纪"意味着"斋忌"而"主基"次于"悠纪"的话，那么这应该是根据天地阴阳二极的思想而重新设定的制度吧。如果对此我们不能轻易断言，那么最终只有这一点将成为永远遗留给我们的问题。

"稻实公"的任务

相当于"尝"的水稻收割后的祭祀也在平民百姓之间举行，这一点恐怕无人怀疑。如果涉及它究竟到达怎样的范围、是否保存至今这些问题的话，则探求的余地还有很大，解决这些问题也绝非易事。其中一个线索是"niiname"或者"nifunami"等自古以来的日语词所隐藏的意思，以及暗示了这一点的国外种植水稻的民族习俗中的类似点。如今依然存在几个难以攻克的关卡，分配给细致观察并比较农民生活的我等学问之任务十分繁重。例如，《延喜式》第七卷是有关"践祚大尝祭""朝仪"①的现存最古老、最精确的记录，然而其中对次年播种的"种子"的关注，也就是我们所说的"稻之产屋"的仪式举行方法丝毫未提。

其中记录道：

> 凡拔穗之事由卜部率国郡司以下及杂色人②等前往田地行之。——先拔穗四束以供"御饭"之用，其余皆为酿黑白二酒所用。

---

① 清晨举行的仪式。
② 杂色人是在组织和地位上位于下级的各种人的总称。

至少送往京都"斋场"的稻捆中，并没有相当于"种子"的东西。这是否是由于邻国古代被称为"尝"的祭祀采用这样的方法，而我们从一开始就在效仿呢？还是由于有"斋田卜定"的制度，皇家不会亲自耕种田地，因此这一点被人们自然而然地忽视了呢？总之，这已经不是原本的古老形态了。

伊势的"神尝御祭"中，也有庄严的"拔穗"仪式。然而这里耕田的是"神人"。先撇开最近不谈，古时候，人们是如何管理田里的"籾种"①的呢？如果了解这一点，则会有一个重要参考，然而目前我们还无法触及真相。距天皇即位后确立首个"大新尝"的"朝仪"的二百多年间不能说完全没有任何变迁，而且可以成为线索的一些记录在《延喜式》中也尚存在，但是之后逐渐消失了。其中有一点必须注意的是"稻实斋屋"的内部陈设。经过"悠纪""主基"国郡的占卜，八月由神祇官派遣一名"宫主"和三名"卜部"，四人分为两组，分别前往一个国家，其中一人任"稻实卜部"，另一人任"祢宜卜部"，但并未说明由谁总体负责。此外在"斋郡"举行过"大祓"之后，还会占卜田地、斋场和"杂色人"，进行占卜的人当中另有一位被称为"稻实公"的人。他的任务是前往将要举行"拔

---

① "籾"指未脱壳的稻谷。

穗"仪式的田地并将稻子拔起、晒干并整理，除此之外，在九月将稻子运往京都时，戴上木棉花环起引导作用的也是这位"稻实公"。据说在京都的斋场的内院会建造一间"稻实屋"，并将所有的稻子都放置其中，而"稻实公"并不参与此项工作。与之相反，在"悠纪""主基"的田地，则在八神殿的外侧建造"稻实斋屋"，不仅特意将其称为"斋屋"，还另外设置了"稻实公之屋"等。也就是说，他们同时也担任"imigomori"①的角色。或许这是一种特意的迎合，但是总感觉"稻实"一词，除了食物原料和酿酒原料之外并无其他含义。"稻实公"们来到京城也并无其他目的，他们只是最初就被赋予了从"圣别"的稻穗之中获得来年的种子并归还乡里的这一任务。

"年俵"②与"种俵"

现代农村的仪式，只有祈求稻种永存的仪式中还留有若干过往的惯例，并微弱地传达着过去的信仰。甚至在明治以来作物品种淘

---

① 指在祭祀或葬礼的时候，居于某个场所并与外部隔绝。
② 放置"俵"并在其周围缠上注连绳并进行祭祀的习俗。

汰的动向中，依然可以感觉到人们对家中"种子"的重视。这一点可能只局限于现在年迈的一代人，就算是改良品种，只要是埋进了自家田地，他们就希望能够将之撒在来年的秧田里。即使在不再使用"拔穗"一词的地方，从前人们也会在"拔穗"之前选择比较结实的根茎，并从中获取种子，大家即使没有挂在嘴边，心里也都有这种特殊的考虑。于是，人们往往获得比实际需要更多的种子，并将好的另外分出来仔细保存，这种习俗直到今天还在持续。稍加注意的话就能够确定，那并不是一种单纯的未雨绸缪或者防患于未然。

例如在千叶县南部的农村，到了播种的日子，孩子们会拿着袋子到各家田地收集"烧米（yakigome）"，这种习俗被称为"烧米 morai"，而这里的"烧米"也并不只是为了逗孩子们开心而制作的。人们通常会将"初穗（hatsuho）"①放置在各家的神棚之上，在田地水口设置的简略的祭坛上铺上树叶进行供奉。如现在举行的旧历"八朔"②的"tanomu"节，晚稻直到节日当天还有许多并未出穗，于是一些村庄的人们只能一味地赞美"田神"并一边绕着村庄走一边叫

---

① 当年最早成熟的稻穗。
② 指八月的"朔日"，也就是旧历 8 月 1 日。

喊着"拜托您了"。然而原本的仪式是将未熟的稻子中还未变硬的稻穗摘掉并放在火中翻炒做成"扁米",供奉于神灵、祖先灵前,此时家庭成员也会在场。这一新谷的芳香令人难以忘怀,是因为付出的辛劳终于有了回报,人们感到喜悦并感慨。对于日本来说,收割的季节有些过早,然而人们依然将这个月的第一天作为"拔穗"之日,并与来年的耕种联系起来考虑,这是有关水稻种植的不可忽视的重要史料。在九州北部见到的霜月丑日的"迎田神",以及在四国的一角如今还保留的"大黑扬"仪式等,都与八月的"拔穗"正好相反,人们在收割时特意留几株水稻于田中,主人拿着镰刀与"棒荷绳"将之亲自割掉后迎入家中,口中念叨着"大黑君请进(saadaikokusaninimashoya)",或者故意用很大的声音说"哎呀,好重好重"。虽然目前还没有人明确告诉我详细情况,但我想象,这明显将成为来年的"种子"以及"田神祭"之日供奉祭品的材料。

"俵(tawara)"一词的意思与起源是今后需要研究的对象,以前通过稻捆的数量来计算稻子的产量,或者将"颖(ei)"也就是稻穗的尖端弄整齐以便于储藏和搬运,此后这种包装方式得以普及的根源,恐怕在于信仰的力量吧。从被称为"都府上流的蓬莱"的

"三方饰"①，到土佐的"朝山"、京都附近的"山棚"，以及许多农村的"年桶""年钵"等全将稻米的果实看作不可或缺之物这一现象中，可以窥见大米对于新年仪式的重要性。然而这原本是在从不从事农业劳动的人们之间开始流行的正月习俗，因此，其用途逐渐偏向于"食馔"，"籼"也变成了玄米，继而变成白米，于是，由于年糕制作的大幅度的改良，白米逐渐开始占领中心的地位，对于这个民族的历史来说，曾经最重要的"niiname"信仰却变得更加难以把握了。然而对于我们的学问来说，一个非常幸运的事实是，以"年俵"作为祭祀中心的正月的仪式至今在全国的偏远农村还星星点点地有所留存，如前述的信浓川流域的"suji 俵"。得益于探明这一脉的传承，我们不仅能够大致解释一介农夫的称不上理论的保守主义，进而还能够弄清上古以来庄重的农业"朝仪"也就是"祈年"与"新尝"这两种祭祀之间在汉字被采用以前的关系。

"aenokoto"的要点

单纯从字义上也能够推测出，"祈年祭"成为国家官方祭祀要比

①　是指在年初献于客人的"三方"，会将装饰了熨斗鲍和海带的砚盖以及白木筷子放在上方。

"新尝祭"更早。以一个许愿作为开始,并以一个道谢作为结束,这种与神灵交涉的方式不仅不符合自古以来就深深扎根于人们信仰的、所谓的固有宗教的教理,甚至与我们现在所体验的大多数无名的氏神神社的共通性也不一致。尤其是其中一部分祭祀中的"稻实的圣别",从来年的生产上来看,是最重要的发端和开始,天皇即位后的第一次"新尝"要特别隆重地举办这一最初的旨意恐怕也是来源于此。就算我们知道"toshi"是表示划分水稻种植周期之意的词语,然而有关"正朔"①的统一是追随外国的先例,并且引入的历法是种植水稻时唯一的参考,因此,在中央,"年"的周期与农业毫无关系,人们只是认为"niiname"与前一年的"善后工作"一样。然而,"新尝"原本就是重要生活的起始,二月举办的"年乞"是排在第二位的。

我们之所以可以这样想象,其根据在于当历法终于在全国普及,偏远的农村也开始出现能够读懂历法的人之后,过去人们认为属于农家"新尝"的几个仪式,却转化为构成他们正月习俗的不可或缺的环节。我们所说的"民间历法"被中央新制定的正月历法所支配,进而妥协、服从,最后消退。这无疑并不是很早以前就出现的

---

① "正"指一年的开始,"朔"指每月的开始,所以正月朔日即是 1 月 1 日。

变化，但如果确实如此，那么那些古来的习俗在经历漫长岁月之后还能够持续下来则十分值得我们感慨。将当年的新秸秆仔细地编织成"俵"，并将次年秧田的"种籾"放入其中，在跨年之时将之置于床前、神棚之下或者"大黑柱"①的根部，或者是堆积在"臼柱"其中一侧的"臼"上，并摆放绿松，迎接"年神"的到访，这是其中一种方式。此外，按照比所需多上几倍的分量准备"俵"的"种籾"，剩下的全部作为第一次插秧之日的祭祀的贡品和劳动者们的"晴之食物"，事先准备并充实"年神"的祭坛，这使从事祭祀的人们感到愉悦。这些方式都不能说是在采用正月新制度之时的新的构思。这些"斋稻"的"相尝"之日要晚很多，因此这些"斋稻"也很难被称为"初穗"，然而却在收割之时被特意拿出，并与常用的东西分开存放。《延喜式》中的"稻实斋屋"也是一样，在管理上被给予特别的关注，在语言上也包含着现在已经毫无踪迹的信仰成分。

上述"年俵"或者说"suji俵"的习俗有很多都已经转化为新年的活动，现在也偶尔有相关习俗在霜月的祭祀日之时保留着相同形态的例子存在。能登半岛近年来出现的"aenokoto"这一祭祀就是其中一例。这一祭祀是在离水稻收割期更近的旧历霜月上旬举行的，其

---

① 位于日本民宅最中央的一根柱子。

仪式也与"新尝"更为相似。更令人欣慰的是，由于这一祭祀与全村共同举行的仪式不同，而是由各自家中的主人亲自担任祭主，因此各家的古老习俗也能够保留下来。如果进行对比研究，则会发现每家的情况都相差巨大，但各家之间也具有一致的共通点。这些细节都不能被忽视。他日，或许有人能够在更加广泛的区域来观察并详细论述这个问题。然而我最为重视的，第一是将"沐浴"作为必须的条件，这一点与皇家的"尝祭"保持一致；第二是将种子与"晴天食料"进行"圣别"，将其作为祭祀场的中心，而人们认为稻子就是神灵，这与许多农村的正月活动，也就是用"种俵"来作为初春之神灵的祭坛这一习俗很相似。虽然时代拥有很大的力量，能将古老的生活埋没，然而在日本，这一探寻之路还未彻底断绝。

"斋忌"的时段

日本采用"尝"这一汉字背后究竟蕴藏着多么深刻的意味，现在我们终于必须要面对这个问题了。中国与日本都以水稻种植的开始作为一年之始，以其结束作为一年之终，然而日本与中国相比，与水稻相关的祭祀时间却要晚一个月。如果这是因为植物生长的自然规律则无话可说，然而即使晚稻像现在这样普及，日本的水稻收割也一般是在旧历的九月底，而十月是"神无月"①，《延喜式》的"四时祭式"中也没有任何一个神社将这个月作为例行祭祀的月份。在这毫无意义的一个多月时间里，或许为了迎接下一次重要的祭祀，人们会举行"斋忌"也就是"yumawari"。这一祭祀中只有"精进洁斋"②这一名目显得还算庄重，但实际上只是让少数几个职业人员代为操办，一般持续的时间很短，规矩也止步于外在形式，且人们对内部的效果并不在意，于是，旧历九月"物忌"开始的日子就显得尤为重要，这一个月就变得无关紧要了。伊势神宫的"神尝祭"一般都是由具有奉仕资格的神职人员执行，在收割期之后，他们会尽早地开始操办"新谷祭"。虽然现在已有不同的解释在中国固定下来，然而至少平田笃胤等的"历法相违说"，也就是在伊势由于采用了建子③正月制，因此"尝"的时间要早两个月的说法与耕种的实际情况相违背，且并未考虑祭祀之前"斋忌"的法则，因此我们无法认同。

最近，出云的学者朝山皓氏公开发表了这样一种观点，即出云地方的"新尝祭"原本是在旧历十月举行的。不得不说这又是一个站不住

①　日本旧历十月的别称。"神无"是"神不在"的意思，根据中世时期的传说，到了十月，全国各地的神灵都会集合于出云大社，因此其他地方无神，故而称此月为"神无月"。

②　指的是不能外出的特别日子。

③　指以夏历十一月（子月）为首的历法。

脚的新见解，就算某处存在着可以佐证这一观点的实际例子，也无法轻易证明那就是自古以来的东西。现在一般倾向于省略祭祀的"物忌"，许多神宫神社即使存在"物忌"也都有名无实，然而偶尔还会有少数严守旧例并因此留名的神社。出云就是其中最重要的一个，那么，人们究竟为何一定要守住这个秋冬交界之际的漫长的"oimi"①呢？

从前，皇家代替万民首"尝（kikoshimesu）初穗"是"尝"的本义，这一点从案上案下的币帛在中央祭祀之日被派发出去这一现象中也能看出。国土面积扩大，地方之间的情况也产生差异，但至少将这一祭祀信仰在意识上统一的人们不会略去"斋忌"而去服从大自然的需求。然而可悲的是，国内的交通时常中断，仪式规范的改动也时常偏向一方，因此"物忌"的方式渐渐不再普遍。"稻实斋屋"不见踪影，在"致斋三日"②期间，殿中已经将"渊醉"③作为惯例开始实行了。"五节舞姬"④虽然有古老的起源，然而在"丑""寅"之日举

---

① 指的是斋戒。

② "大尝祭"中规定，"散斋"一月、"致斋"三日、"中祭"三日、"小祭"仅限当日。"致斋"是"散斋"后最为重要的"物忌"。

③ "渊醉"指的是平安时代以后，在每年正月与十一月五节的次日，或者在临时的大型仪式之后，在宫中清凉殿宴请藏人头以下的宫中之人的酒宴。

④ 在五节之日表演舞蹈的女子。一般从公卿、国司的未婚的女儿中遴选，"新尝祭"四人，"大尝祭"五人。

办却是新的规定，完全是基于前朝的兴趣开始的。这从三善清行的《意见封事》①中也能看出。被推断为"尝"字的日本的语言在短短的一个世纪之间，其发音与意义同时变得模糊不清，最终不得不以汉音称之，这也是结果之一吧。然而尽管如此，至今居住于国家的偏远地方的许多农民之间，还保存着相当明显的古老社会习惯的一致性，这对崭新学问的繁盛无疑是一种难得的激励。

"霜月粥"②与盐

此后，"稻之产屋"的信仰在日本各个角落，尤其是琉球群岛以何种程度留存下来？将从秋田里收割的稻穗长久堆放于室外，在使用之前究竟举行了怎样的"物忌"和以之为目的的祭祀？这些，我都想要以"仓稻魂命"③也就是"uganomitama"为中心进行论述，然而这将耗费大量的篇幅和时间，我实在难堪此任，还请谅解我将其搁置于下卷再行讨论。虽然我已意识到在本章尚有许多未能详尽叙述的

---

① 奈良至平安时代，官僚应诏秘密提交的政治上的意见书。其中，三善清行的 12 条和菅原文时的 3 条最为有名。

② 旧历 11 月 23 日至 24 日为"大师讲"而烹煮的粥，一般会加入小豆和团子。

③ 《古事记》和《日本书纪》中出现的神。是水稻精灵的神格化，掌管五谷与食物。

问题，其中十分有必要弄清的，是从十一月下卯，也就满月的前两天开始直到下弦月的后两日之间，根据每年情况不同而规定相应的"新尝"之日的理由。以十天干十二地支的组合来计算年份和日子的这种方式，在我国很晚的时候才被采用。原本只是临到日期的时候才会占卜那一天的吉凶，然而如此一来过于仓促，会影响准备工作，因此人们开始提前定下日子。也就是说，至少当时人们已经知道，"卯"日在任何时候都是吉日。规模较大的神社中，也有若干将"卯"日作为"例祭"①的日子，然而更加突出的是有关"田神"的祭祀，或者是有关水稻种植的各种仪式以及正月的"年神"的来去等，现在还在各处残留着尤其重视"卯"日的这种风俗。其理由我们从今往后还需探寻，然而这一理由与将"新尝"之日定为"卯"日的动机之间一定有某种联系。"卯"对应兔这种十二生肖的说法立刻就传入了我国，然而歌谣中经常出现的"祭祀神灵的卯月"，即播撒稻种的这个月份的名称今天已丝毫不带有"usagi"之月的语感。我们可以想象，那或许是某种习惯的残留。即因为"usagi"与"初"的"ui"和"产"的"umu"等发音互相联系，因而过去的人们才将这个月看作前后两年的分界点。

---

① 在固定的日子举行的例行祭祀。

在明治六年(1873)即实行太阳历这一年，新历十一月的第二个"卯"日是二十三日。因此，留下了将此日定为今后每年"新尝祭"之日的《御沙汰书》①。这确实是值得注意的一个偶然现象。过去在地方上并不依据十二地支来规定日期，许多地方都在霜月二十三夜晚举行有关收割水稻的"物忌"祭祀，现在在农村也并不少见。然而如前所述，只有西南一角的某个地方会选择这个月的第一个"丑"日或者是"申"日举行此祭祀，也就是说，比其他地方稍稍提前完成将水稻请入家中的仪式。如果向东移动，则一般能够见到人们重视"二十三日"的痕迹。二十三日夜晚的"夜gomori"②这一习俗，逐渐被祭拜月亮的信仰所替代，比如大多数是一年举行三次或者是隔月举行，然而在中国的部分村庄，被称为"nijiuso"的日子是旧历十一月二十三日。直到现在还留有以新谷做成的食物来祭祀神灵的习惯，然而仪式的中心则被提前到了"亥"十月的"子"日。

另一方面，也有很多地方将这一日以"大师讲"这一奇怪的名字命名，这样的地方至少占日本领土面积的一半以上。有关这一名称的起源，有一些不易察觉的一般性误解。虽然很早以前就有人试图

① 表明天皇旨意的非官方文书。
② 为了向神佛进行祈祷而整夜待在神社或寺庙中的习俗。

将其解释为佛教中某个大师的纪念日，然而这种说法却有些许不妥。首先，据说这里的"odaishi"有很多子女，而且他其中一只脚患恶疾，为了掩盖脚印的形状，每晚都会有"迹隐雪（atokakushi noyuki）"降下。此外，很多地方的人们认为有一位贫穷的老妪前来偷取供奉大师的食物，而以擂木①作足的是老妪而不是大师，是大师为了包庇其罪过而降下大雪，有时还添加老妪从邻近田地的"稻架"中拔取了几棵稻穗煮成粥后进献给大师等情节。所谓的"霜月粥"传说的源头已经非常遥远，虽然一定有很早以前的"忌火饭"②信仰参与其中，然而现在各地的"大师讲"毫无例外地，除了将粥献于家家户户的神灵之外，人们也可以与神灵共同食用，并以此为乐。很早以前就归于绝迹的"神今食"③的意义与方式也可以从这个方向入手重新去探寻。我之所以这样认为，是因为人们这一"大师讲"之日的粥里并不放盐这一惯例在各处都有存在，也诞生了几个试图说明这一问题的传说。"新尝"与"神今食"的惯例之间有不少共通点，只是前者的

---

① 古代从高处落下撞压敌人的木头。

② 即用"忌火"煮的饭。"忌火"指神道中的"清净之火"，是烹煮献给神灵的贡物之火。

③ 古代的宫中神事的一种。在旧历6月与12月的11日"月次祭"的夜里举行。天皇在神嘉殿里祭祀天照大神，并用新火煮饭供于神灵，同时天皇自己也与神灵共同食用。

食材是新谷这一点使其显得更加引人注目。如此，则"斋田"之地终被隔绝，"初穗"仪式终究离"朝仪"越来越远，这该是多么令人惋惜的事。

民间"新尝"的残留

有几个证据能够证明，粥并不一定是穷人的食物。正月也被称为"粥始"，喝粥的日子也是一个节日。三山的行者们将其命名为"oyawara"，至今也将其作为"精进屋"①的食物。虽然也有乔迁新居之日的"yautsuri nokayu"②，而在东北地方的"大师讲"粥中，人们会放入钱币或者是团子等奇怪的东西，并占卜那些吃到这些东西的人来年的运气。对于过着平静的乡下生活的少年们来说，食物的变化是一个巨大的刺激。因此，若要使他们牢记祭祀和"忌讳"的日子，更换其食物是一个有效的方法。尤其是红豆这种食物，比起味道和营养，最初是因为它的颜色比较夺目，所以才被加入其他作物当中。或者更进一步推测，使用红豆或许是为了使米饭和粥的颜色

---

① 在祭祀或参拜之前清净身心的建筑。

② 乔迁之粥。

变得更加鲜艳，进而让食用它们的人能够清净身心。《延喜式》也记录到了其使用的量非常之大，使用机会也非常之多，虽然不能逐个对照，但是使用红豆目的都是为了仪式的举行，而且只有红豆没有被单独指定过。目前，我正在收集有关"食用红豆的日子"的资料。如果只是在生日或入学某一天食用红豆，那么也就是说限定在某个特定的值得庆祝的日子，然而如果像过去的"arayumimayumi"那样是持续一段时间的话，那么恐怕并非是连续几日都食用红豆，而是在其前后的认为应该改变生活态度之日才食用这种特殊的食物，因此有些地方通过在葬礼上制作"okowa 糯米红豆饭"①，或者在进行法事时分发"ankoro 饼"②，也回答了令人感到不可思议的那些问题。在亚细亚东部的大米种植地带，可以列举出许多栽培红豆的种族，而这并不是一种偶然的分布状态。我相信，如果将来能够更加细致地研究现在的赤米③的起源与发展，那么就会逐渐明白这两种食物之间的联系。

那么，人们将这一无盐的红豆粥作为不可或缺的食物的霜月二十三日，究竟是我国最重要的"斋忌"期的开始还是结束呢？在近世

---

① 糯米小豆饭。

② 一种日式点心，一般将用小豆做成的馅包在年糕里面制成。

③ 也称红米，是一种粗粮。

的农村，在这天之后举行的相同系统的仪式很少，另一方面，北纬二十九度以北的"七岛正月"①、关东南部地区的"mikari 之祭"等都在这个日子之后，因此，或许也有人认为这一天是另一仪式的开始。但是在我们看来，迄今为止所列举的各点之间的一致性足以让我们将它作为民间"新尝"的一个朴素的类型来看待。如果由于新的时代的生活状况发生变化，尤其是基于赋税和交易的需要，长久以来的"物忌"的精神无法一直保存下去的话，那么向其前后的其中一端偏移也是自然而然的事情，而且"收获祭"之时特意突出"后斋"也是有原因的。一言以蔽之，这里存在着人类生存所必需的条件。

另有一点，我们日本民间历法的进步发生在外来历法的文字知识进入以前，且我国的民间历法有着通过一些自然的体验而逐渐记忆并储藏的法则。不只是群峰上的雪山之樱一边盛开一边掉落的姿态，日光之影到达某处后顷刻间又要转移，白昼渐长、天气转暖……这些常规现象都成为人们谈论的话题，最终形成了一种固定的生活计划。究竟能够精确到何种程度因人而异且没有过分苛刻的要求，然而至少在霜月二十三日夜的前后，当半轮明月挂在黎明破晓的天空之时，则冬至来临，在西方则意味着圣诞节的到来。于是

---

① 每年旧历 12 月 1 日在吐噶喇列岛举行的正月仪式。

将此作为一年循环的一个节点，并开始为下一个值得期待的憧憬忙碌起来，这种思想对于在大地上辛勤劳作的人们来说，恐怕是最难以抛弃的情怀。在学习用手指来计算天干地支的技术之前，我们已经预知到"谷母"的妊娠之日，并将其作为无上神圣的季节来感知。这就是我直到今日都想要继续探寻下去的一个假设。

想知道的二三事

　　在我七十七岁生日纪念之时，作为愉悦身心之事，我想要收集一些自己较为感兴趣的问题进行研究，并出版一本特辑。虽然仅仅这样我已感到十分喜悦，却依然想要在这个问题上做出一些成绩。这些问题诸君大多都已知晓，但是它们之间也存在着重要程度的差别。近年来，由于我已力不从心而无法远行，因此，逐渐积累了一些前往（旅行目的地的）调查之后却认为毫无价值、终究在一无所知的情况下试图以毫无根据的联想付之一笑的问题。这些问题或许得益于各地朋友的援助能够暂且成形。除了汇报近况以外，还要列举眼下老朽的求知欲究竟向何处倾斜、延展，以此来充实诸位的研究话题，且对学问的新的开展也会有效。这对于我来说，也是一种无上的喜悦。

一　关于"寄物"

　　大海必然成为日本民俗学的重要课题，然而其中还残留一些只有在这个岛国才能够探求的问题。每年大致在固定的季节，被海浪冲刷到各地岸边的、大大小小各种各样给当地人带来重要影响的事物，绝不仅仅是鱼类和海兽的残骸，但这一点不仅最近被完全阻挡于文献之外，甚至在其他领域，也很少有学者认为上述事实是过去数千年来反复出现的现象。我迄今为止主要从椰子壳制成的壶和盏等方面入手进行了论述，而过去在"采集玉藻的少女们"吟唱的大海中的玉藻的用途、被歌唱为"soremoteko"的各种各样的贝壳与石头，以及像"寄木""寄石"的漂流而至等方面，有关从不知名的海洋中传播而来的古老信仰，我们未曾关注就束之高阁的问题还如森林一样茂密。不仅如此，在有关渔业的起源中，也有很多需要从这个方面入手重新观察的事物。这种传承绝不存在于我们身边。为了计划新的考察工作，我们依然需要将迄今为止的印象中最为深刻的部分进行哪怕是断片的排列。

二　海豚参拜

这是近三十年以来我所关心的问题。由于我不再旅行，因此无法收集突然之间的新的研究资料，然而我的兴趣却丝毫没有减弱。这一大型动物的奇特的集体行动被以海为生的人们所注意且在他们脑海里留下了深刻的印象。虽然这是理所当然的，然而他们表达感激和理解的口传和技艺中传达的东西之间却有着某种并非偶然的一致性。我曾经尽可能地在日本本土一侧收集这样的例子。同样的情况或许也发生在其他各种鱼群之间，然而人们在临海的著名圣地参拜这些每年在固定时间洄游的鱼群这一解说，分布非常广泛。或许这也如与"寄木"相关的几种信仰一样，与海之彼方之间的心有灵犀原本就是基于某种常识。如果可以，我想要在地图上勾勒其分布的状况，并将种种传说进行分类。虽然不能重新去游历寻找，然而但愿我能够将偶然听到的一些事情尽可能地组合起来并加以论述。

三　"子安神"与"子安贝"

虽然"子安"在近世主要与地藏和观世音的灵力相关，然而从中也能够发现一些古老民族信仰的残留。关于这一点，我曾在四十年前尝试论述，并在近年试图从"子安神"这一团体的构成入手再次进行考察。虽说是纷繁复杂的问题，而我首先要考虑的是，这与"takaragai"的别名"子安贝"之间，究竟哪个率先诞生于日本列岛。神灵之名很早以前就已经产生，而如果认为这一新的别名是据此产生的话，则问题会变得较为简单。如果事实相反，或许我们就需要从非常遥远的古代去探寻人种的迁移足迹了。"子安"一词的诞生是个特例，而且这一概念的存在无论是在神灵还是贝壳上，都可以追溯到山城京时代的初期。如此一来，"宝贝"这一本名反而变成了从中国引进的词。我渐渐发现，大陆的"宝贝"之起源最为古老，且可以说至少对于中原一带的文化圈来说，日本群岛的南半部是距离最近且最为便利的唯一的供给地。但是人们将这种美丽的贝壳视为珍宝，并用作货币使用的这一风俗在本土完全不存在，只是带着某种特定的目的，将其作为一种"咒物"佩戴于年轻妇女的身上。如果这样认为，那么或许这一物件的输送方向会逐渐明了，但它究竟能否被考古学的知识所支撑呢？在这一事实被证明之前，我们还需首先探寻"子安信仰"的古老形态。幸运的是，这是人们古今一贯的共通愿望，因此，我们有望从至今依然较难可见的人们的语言和行为中发现那些被埋没的关键问题。当然，我们不能操之过急，然而从今往后，我想要以"子安"一名为切入点，对这一民间传承做更为细致的考察。

时间有限，此处我仅简单叙述需要思考的几个问题。我的希望是，将原稿用半纸①书写，并将其装订，由我来保存，而登载于杂志的部分则希望在诸位的帮助下由我自己亲自进行编辑。如果能够实现上述要求，则我还希望日后能够进行一些追加与修订。

四　关于弥勒船

在海上迎接弥勒出世这一信仰存在于相隔万里的南北两地。其中之一是在以常陆的鹿岛为中心的"鹿岛踊"的祭歌中，另一个是在南方八重山群岛的四个以上的岛屿上，而后者明显将弥勒误解为"niro 神"，也就是从"nirai"之岛渡海而来的神。鹿岛的弥勒原本与"niro 神"是否是一回事，取决于两地之间的其他地方是否有类似的信仰。中世文学中频繁出现的"美美良久"之岛——在这个岛上能够见到故去之人——这一传说所存在的岛屿究竟与遣唐使停船靠岸的肥前五岛的三井乐海角是否属于同一个地方？又是否有人认为这就

① 日式纸张的尺寸，现在"半纸"的规格大约是宽 25 厘米，长 35 厘米。

是某处海上的弥勒净土？这些都是我想要思考的问题。

五　关于鼠之岛

鼠类渡海而来并进入相邻岛屿的传说以《古今著闻录》安贞年间的记录为始，进入近世以来，有五六个实际存在的经历被记录传承下来，然而我所知道的是发生在北边一角以及中国西部的例子。这究竟意味着什么，我已经在一篇未发表的文章中粗略地进行了概括。而我还想要了解有关鼠岛的传说在其他地方是否存在。

六　关于"黑 moji"与木头

关于这个问题，我已经在两三本杂志上登载了相关的文章，并正在索取相关的报告。而我首先想要了解的是关于这一木头的用途、地方名称以及其由来的说明。所谓的"torishiba"是存在于京都周围的别称，而令人意外的是这一名称也分布于东北广阔的区域。在中国地方一般被称为"fukugi"。"kuromoji"的"moji"原本是"mon-jiya"，且词源无从得知。有关古代的"榊"木，有"闻香"这一歌谣，或许在樟科树木中也有叫此名称的种类。这是因为"kuromoji"是属于此科的树木中在北部分布最广的，且被用作祭祀之木。

七　有关"食用红豆的日子"

关于这个问题我已在《民间传承》中提到过。我之所以收集了许多特意使用这一红色食物的场合的例子，并渴望证明它是人们为了将"物忌"之日与日常之日区别开来的食物，是因为把这个问题弄清之后，我想要对栽培红豆的其他民族的生活进行比较。

八　关于"霜月祭"

我认为，水稻的传入应被写入我国历史的第一章。虽然对品种和系统的研究也非常必要，然而我还想要思考与之相伴的有形无形的技术，尤其是信仰上的类似之处与变化机制。虽然我已就此问题做了些许论述，然而从今往后，我还想要就各家各户有关稻米收割的祭祀中如今已经逐渐衰微的习俗，从传承的角度逐个进行考察。然而问题所涉及的领域过于广泛，因此需要众多同仁齐心协力。

除此之外还有一些残留的问题，然我就此收回自己的贪婪之心且暂时搁置吧。

后　记

　　论文《海上之路》分三次连载于酣灯社出版的杂志《心》五卷十号、十一号、十二号(1952 年 10 月、11 月、12 月)。这篇论文是昭和二十七年(1952)5 月第六次九学会联盟大会上以《海上生活之事》为题进行的公开演讲。关于这个问题，以昭和二十九年(1954)第八次九学会联盟大会为契机，以《海上的移居》作为题目发表了研究成果，其主要内容登载在《人类科学》第七辑中。这篇文章考察了日本人的移居与水稻种植发祥地的问题，望诸位参考。

　　《海宫神考》发表于《民族学研究》十五卷二号(1950 年 11 月，冲绳研究特辑号)。

　　《弥勒之船》发表于《心》复刊一号(1951 年 10 月，酣灯社)。

　　《根之国的故事》发表于《心》八卷九号(1955 年 9 月，平凡社)。

　　《鼠之净土》发表于成城大学纪要《传承文化》一号(1955 年 10

月）。该论文最初应南山大学的约稿而执笔。

《关于宝贝》发表于杂志《文化冲绳》二卷七号（1950 年 10 月，冲绳文化协会）。

《人与"zuzudama"》发表于自然史学会的杂志《自然与文化》三号（1952）。

《稻之产屋》发表于新尝研究会编的《新尝研究》一辑（1953 年 11 月，创元社），是该研究会对《关于新尝祭的起源》（1951）、《稻灵信仰》（1952）、《仓稻魂神名考》（1953）这三篇文章进行整理后的成果。

附录一　日本历史时代及分期①

历史时代			起始年代
原始	旧石器时代		数十万年前—1 万年前
	绳纹时代		1 万年前—公元前 3 世纪
	弥生时代		公元前 3 世纪—3 世纪
古代	古坟时代		3 世纪后半叶—6 世纪末
	飞鸟时代		6 世纪末—710 年
	奈良时代		710—794 年
	平安时代		794—1192 年
中世	镰仓时代		1192—1336 年
	室町时代	南北朝时期	1336—1392 年
		战国时期	1467—1573 年

① 王京制表。明治时代以前，不包括北海道及冲绳地区。

历史时代			起始年代
近世	安土桃山时代		1573—1603 年
	江户时代		1603—1868 年
近代	明治时代		1868—1912 年
	大正时代		1912—1926 年
	昭和时代	昭和前期	1926—1945 年
现代		昭和后期	1945—1989 年
	平成时代		1989 年至今

附录二　日本古国名及其略称与都道府县对应表[①]

五畿七道[②]	令制国名		略称	都道府县	大区名称
东山道	陆奥	陆奥	奥州、陆州	青森县	东北地区
				岩手县（秋田县）	
		陆中			
		陆前		宫城县	
		磐城	磐州	福岛县	
		岩代	岩州		
	出羽	羽后	羽州	秋田县	
		羽前		山形县	
	下野		野州	栃木县	关东地区
	上野		上州	群马县	

① 王京制表。

② 五畿七道按 701 年《大宝令》，国名按 927 年《延喜式》，陆奥、出羽分割为 1868 年。

五畿七道	令制国名	略称	都道府县	大区名称
东山道	信浓	信州	长野县	中部地区
	飞驒	飞州	岐阜县	
	美浓	浓州		
	近江	江州、近州	滋贺县(关西地区)	
北陆道	越后	越州	新潟县	
	佐渡	佐州、渡州		
	越中	越州	富山县	
	能登	能州	石川县	
	加贺	加州		
	越前	越州	福井县	
	若狭	若州		
东海道	安房	房州、安州	千叶县	关东地区
	上总	总州		
	下总		茨城县	
	常陆	常州		
	武藏	武州	埼玉县	
			东京都	
	相模	相州	神奈川县	
	伊豆	豆州	静冈县(东京都)	中部地区
	骏河	骏州		
	远江	远州		
	甲斐	甲州	山梨县	
	三河	三州、参州	爱知县	
	尾张	尾州		

五畿七道	令制国名	略称	都道府县	大区名称
东海道	伊贺	伊州	三重县	关西地区
	伊势	势州		
	志摩	志州		
南海道	纪伊	纪州	和歌山县	
	淡路	淡州	兵库县	四国地区
	阿波	阿州	德岛县	
	土佐	土州	高知县	
	伊予	予州	爱媛县	
	讃岐	讃州	香川县	
畿内	大和	和州	奈良县	关西地区
	山城	山州、城州、雍州	京都府	
	河内	河州	大阪府	
	和泉	泉州		
	摄津	摄州		
山阴道	但马	但州	兵库县	
	丹波	丹州	京都府	
	丹后			
	因幡	因州	鸟取县	中国地区
	伯耆	伯州		
	隐岐	隐州	岛根县	
	出云	云州		
	石见	石州		

五畿七道①	令制国名	略称	都道府县	大区名称
山阳道	播磨	播州	兵库县(关西地区)	中国地区
	美作	作州	冈山县	
	备前	备州		
	备中			
	备后		广岛县	
	安芸	芸州		
	周防	防州、周州	山口县	
	长门	长州		
西海道	筑前	筑州	福冈县	九州地区
	筑后			
	丰前	丰州	大分县	
	丰后			
	肥前	肥州	佐贺县	
	壹岐	壹州	长崎县	
	对马	对州		
	肥后	肥州	熊本县	
	日向	日州、向州	宫崎县	
	大隅	隅州	鹿儿岛县	
	萨摩	萨州		

译者后记

《海上之路》的翻译工作接近尾声的时候，北京已经进入了夏末秋初。从年初接到这项工作以来，每天都舔尝着"痛并快乐"的感觉。作为一个彻头彻尾的民俗学门外汉，翻译《海上之路》为我打开了一个未知世界的大门。每一天，都仿佛在与数不清的动植物、各路神灵佛祖以及日本民俗学的研究大家周旋切磋，乐趣与困惑并存，感慨与迷茫同在。

数年前，我曾经尝试着拜读这部著作，但毕竟隔行如隔山，除了被书中提到的神奇植物——"zuzudama"、作恶多端却受人敬畏的淘气鬼——老鼠以及与中国相关的龙宫故事等吸引之外，并未能对作者提出的整体理论架构有所把握。通过本次翻译工作，我对民俗学的内涵与外延有了更为深刻的了解，对岛国日本的国民渡海登岛的路径有了更为强烈的好奇心，也对柳田国男无边的学识和缜密的思维产生了深深的敬佩。

翻译中令人感慨颇深的是，书中曾多次出现"我已风烛残年""我已时日不多"之类的语句。《海上之路》是对回答日本人由何而来这一问题的一次尝试，是对战后风靡一时的"骑马民族征服论"的异议，也是柳田国男生前撰写的最后一本书。当时这位年逾八十的老者似乎想要将毕生积累的知识、尚未解决的问题以及对后人的殷切期望都毫无遗漏地凝聚于本书中，大学问家强烈的责任感与使命感，充溢于字里行间。

我本人并非日本民俗学的研究者，对于书中所提出的假说，以及基于此的比较研究不敢妄加评论，在此，仅对翻译过程中遇到的一些问题略加说明。

首先，原文中使用片假名标注的名词，悉数采用罗马字的方式表示，其目的是尽可能地还原作者的本来意图。对于没有接触过日文的读者来说，或许有些费解之处，我也对部分罗马字表示的词语进行了简单的注解，但由于其中大部分属于方言或是古文，与现代日语的含义已经有了些许改变，因此，还望读者能够从上下文的内容中把握其含义。

其次，文中出现的大量《omoro草纸》中的冲绳歌谣、其他地方歌谣、古文以及俳句等，译者以尽量接近原文的风格译出，但毕竟才疏学浅，不免有理解不当、措辞不妥之处，还望各位读者悉心指正。

最后，在《鼠之净土》一章的第七节中，出现了一段岛屿的方言。柳田国男本人也认为此段意思难以理解，我虽也查阅了大量资料，咨询了多位专业人士，包括日本古典文学、古典日语的专家以及冲绳当地的学者，遗憾的是，这段话的意思依然不明确。因此，文中暂且以罗马字进行标注，还望有机会得到专家的指点。

我希望借此机会对在本书翻译过程中给予我无私帮助的各位师友表示感谢。我首先要感谢本套丛书的主编北京大学王京老师在整个翻译过程中不厌其烦的指导和解惑。作为柳田鸿篇巨制中文翻译丛书的总负责人，他不仅要担任重要著作的翻译工作，还要在格式、体例以及各种细节上进行沟通与统筹，其工作之细致、态度之严谨、学问之扎实令人不得不心生敬佩之情。在冲绳方言、日文古文的翻译方面，我得到了对外经济贸易大学郭德玉老师、赵力伟老师、外籍教师寺田昌代老师和清华大学隽雪艳老师的指导。其中，我尤其要感谢寺田老师，她在百忙之中查阅大量资料，经常在凌晨时分将整理好的内容发送给我，并附上极其详细的解说。这些解说或是使我对文中一些艰涩之处有了更全面的把握，或是让我对自己的理解更增添了信心。在部分中文的润色上，对外经济贸易大学的耿涛老师也给予了我莫大的帮助；而在整体的查漏补缺方面，我校翻译学硕士付玉帅同学、罗晶晶同学也付出了辛勤的劳动。在此，我想对他们表示衷心的感谢。同时我也要感谢北京师范大学出版社及本丛书的编辑宋旭景女士。

柳田国男的作品是宏大的、充满想象力的，也是积极的、充满希望的，这是很多其他民俗学者所不具备的魅力。学问除了科学性之外，能够打动人心，才是最高的境界。如今，我仿佛能够想象：那些为了追寻光彩夺目的"宝贝"而不惜远途跋涉的人们，在茫茫大海上眺望黎明的旭日，他们相信，就在不远的地方，"常世乡"的滚滚浪涛正拍打着海岸风尘仆仆的椰子；稻子成熟了，人们又开始祈求下一年的丰收与繁荣；龙宫的美丽女子用植物的果实穿成项链挂在胸前，正在晨起梳洗，准备迎接来自另一个世界的恩人。海上之路，是日本人的发展、成长之路，同时也是我们探寻人类生产生活、信仰祭祀、精神文化的必经之路。

本书的翻译一定还存在许多不足，还望各位大家不吝赐教，以期能够将柳田国男最后的心愿，准确无误地传达给此书的读者。

史 歌

2017 年 9 月 17 日于对外经济贸易大学诚信楼

图书在版编目（CIP）数据

海上之路／（日）柳田国男著；史歌译. —北京：
北京师范大学出版社，2018.7
（柳田国男文集）
ISBN 978-7-303-23302-1

Ⅰ.①海… Ⅱ.①柳… ②史… Ⅲ.①日本人—民族
起源—研究 Ⅳ.①C955.313

中国版本图书馆 CIP 数据核字（2018）第 003049 号

营 销 中 心 电 话 010-58805072 58807651
北师大出版社高等教育与学术著作分社 http://xueda.bnup.com

HAISHANG ZHI LU
出版发行：北京师范大学出版社 www.bnup.com
北京市海淀区新街口外大街 19 号
邮政编码：100875
印 刷：鸿博昊天科技有限公司
经 销：全国新华书店
开 本：130 mm×184 mm 1/32
印 张：11.25
字 数：198 千字
版 次：2018 年 7 月第 1 版
印 次：2018 年 7 月第 1 次印刷
定 价：59.00 元

策划编辑：宋旭景 责任编辑：荣 敏 李春生
美术编辑：王齐云 装帧设计：周伟伟
责任校对：段立超 陈 民 责任印制：马 洁